Lange • Fußball

Peter Lange

Fußball: Spielend vom Anfänger zum Leistungskicker

Limpert Verlag Wiebelsheim

Die Ratschläge in diesem Buch sind vom Autor und dem Verlag sorgfältig erwogen und geprüft, dennoch kann keine Garantie übernommen werden. Eine Haftung des Autors bzw. des Verlages und seiner Beauftragten für Personen-, Sach- und Vermögensschäden ist ausgeschlossen.

Bibliografische Information der Deutschen Nationalbibliothek
Die Deutsche Nationalbibliothek verzeichnet diese Publikation in der Deutschen Nationalbibliografie; detaillierte bibliografische Daten sind im Internet über http://dnb.d-nb.de abrufbar.

1. Auflage 2012
© 2012, by Limpert Verlag GmbH, Wiebelsheim
www.verlagsgemeinschaft.com

Das Werk einschließlich aller seiner Teile ist urheberrechtlich geschützt. Jede Verwertung außerhalb der engen Grenzen des Urheberrechtsgesetzes ist ohne Zustimmung des Verlages unzulässig und strafbar. Dies gilt insbesondere für Vervielfältigungen auf fotomechanischem Wege (Fotokopie, Mikrokopie), Übersetzungen, Mikroverfilmungen und die Einspeicherung und Verarbeitung in elektronischen und digitalen Systemen (CD-ROM, DVD, Internet, etc.).

Coverbild: iStockphoto
Druck und Verarbeitung: FLORJANČIĆ TISK d.o.o., Slovenia
ISBN 978-3-7853-1774-7

Inhaltsverzeichnis

Einleitung **8**
Durch das „Fuß-Ball-Spiel" spielend zur Leistung 9

1 Voraussetzungen für das Fußballspiel **11**
Trainer und Lehrpersonen als Schlüssel 11
Organisation und Planung im Fußballtraining 12
Das Spielfeld als Planungshilfe 14
Wettkampfnah trainieren 14
Qualität und Quantität des Trainings 14

2 Ohne Basis kein Spiel **16**
Technik der vier Grundfertigkeiten für das Spiel 17
    Basiselement Ballführung 17
    Basiselement Passen 24
    Basiselement Ballkontrolle 34
    Basiselement Kopfballspiel 36
    Einzelarbeit als Heimtraining 42

Taktik der drei Grundfertigkeiten für das Spiel 42
    Basiselement Freilaufen 42
    Basiselement Spiel ohne Ball 46
    Basiselement Positionswechsel 48

Kriterien für Spielverständnis und Spielteilnahme 52
    Spielzyklus 52
    Mannbindung und Raumöffnung 54
    Fensterspiel und Gassenposition 54
    Ballung und MAMA-PAPA-Prinzip 55

Das Spielquadrat als Stationstraining 56

Kondition als körperliche Grundfertigkeit 57
    Kondition und Konzentration 57
    Kondition in der Mogelpackung 59
    Koordination und Lauf-ABC 60
    Körperstabilisation 62
    Stationstraining für die Ausdauer 62
    Die Regeneration als Leistungsfaktor 64

Aufwärmen 65
    Physische Aspekte 66
    Psychische Aspekte 66
    Aktivieren und Mobilisieren 66

3 Spielintelligenz ... 73
Veränderung von Zeit und Raum ... 73
Orientierung und Wahrnehmung ... 74
Kopf, Auge und Spiel ... 76
Anspielbarkeit ... 76
Direktes Spiel ... 77
Spielökonomie und Arbeitsteilung ... 77

4 Kombinationsspiel ... 79
Spielentwicklung, flaches Spiel und Ballzirkulation ... 79
    Komplexe Übungs- und Spielformen ... 80
    Einfach- und Mehrfachaufgaben ... 84
    Vom Einpass- zum Mehrpassspiel ... 84
    Doppelpass, Hinterlaufen, Ballübernahme ... 85
    Spiel über dritten Mann ... 93
    Endlosformen ... 96
    Turmspiele ... 97
    Spielverlagerung und Umschaltfähigkeit ... 98
    Fußballwelle vom 2:2:2 über 3:3:3 zum 4:4:4 ... 108
    Entscheidungstraining in allen Mannschaftsteilen ... 110

5 Spielmodell 4 gegen 4 ... 114
Grundmodell zum 4 gegen 4 ... 114
Erweitertes Spielmodell 4 gegen 4 ... 118

6 Abwehr, Mittelfeld, Angriff ... 119
Torwart: Halten und Spielen ... 119
    Torwartpraxis ... 119

Spieleröffnung und Spielaufbau ... 122
    Spieleröffnung ... 122
        Basis ... 123
        Kriterien ... 123
    Spielaufbau ... 123
        Basis ... 124
        Kriterien ... 124
    Lösungen für das Training ... 124

Abwehr: Attraktiv Verteidigen ... 130
    Sicherheit durch das 1 gegen 1 ... 130
    Raumdeckung mit der Viererkette ... 132
    Das 1 gegen 1 in der Raumdeckung ... 132
    Einführung in die Raumdeckung ... 132
    Praxis der Raumdeckung ... 135

Mittelfeld: Kreative Gestaltung 137
    Spielverlagerung „Drehscheibe" 138
    Wagenrad „Drehscheibe" 143
    Umschaltfähigkeit und Spielbeschleunigung 144
    Spiel in Breite und Tiefe 146
    Konterspiel 147

Angriff: Zielstrebiges Spiel 148
    Vorbereitungsräume und Entscheidungsraum 150
    Flügelspiel 151
    Spiel mit der Spitze 155
    Torschusstraining 156
    Torschussspiele 161
    Entscheidungstraining mit Torabschluss 161
    Dribbling und Finte 165

Standardsituationen 170
    Freistoß und Mauer 171
    Eckstoß 173
    Einwurf 179
    Strafstoß 181

7 Weiterentwicklungen im Fußball **182**
Spielauffassung 182
Qualität in Training und Spiel 182
Spaniens Tiqui-Taca-Spielweise 183
One-Touch-Football 188
Spielbeschleunigung durch Ballmitnahme 189
Technik und Taktik unter Druck 189
Zeit und Raum bestimmen die Zukunft 190
W-Formel und Spielsysteme 190
Veränderungen beginnen im Kopf 195

Literatur **197**

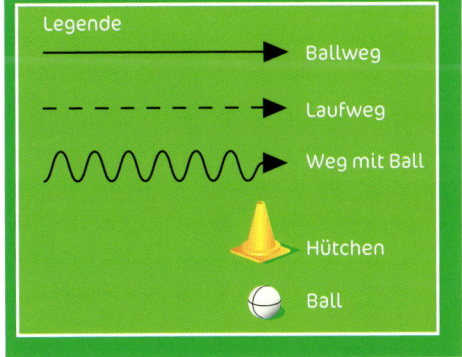

Einleitung

Bei uns kann jeder machen, was er will, es muss nur im Sinne der Mannschaft sein.
Ernst Happel

Werden Fußball spielende Kinder oder Jugendliche befragt, was sie werden wollen, dann ist die Antwort sehr häufig Fußballprofi. Um ihnen dabei zu helfen, habe ich mich entschlossen, dieses Buch zu schreiben. Es ist ein langer, geduldiger Entwicklungsprozess von den ersten Schritten mit dem Ball bis zu einer hochleistungssportlichen Karriere im Fußball. Alles, was wir den Spielern vom Kindesalter über die Jugend vermitteln, ermöglicht einen sportlichen Werdegang. Ob die Spieler den eigenen Willen und die Ausdauer besitzen, eine sportliche Karriere zu erleben, ist von weiteren Einflüssen wie Elternhaus, Schule und persönlicher Förderung abhängig. Dabei darf in den vielen Jahren eines Fußballerlebens der Spaß nie zu kurz kommen. Wenn die Freude und die Leichtigkeit an dem Spiel verloren gehen, dann ist auch die Liebe zum Fußballsport in den meisten Fällen erloschen.

Damit das verhindert wird, werden in diesem Buch wesentliche Bereiche des Fußballs in Praxis und Theorie angesprochen. Wichtig dabei sind eine gute Ausbildung und eine qualifizierte Person als Trainer. Es gilt, sich auf das Wesentliche im Fußball zu konzentrieren: mit dem Ball am Fuß die vielen Herausforderungen in kleinen und großen Spielen zu bewältigen.

Wenn es gelingt, dieses Spiel so zu vermitteln, dass es in seinen wesentlichen Bausteinen verstanden wird, dann können die Spieler in allen Teilen des Landes Fußball mitspielen. Alle werden die Technik am Ball beherrschen, das taktische Spielverständnis und die körperliche Fitness haben. Wenn dann noch die Spielintelligenz mit gescheiten Pässen in die freien Räume vorhanden ist und das Sozialverhalten so ist, dass der Spieler den besser postierten Mitspieler einsetzt, wird die Begeisterung über die Spielweise ohne Grenzen sein. Das ist dann ein Erfolg der Zusammenarbeit von Trainer, Spieler und Eltern.

Ein weiterer Schritt zu einer professionellen Karriere ist die Vermittlung und das Erlernen von spielbestimmenden Elementen. Dazu zählt in der Technik die Beidfüßigkeit mit schneller Handlung, in der Taktik das Erkennen, Einordnen und Entscheiden der Spielsituationen und in der Kondition die Lauffreude und der Zweikampf in Angriff und Abwehr.

Fachbegriffe und Regeln des Fußballsports müssen dem Spieler bekannt sein wie die Vokabeln einer Fremdsprache, und dann müssen sie zur Lösung der Spielsituation gezielt eingesetzt werden.

Der Fußballsport hat sich stetig weiter entwickelt, vergleichbar mit der Autoindustrie und dem Straßenverkehr. Trainer, Lehrer und Spieler werden immer ein modernes Auto auswählen und so muss auch der Fußball aktuell trainiert, gespielt, vermittelt und verstanden werden. Die Veränderung von Raum und Zeit im Spiel fordert besonders die Spielintelligenz der Spieler heraus. So müssen die Übungen und Spielformen diese Aktualität des Fußballs beinhalten. Der Weg sollte sich vom Einpassspiel (stop and go) zu einer schachartigen Mehrpassstrategie entwickeln, um sich damit in den Spielsituationen einen Bewegungsvorsprung zu verschaffen. Diese Herausforderung und Zielsetzung will das Buch unterstützen. Die Nähe zum veränderten Wettkampf ist von großer Bedeutung. Spieleröffnung, Spielaufbau, Raumdeckung, ballorientiertes Verhalten, schnelles dynamisches Umschalten, Spiel in die Tiefe, Spielverlagerung, das Spiel mit den freien Räumen und offenen Fenstern, die uhrwerkartige Ballzirkulation, Flügelspiel, Spielsysteme, Handlungsschnelligkeit, Spielbeschleunigung und der Zweikampf prägen Training und Spiel. Diese fußballerischen Fähigkeiten, verbunden mit Charakterstärke, Spielwitz, Raffinesse, Durchsetzungsvermögen und mentaler

Stärke, bereiten eine sportliche Karriere vor. Es dürfen dabei nicht die Lebensweise und Ernährung sowie Charakterbildung und Sozialverhalten der Spieler vergessen werden, denn ohne diese werden alle Anstrengungen nutzlos sein.

Damit das Ziel erreicht wird, braucht es viel Geduld und Lernbereitschaft von allen Seiten. Auf dem Weg nach ganz oben werden die Spieler neue Freunde gewinnen, die das gleiche Ziel vor Augen haben und sich gegenseitig bestärken.

Für die Trainer, Lehrer, Übungsleiter wird es eine große Herausforderung sein, mit Hilfe der vielen Anregungen in diesem Buch und den eigenen Erfahrungen die Talente zu fördern und zu fordern und sie ihrem großen Wunsch zum Leistungs- und Berufsfußballer näher zu bringen. Also dann: „Spielend zum Erfolg"!

Durch das „Fuß-Ball-Spiel" spielend zur Leistung

Es ist wichtig, das Wort „Fuß-ball-spiel" in seinen drei Teilen zu vermitteln und zu verstehen. Dabei ist es trügerisch, davon auszugehen, dass jede Person oder Spieler mit dem Ball am Fuß große Dinge vollbringen kann. Die Schwierigkeit liegt ohne Zweifel in der Verbindung von Fuß und Ball. Die Verbindung Hand und Ball ist vielen Kindern und Jugendlichen schon viel früher begegnet, z.B. im Kindergarten oder im Elternhaus in Form von Spielen wie Völkerball, Jägerball oder Ball über die Schnur. Im Basketball wird das Ballhandling bewusst trainiert. In ähnlicher Weise könnte das Balljonglieren helfen, sich das wichtige Ballgefühl anzueignen. Ballhandling und Balljonglieren können von den Spielern selbständig trainiert werden. Die Sicherheit mit dem Spielgerät Ball führt zu einer Verbesserung der Technik und zu mehr Freude an und in dem Spiel. Meistens werden diese Spieler gute Dribbler und haben keine Angst vor dem Ball.

Der Spieler muss lernen, mehr und mehr den Blick vom Ball zu lösen, damit er ungehindert dem Spiel folgen und es mitgestalten kann.

Wenn der Spieler seine technischen Möglichkeiten weiterentwickelt und einfache taktische Zusammenhänge erkennt z.B. wann er dribbeln kann oder wann es besser ist, zum Mitspieler zu spielen, dann ist er auf einem guten Weg das Spiel verstanden zu haben. Der Fußball braucht Basiselemente, um Freude und Erfolg an dem Spiel zu haben und zu erleben. Das Spiel versteht sich als ein Miteinander und auch ein Gegeneinander. Der Wechsel von Ballbesitz, Ballverlust und Balleroberung beeinflusst den Charakter des Fußballspiels mit der Idee, Tore zu schießen und Tore zu verhindern. Jeder Spieler hat die Möglichkeit in Eigeninitiative Fähigkeiten mit dem Ball zu entwickeln und so seinen Beitrag zum Spiel zu leisten.

Mit der technischen Entwicklung von Basiselementen wird der Einstieg in das Spiel erleichtert. Natürlich hat ja alles etwas mit Spiel und spielen zu tun, wenn ein Ball in der Nähe ist. Wird der Ball überwiegend mit dem Fuß bearbeitet, dann ist der Spieler im Fußball angekommen.

Der Ehrgeiz von Kindern besser zu werden, kann im Eigentraining eventuell mit Eltern, Geschwistern und Freunden in der Freizeit oder organisiert im Verein gestillt werden. Der Glücksfall für alle Kinder ist dann eine Trainerperson, die dem Alter und der Entwicklung der Kinder großen Raum gewährt. So werden die Kinder altersgerecht spielend an eine Leistung herangeführt, bei der die Freude im Vordergrund stehen muss.

Wenn sich Gruppierungen zusammenfinden, dann ist es häufig so, dass alle miteinander spielen und Spaß erzeugen. Dabei wird der Ball zum Mittelpunkt und es wird in verrücktester Art und Weise getrickst. Irgendwann erlahmt diese Form und man will sich im Spiel beweisen. Meistens werden dann zwei Gruppen gewählt und man spielt nun ein Spiel gegeneinander. Die

Spieler geben dem Spiel auf Bolzplätzen eigene Regeln und sie werden darauf achten, dass diese Regeln eingehalten werden. Eine wichtige Voraussetzung für das Spiel ist die Ausgeglichenheit der Mannschaften, wodurch das Ergebnis lange offen ist. Spannung und Freude bleiben so erhalten. Ist diese Ausgeglichenheit nicht da, entsteht schnell Unfrieden und Lustlosigkeit. Im Extremfall wird das Spiel abgebrochen oder Neuwahlen vorgeschlagen.

Im Verein ist das Spiel anders zu sehen. Nicht die Spieler bestimmen, sondern der Trainer. Dieser wird die Teams so zusammenstellen, dass die Ausgeglichenheit gewährleistet ist. Die Regeln sind allen Spielern bekannt, wenn nicht zum Spaß oder aus taktischen Gründen Regeländerungen hinzukommen.

Fuß-Ball-Spiel

1 Voraussetzungen für das Fußballspiel

So wie sich unsere Gesellschaft permanent verändert, ändern sich auch die Voraussetzungen im Fußball. Alleine die Neuerungen in unseren Schulsystemen und im Sportplatzbau verlangen neue Organisationsgedanken. Einmal geht der Trend immer mehr zu Ganztagsschulen, was für den Vereinssport Konsequenzen bei Trainingszeiten und -planung mit sich bringt. Zum anderen haben sich durch gesellschaftliche Zwänge und Einschränkungen die Sportanlagen aus zentralen Positionen in den Vororten in die Außenbereiche verlagert, die ohne Unterstützung der Eltern mit Fahrdiensten oft schlecht zu erreichen sind. Diese und andere Überlegungen müssen bei der Strukturierung von Fußballvereinen zeitgemäß berücksichtigt werden.

Trainer und Lehrpersonen als Schlüssel

Noch nie waren Trainer und Lehrpersonen im Sport und insbesondere im Fußball so gefragt und so wichtig.

Durch die starke Nachfrage an Trainern übernehmen leider auch viele unqualifizierte Personen eine Mannschaft. Kinder und Jugendliche haben aber ein Recht auf eine gute Ausbildung. Jeder Spieler möchte sich verbessern. Deshalb sollten Vereine nur Personen als Trainer und Übungsleiter einsetzen, die in irgendeiner Form einen aktuellen Qualitätsnachweis erbringen können. Zahlreiche Möglichkeiten, sich fortzubilden und damit ein zeitgemäßes Training zu gestalten, werden von den Verbänden in vielfältiger Form angeboten. Dabei muss eine altersgemäße und vielseitige Ausbildung im Vordergrund stehen und nicht frühe und einseitige Spezialisierung.

Auch im Fußballsport hat die altersgemäße Entwicklung der Spieler eine große Bedeutung. Untermauert wird diese These durch die Alterseinteilungen im Fußball. Sie sollte in einer gleitenden aufeinander aufbauenden Ausbildung der Altersstufen Berücksichtigung finden. Dazu zählt auch die sportliche Vielseitigkeit.

Gegenpol der altersgemäßen Entwicklung und Vielseitigkeit ist die frühe Spezialisierung und Einseitigkeit. Hier zeigt sich im Vergleich der beiden Ansätze der schnelle Aufstieg der Spezialisten gegen die langsamere altersgemäße Entwicklung. Der Vorsprung der Spezialisten schmilzt mit dem Alter und sie werden oft überholt. Es besteht keine Leistungssteigerung mehr gegenüber den vielseitig ausgebildeten Sportlern, die deutlich zulegen können.

Deshalb muss die Forderung heißen: frühe und vielseitige Grundlagenarbeit und späte Spezialisierung, um der Talententwicklung gerecht zu werden.

Das Trainerwesen und die kindliche Begeisterung zum Fußballspiel stehen in starkem Kontrast zueinander. Weder die Vereine noch die Schulen können diese Vielfalt an Wünschen erfüllen. Die Frage, ob eine schlechte Betreuung der Kinder und Jugendlichen besser sei als gar keine Betreuung, ist schwer zu beantworten. Nur eines wird dabei auch deutlich, dass das Ehrenamt den Sport nur begrenzt weiter bringt. Es sind oft verlorene Jahre für die Spielerinnen und Spieler im Fußballsport, die nur selten aufzuholen sind.

Der Wunsch aller Spieler ist es, sich im Fußball unter fachlicher und pädagogischer Kompetenz zu verbessern. Deshalb sind alle Bereiche und Personen, die im und um den Fußballsport tätig sind, aufgefordert, diese Missstände zu beseitigen. Zu viele Kinder und Jugendliche verlieren nach kurzer Zeit die Lust am Fußballspiel und verlassen die Vereine, weil ihnen keiner in vernünftiger Form das „Fuß-Ball-Spiel" vermittelt hat.

Qualifizierte Ausbilder sind daher der Schlüssel zum Erfolg.

» 1 Voraussetzungen für das Fußballspiel

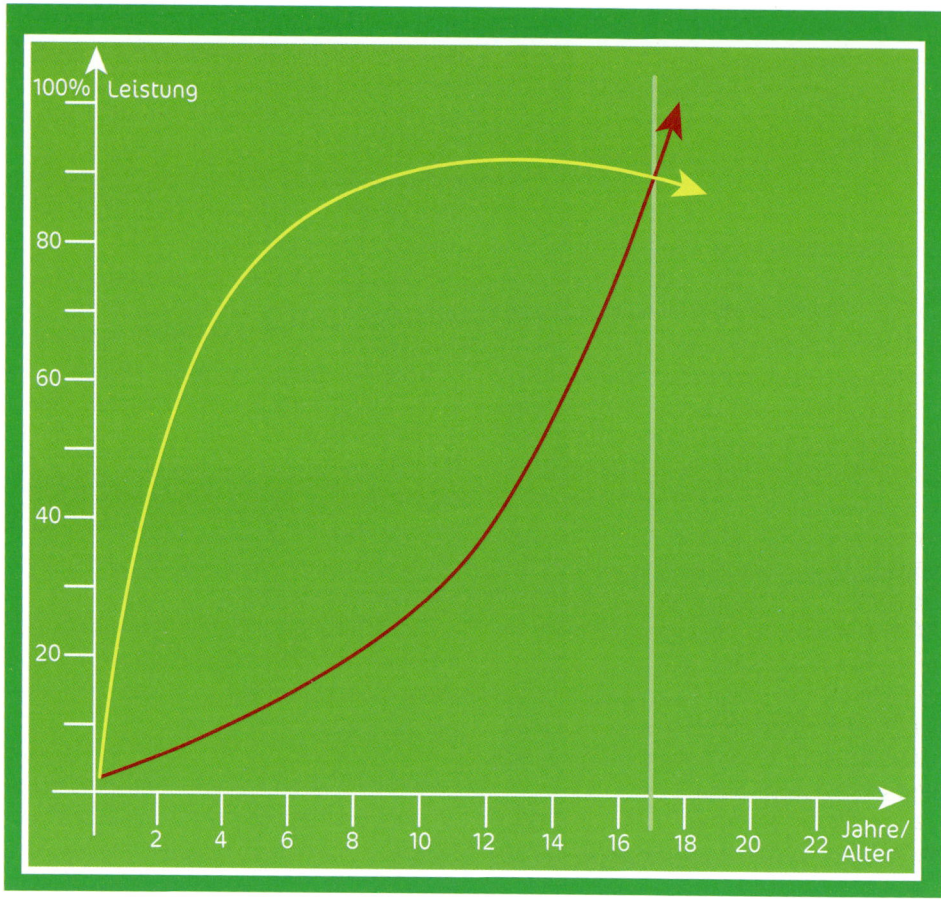

Altersgemäße Entwicklung und frühe Spezialisierung (mod. nach Feige)

Organisation und Planung im Fußballtraining

Oft sind es nur kleine Kniffe, die es dem Trainer ermöglichen, das Training abwechslungsreich und herausfordernd zu gestalten. Manchmal genügt es, zum Beispiel beim Torschuss die Herausforderung für die Spieler so zu gestalten, dass der Schuss mit rechts oder links kommen muss. Wird das Hütchen oder die Fahnenstange von rechts umlaufen, erfolgt der Schuss mit dem linken Fuß. Ist der Laufweg anders herum, dann wird der Torschuss mit rechts ausgeführt. Damit wäre auf einfachste Art und Weise die Beidfüßigkeit herbeigeführt. An diesem Beispiel wird deutlich, wie wichtig das planerische und organisatorische Vorgehen im Training ist, damit immer wieder Abwechslung und Herausforderung den Lern- und Entwicklungsprozess der Spieler begleiten.

Modern spielen, heißt auch modern trainieren. Modern bedeutet hier angepasst an die Aufgaben im Wettkampf und auf Dauer zum Erfolg.

Spieleröffnung, Spielaufbau, Raumdeckung, Tiefe und Breite des Angriffs- und Abwehrspiels sowie Technikverbesserungen brauchen entsprechende Übungs- und Spielformen, die den Wettkampf widergeben. Deshalb gehört es auch zu den Aufgaben eines Trainers, sich andere Spiele anzusehen, um immer neue Muster des Wettkampfes zu registrieren und diese in das Training einfließen zu lassen.

Grundsätzlich kann man für die Planung und Organisation des Trainings festhalten:
» Spiel in die Breite braucht kurze, breite Spielfelder
» Spiel in die Tiefe braucht lange, schmale Spielfelder
» Veränderungen entstehen durch die Anzahl der Spieler
» Veränderungen entstehen durch die Größe oder Form des Spielfeldes

Alles kann fließend verändert werden, um neue Schwerpunkte zu setzen: von der Anzahl der Spieler in Gleichzahl, Über- und Unterzahl bis zur Veränderung der Spielräume. Dazu können Tabuzonen oder Freiräume eingebaut werden, in die ein Spieler, zum Beispiel der Gegenspieler, nicht eindringen darf, damit der Spieler mit Ball erst einmal ungehindert die Flanke schlagen kann. Varianten wären, dass durch diese Räume kein Spieler laufen oder der Ball durchgespielt werden darf.

Die Spieler sollten lernen, bei veränderten Aufgaben sich nie ohne Auftrag auf dem Spielfeld zu bewegen. Das können kleine Lösungen sein, wie zum Beispiel hin zum Mann am Ball oder weg vom Mann am Ball. Beide Lösungen könnten für die Spielfortführung, den nächsten Spielzug und den Ballbesitz von Bedeutung sein.

Gute überschaubare Organisationsformen sind beispielsweise das 3-Felderspiel, das Spielquadrat oder das Spielmodell:

Im 3-Felderspiel können unterschiedliche Schwerpunkte trainiert werden: Spiel in die Tiefe, das Zweikampfverhalten in Angriff und Abwehr, Verbot von Rückpässen, Spielen unter Zeitvorgabe und der Torabschluss in den äußeren Feldern. Ist der Angriff abgeschlossen, eröffnet der Torwart. Dann soll der Ball sicher und schnell in das mittlere Feld gespielt werden und von dort in das Angriffsdrittel. Somit wären alle Teilbereiche des Fußballs integriert: Torwart, Abwehr, Mittelfeld und Angriff.

Im Spielquadrat sind 4 Felder würfelartig aufgeteilt. In jedem Feld wird eine bestimmte technische oder taktische Spiel- oder Übungsform festgelegt. Nach einer festgelegten Zeit wechseln die Gruppen die Felder und übernehmen die dortige Aufgabe. Es wird solange gewechselt, bis alle Gruppen in jedem Feld waren. Für die Technik könnten die Aufgaben die 4 Grundfertigkeiten Ballführung, Passen, Ballkontrolle und Kopfballspiel sein. Für die Taktik könnte es das Doppelpassspiel, das Hinterlaufen, der Zweikampf 1:1 und das Kombinationsspiel in Überzahl oder Gleichzahl sein.

Im Spielmodell spielen 8 Spieler in 4 Paaren auf 4 kleine Tore. Jedes Paar ist durch zwei Farben gekennzeichnet und es ergeben sich eine Vielzahl von Spielkombinationen vom 1:1 bis zum 4:4. Ziel ist die Verbesserung der Aufmerksamkeit und Konzentration durch veränderte Aufgabenstellungen und Inhalte und deren Umsetzung.

Zu diesen drei genannten Organisationsformen sollten die bekannten planerischen und methodischen Basiselemente berücksichtigt werden:
» vom Leichten zum Schweren
» vom Einfachen zum Komplexen
» vom Bekannten zum Unbekannten
» induktive oder deduktive Vorgehensweise
» zielorientiertes Aufwärmen
» zielorientiertes Abschlussspiel
» Kontinuum, Rundlauf, Pendel- oder Endlosform als Zielsetzung aller Spiel- und Übungsformen: Kein Stillstand, sondern alle Spieler sind in Bewegung. Viele Spieler üben und nur wenige stehen, keine Schlangen und Wartezeiten
» keine langen Laufwege mit Ball bis zum Torabschluss
» vom 1:1 zum 11:11
» Lernen durch Wiederholung
» Gruppen- und Spielfeldgrößen anpassen.

> Bei jeder Vorgehensweise sollte der Weg von den Übungen zu den Spielformen führen, um damit eine größere Lernbereitschaft und Motivation in der Trainingsgruppe zu erhalten. Trotz der Belastungen mit wenig Stillstand bleiben Pausenzeiten für die einzelnen Spieler oder die gemeinschaftliche aktive Pause erhalten.

Das Spielfeld als Planungshilfe

Das Spielfeld bietet Hilfen für die Planung und Organisation des Trainings. Besonders die Entwicklung der Kunstrasenplätze mit den vorgegebenen Linien und Abgrenzungen erleichtert die Trainingsarbeit. Das Spielfeld bietet viele Räume, Sektoren und Korridore, z. B. den Mittelkreis, Strafraum, Fünfmeterraum, die freien Räume neben dem Strafraum oder das Feld zwischen Strafraum und Mittellinie. Alle Räume ermöglichen unterschiedliche Spielformen mit verschiedenen Zielsetzungen und Gruppengrößen und können als Ausgrenzung oder Tabuzone mit veränderbaren Provokationsregeln bei den Spielformen genutzt werden.

Wettkampfnah trainieren

Wettkampfnähe im Training zu erreichen, ist die Vorstellung und das Ziel bei allen Sportarten. Dabei ist es von Bedeutung, die Planung des Trainings am Wettkampf auszurichten. Dieses umzusetzen macht es notwendig, viele Fußballspiele zu beobachten und das Gesehene in die Übungen und Spielformen des Trainings einzubauen. Auf den ersten Blick erscheint das Vorhaben, Wettkampf und Trainingsinhalte näher zusammen zu bringen, sehr einfach. Doch das folgende Beispiel aus der Trainingsbeobachtung in vielen Vereinen zeigt, dass dies doch nicht so einfach ist: Der Torschuss wird von der Mittellinie gestartet. Die Spieler laufen mit Ball, es folgt ein Anspiel zum Trainer, der den Ball klatschen lässt. Anschließend erfolgt der Schuss von der Strafraumgrenze. Dieses Beispiel widerspricht allen Beobachtungen und den Statistiken zum Torschuss. 90% aller Tore werden im Strafraum erzielt und nur 10% von außerhalb. Die Torschussdiagramme der Torjäger der Bundesliga und anderer europäischer Ligen bestätigen dieses sehr eindrucksvoll. Somit muss das Torschusstraining so angelegt werden, dass sich die Spieler im Strafraum befinden und das auch nicht alleine, sondern – wie es der Wettkampf vorgibt – mit mehreren Spielern. Dadurch entstehen für den Torschützen Zeitdruck, Raumdruck und Gegnerdruck, die auch im Spiel gegeben sind. Werden diese Übungen und Spielformen zum Torschuss im Training so angelegt, wird der Spieler im Wettkampf weniger Probleme haben. In Form der Wiedererkennungsleistung kommen dem Spieler die Bilder auch im Wettkampf bekannt vor und er entscheidet sich unter Druck richtig.

Dieses Beispiel macht deutlich, dass eine Verbindung zwischen Training und Wettkampf hergestellt werden muss. Es sollte aber bei der Trainingsplanung auch berücksichtigt werden, dass sich der Wettkampf immer weiter entwickelt.

Ein wichtiger Schritt könnte in diesem Zusammenhang auch die Dokumentation des eigenen Trainings sein. Die Aufzeichnungen belegen, ob die Spieler die Vorgaben aus dem Wettkampf im Training umsetzen oder nur „Spielchen" machen, ohne eine Zielsetzung zu verfolgen.

Qualität und Quantität des Trainings

Diese beiden Begriffe bestimmen das Training und spiegeln dies auch im Wettkampf wieder. Sehr häufig ist bei der Steigerung des Trainings die Quantität vorrangig. Wenn aber die Quantität im Training Vorrang hat, ohne dabei die Qualität des Trainings ausreichend zu berücksichtigen, muss man darüber nachdenken, wie die notwendige Qualität in das Training kommt. Soll die Spielqualität einer Mannschaft im Wettkampf verändert werden, so muss dieses durch das Training vorbereitet und stabilisiert werden.

Dazu müssen im Trainingsprozess Spielszenen eingefroren werden und vom Trainer korrigiert werden, um zu einer gemeinsamen Spielvorstellung und Spielumsetzung zu kommen. Diese qualitativen Vorgaben gelten auch für das abschließende Trainingsspiel.

Über die Quantität im Sinne von Mehr machen, schwitzen, rennen und die Füße bewegen wird sich die Spielqualität der Spieler und der Mannschaft nicht ändern.

Leider wird diese Meinung aber von vielen Trainern und Funktionären getragen, in dem sie Nachwuchsspielern ein oder zwei Trainingseinheiten bei der Seniorenmannschaft anbieten. In Vorbereitung auf eine leistungssportliche Fußballkarriere ist das häufig der falsche Weg. Der Spieler entwickelt sich vielleicht physisch weiter, aber die Entwicklung seiner psychisch-mentalen Komponenten bleibt unberücksichtigt. Die Entscheidung über eine Profilaufbahn findet auch im Kopf der Spieler statt. Deshalb muss es zur Qualität des Trainings gehören, den Spieler mit den Schwierigkeiten des Profisports vertraut zu machen. Was nützt ein Spieler, wenn nur seine Füße trainiert werden und der Kopf nicht erreicht wird?

2 Ohne Basis kein Spiel

Bei großen Fußballveranstaltungen finden sich häufig Fußballkünstler und Balljongleure ein, die mit ihrem faszinierenden Angebot die Zuschauer in ihren Bann ziehen. Es sind tolle Tricks und viel Akrobatik, die gezeigt werden. Meistens haben diese Artisten einmal mit Fußball begonnen und dann festgestellt, dass ihnen die andere Seite der künstlerischen Darstellung mit dem Fußball mehr zusagt und haben durch Training ein hohes Niveau ihrer Darbietungen erreicht. Ganz anders verhält es sich mit den Kindern und Jugendlichen in Südamerika, die am Strand Fußball spielen oder Futsal bevorzugen. In beiden Fällen wird auf einem technisch hohen Stand Fußball ohne großen Körpereinsatz und Fouls gespielt. Es wird getrickst und gezaubert voller Begeisterung. Dazu wird gedribbelt und kombiniert und es werden Tore am laufenden Band mit spektakulärem Einsatz erzielt. Diese Erfahrungen werden bei uns dem Straßenfußball zugeschrieben.

An diesen Beispielen wird klar, dass der Fußball auf die Basis technischer Elemente nicht verzichten kann. Allerdings wird auch deutlich, dass neben dem angeleiteten Vereinstraining mit viel Eigeninitiative eine großartige technische Entwicklung im Fußball möglich ist, die als zweckgebundene Basis für das große Spiel auf großen Plätzen dient. Da unterscheiden sich dann die Artisten von den Fußballern.

Das Fußballschema besteht aus den drei Säulen Technik, Taktik und Kondition. Es wird zu diesen drei Bereichen Basiswissen hinzugefügt, dass jederzeit ergänzt werden kann. Mittelpunkt des Schemas ist das Spiel mit seiner ganzen Vielseitigkeit.

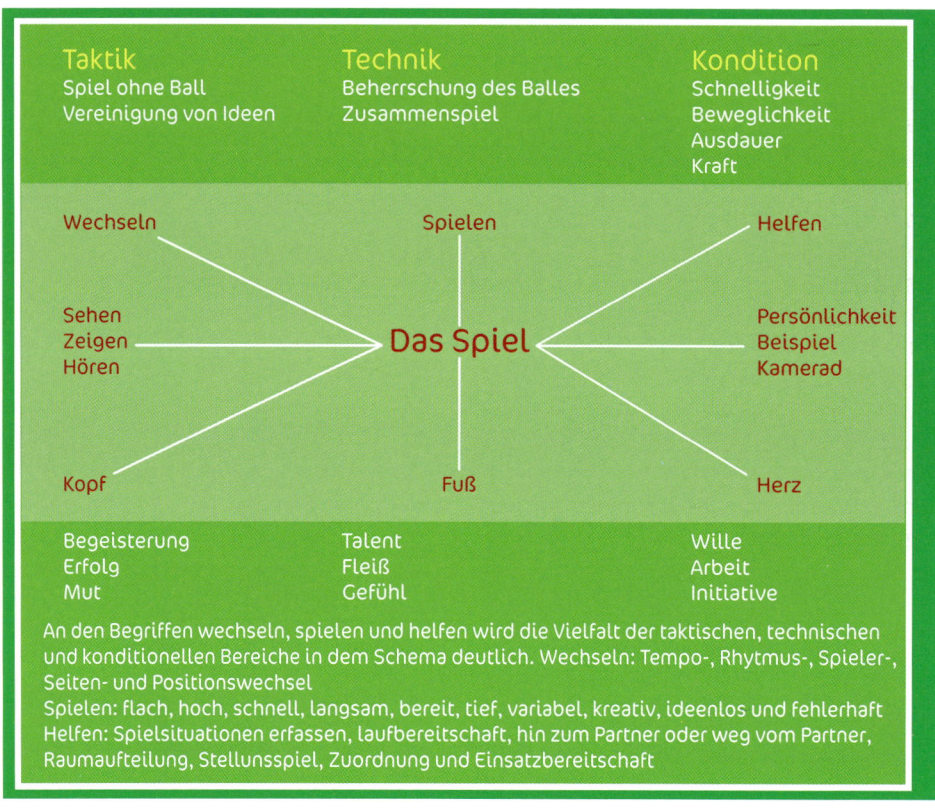

Faktoren des Fußballspiels

Abgerundet wird das Schema durch eine Vielzahl beeinflussender Elemente, wie das Auge, die Teamfähigkeit und die mentale Stärke, die den Fußball sehr bestimmen.

An den Begriffen „wechseln", „spielen" und „helfen" wird die Vielfalt der taktischen, technischen und konditionellen Bereiche in dem Schema deutlich.

Wechseln: Tempo-, Rhythmus-, Spieler-, Seiten- und Positionswechsel

Spielen: flach, hoch, schnell, langsam, hart, breit, tief, variabel, kreativ, ideenlos, präzise und fehlerhaft.

Helfen: Spielsituationen erfassen, Lösungsmöglichkeiten anbieten, Laufbereitschaft, hin zum Mitspieler oder weg vom Mitspieler, Raumaufteilung, Stellungsspiel, Zuordnung und Einsatzbereitschaft.

Technik der vier Grundfertigkeiten für das Spiel

Die vier technischen Grundfertigkeiten Ballführung, Ballkontrolle, Passspiel und das Kopfballspiel sind die vier Basiselemente, wodurch ein Miteinander-Spielen in einfacher Form ermöglicht wird. Nur durch das Üben und die Wiederholung der technischen Fertigkeiten kommt es zu einer Verbesserung des Spielniveaus. Es entsteht mehr Freude an dem „Fuß-Ball-Spiel". Die Spieler haben häufige Erfolgserlebnisse dadurch, dass der Ball sein Ziel erreicht und dass sie Bälle in verschiedenen Spielsituationen erfolgreich führen und sich trotz Gegenspieler am Ball behaupten können. Letztlich sollte jeder Spieler lernen, zugespielte Bälle zu kontrollieren. Bewusst spricht man bei der Ballkontrolle nicht vom Stoppen oder Anhalten des Balles. Durch ein kurzes An- und Mitnehmen des Balles wird der Spielfluss nicht unterbrochen, sondern beschleunigt. Durch diese Art zu spielen bleiben auch die Mitspieler in Bewegung und sind in Erwartung, angespielt zu werden. Technik und Tempo müssen im Einklang stehen, um unnötige Ballverluste zu vermeiden.

Basiselement Ballführung

Mit einer guten Ballführung verbindet sich gleichzeitig Eleganz, Entschlossenheit, Selbstbewusstsein und Spielübersicht. Gute Spieler führen den Ball in den unterschiedlichsten Spielsituationen und Spielanforderungen perfekt. Ballführung ist die technische Fertigkeit, mit dem Ball am Fuß zu laufen. Dabei sollte der Ball eng geführt werden, damit der Spieler jederzeit die Richtung ändern kann. Gleichzeitig sollte der Spieler lernen, den Ball vor dem Gegner abzuschirmen und sich in unterschiedlichen Spielsituationen am Ball zu behaupten. Die ständigen Veränderungen von Gegner, Raum und Zeit erschweren die Ballführung. Man unterscheidet:

» kontrollierte Ballführung auf engem Raum
» raumgreifende Ballführung mit Tempo.

Dabei sollte die Ballführung immer so sein, dass Technik und Tempo der Spielsituation angepasst werden, sodass der Ball nicht verloren geht. Unterschiedliches Ballmaterial stellt für die Fußballspieler immer eine neue Herausforderung dar (z. B. Tennis-, Hand-, Volley- oder Futsalball).

Ziel aller Übungen und Spielformen sollte sein, dass der Spieler lernt, den Kopf zu heben und sein näheres und weiteres Umfeld, Mitspieler und Gegenspieler, wahrzunehmen. Dieses ist durch Endlosformen mit hohen Wiederholungszahlen besonders gut zu erreichen. Eine Beidfüßigkeit der Spieler erleichtert und bereichert die Ballführung. Die Spieler sollten zu guten Dribblern werden mit viel Ballgefühl, Eigendynamik und einer besseren Orientierung und Wahrnehmung auf dem Spielfeld.

links: Spieler mit Blick zum Boden; rechts: Lösen des Auges vom ballführenden Fuß

Voraussetzungen zur Ballführung

Der Ball kann mit der Innenseite, der Außenseite, dem Spann oder der Sohle geführt werden. Zum besseren Verständnis sollte die Technik bei der Ballführung kurz erläutert werden:
» Ballführen mit der Innenseite: die Fußspitze ist leicht angezogen
» Ballführen mit der Außenseite: die Fußspitze zeigt nach unten-innen
» Ballführen mit dem Spann: die Fußspitze zeigt nach unten
» Ballführen mit der Sohle: die Fußsohle wird auf den Ball gesetzt

Das Fußgelenk ist bei allen Arten der Ballführung fixiert. Mit der Innenseite sollte der Ball immer rechts und links diagonal geführt werden, damit ein natürlicher Lauf erhalten bleibt.

Das Laufen sollte auf den Fußballen erfolgen.

Praxisformen

Autofahrt

Aufbau des Feldes je nach Gruppengröße, ein kleineres Feld verlangt technisch bessere Spieler, ein größeres Feld bietet mehr Raum und Zeit für die Spieler.

Alle Spieler bewegen sich mit Ball in dem Feld und führen den Ball so, wie sie möchten, mit der Vorstellung, sie fahren ein neues Auto.

Die Spieler laufen kreuz und quer und passen die Ballführung der Situation an: keine Zusammenstöße, keine Ballverluste. Ein oder zwei Spieler mit einem farbig auffälligen Hemd, die auch einen Ball führen, sind die Mitspieler aller Kinder. D.h., den Ball führen und immer wieder schauen, wo die

farbigen Mitspieler sind. Dazu muss der Kopf gehoben werden. Die Spieler sollen durch das Heben des Kopfes erkennen, wo freie Räume sind.

Die Spieler sollen sehr früh an die Situation herangeführt werden, die Augen vom Ball zu lösen und so das Umfeld wahrzunehmen.

Die Vorgabe lautet Ballführung mit unterschiedlichem Tempo, also mit unterschiedlichen Gängen. Für „Notsituationen" wird der Fuß auf den Ball gestellt, um keine Zusammenstöße zu haben.

Bei Richtungsänderungen das Spielbein wechseln.

Begegnen sich zwei Spieler, laufen sie beide eine Drehung rechts und eine Drehung links herum und dribbeln dann weiter.

Spielen des Balles mit der Sohle (seitlich)

Tippen mit der Fußsohle auf den Ball, vorwärts und rückwärts führen.

Den Ball zwischen den Füßen vorwärts und rückwärts pendeln.

Richtungsänderungen: Mit der Sohle den Ball hinter den Körper zurückspielen und sich drehen.

Richtungsänderungen durch Kappen des Balles unter dem Köper am Standbein vorbei.

Achterlauf: Wechsel rechts und links, Wechsel Innen- und Außenseite

3–4 Übungen der dargestellten Aufgaben mit Nummern benennen und in schnellem Wechsel abrufen z. B.
(1) schnelle Drehung mit Ballrechts oder links herum
(2) auf den Ball setzen
(3) Pendeln des Balles
(4) Übersteiger/Scheren am Ball

2 Ohne Basis kein Spiel

Würfel „5"

Vier Gruppen befinden sich an den äußeren Punkten. Alle Spieler haben einen Ball, führen den Ball zur Mitte und laufen vor dem inneren Hütchen nach rechts/links weg bis zum nächsten äußeren Hütchen. Spieler dürfen überholt werden.
Ändern der Richtung vor dem Mittelhütchen mit
» rechter Außenseite oder linker Innenseite
» nach Übersteiger links mit rechter Außenseite
» Spielen des Balles nach rechts mit der linken Sohle seitlich oder mit rechter Sohle zurückziehen
» auf dem Weg zur Mitte eine 360°-Drehung oder
» eine Drehung mit doppeltem Sohlentrick (links-rechts oder rechts-links)

Die Übung Würfel „5" kann ergänzt werden durch einen Slalomparcours: Die Spieler können die erweiterten Angebote wahrnehmen und den Ball kreuz und quer führen. Die Vorgabe am mittleren Hütchen lautet dabei immer rechts/links vorbei. Das Spielfeld richtet sich immer nach der Gruppengröße.

Hungriges Krokodil

In einem abgesteckten Feld wird die Gruppe geteilt. Alle Spieler haben einen Ball. Die Spieler wechseln mit Ball zwischen den beiden Endzonen hin und her. Der Lehrer oder Trainer ist das erste Krokodil, das Hunger auf Bälle hat und deshalb Spieler fängt.
Wer gefangen wird, läuft mit dem Ball einmal um das Spielfeld herum und spielt wieder mit oder: Wer gefangen wird, fängt mit, bis ein Dribbelkönig ermittelt ist.

Schwänzchen fangen

Alle Spieler haben ein Hemd in der Hose. Ziel ist es, den Ball und sein Hemd abzuschirmen und gegnerische Hemden zu erobern.

Die erbeuteten Hemden kommen in ein Depot. Jeder Spieler, der sein Hemd verliert, läuft eine Strafrunde mit Ball um das Spielfeld, holt sich ein Hemd aus dem Depot und spielt wieder mit.

4-Felder-Spiel und Ampelspiel

Den vier Gruppen in den vier Feldern wird jeweils eine Farbe oder Nummer zugeordnet. Nach Ansage oder auf ein visuelles Zeichen wechseln die entsprechenden Farben die Felder, ohne Zusammenstoß und Ballverluste.

Beim Ampelspiel steht der Lehrer/Trainer wie ein Schutzmann auf der Kreuzung der vier Felder und zeigt an, welche Gruppen wechseln sollen.

Räuberball

In einem abgesteckten Feld führen alle Spieler einen Ball. Jeder Spieler kann jedem beliebigen Gegner den Ball rauben oder wegschießen und sollte seinen eigenen Ball mit seinem Körper abschirmen. Wer den Ball verliert, holt ihn wieder, läuft eine Strafrunde um das Feld und spielt wieder mit. Wer die meisten Bälle geraubt hat, ist Sieger.

Bärentanz
Der Lehrer oder Trainer steht vor der Gruppe und gibt entweder per Handzeichen die Dribbelrichtung vor oder bewegt sich vor der Gruppe in die entsprechenden Richtungen. Eine weitere Herausforderung ist das Zeigen von farbigen Hemden oder Zahlen, die die jeweilige Bewegungsrichtung bestimmen, z. B.:
Rot: eins vorwärts
Grün: zwei rückwärts
Blau: drei nach links
Grün: vier nach rechts
Je nach Niveau der Gruppe können Tempowechsel mit eingebaut werden. Richtungsänderungen sollen kreativ gelöst werden.

Staffelwettbewerbe
Staffeln lassen sich sehr vielfältig anwenden und Kinder mögen den direkten Leistungsvergleich mit Siegerermittlung. Bei der Planung ist zu beachten, dass die Mannschaften nicht zu groß sein sollten, sondern dass lieber viele kleinere Mannschaften gebildet werden, damit die Pausen nicht zu lang sind. Es bieten sich Pendel- oder Umkehrstaffeln an.

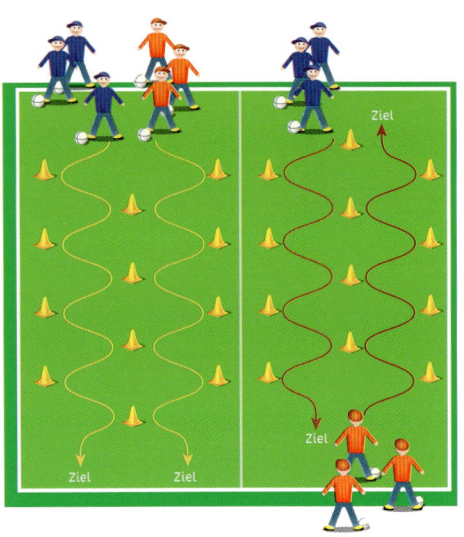

Slalomdribbling
Mit Hütchen wird für jede Mannschaft ein Slalomparcours aufgebaut. Die Hütchen können entweder im Zickzackkurs umlaufen werden oder aber die Hütchen werden angesteuert und vor ihnen die Richtung mit kreativen Varianten geändert.

Parallelslalom

Es kann um die Hütchen gelaufen werden oder vor jedem Hütchen wird die Richtung durch einen Übersteiger gewechselt. Diese Form kann man gut als Parallelslalom mit oder ohne Ausscheiden durchführen.

Irrgarten

Hütchen mit unterschiedlichen Farben sind im Feld verteilt. Die Spieler sollen nach Ansage die genannte Farbe der Hütchen andribbeln. Es können auch zwei Farben genannt werden.
Variation: Die unterschiedlichen Hütchen stehen außerhalb des Feldes. Nach Ansage (mit rechts, mit links) werden die entsprechenden Hütchen umdribbelt.
Variation: Wer zuletzt wieder im Feld ist, bekommt einen Strafpunkt.

Tordribbling

Es werden in einem Feld viele kleine Tore mit zwei unterschiedlichen Farben aufgestellt. Die Spieler sollen die Tore der genannten Farbe andribbeln und einen Achterlauf an jedem Tor durchführen.

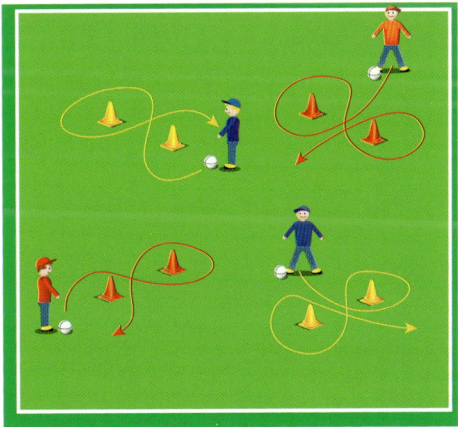

Reisezug

Ein Spieler ist die Lokomotive. Die Lokomotive hat zwei Anhänger (Spieler), die alle Vorgaben der Lokomotive nachmachen müssen. Die Lokomotive wird gewechselt.

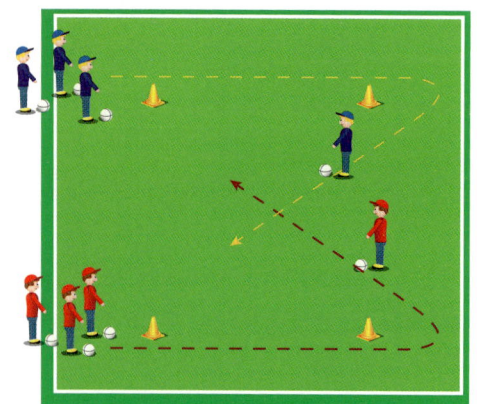

Reißverschluss

In einem abgesteckten Feld stehen zwei Gruppen an den äußeren nebeneinander liegenden Hütchen. Die Spieler dribbeln hintereinander den Ball zum jeweils gegenüberliegenden Hütchen und um dieses herum zur Mitte. Dort begegnen sich die Spieler beider Gruppen und kreuzen den Weg im Reißverschluss-System. In dieses Kontinuum können verschiedene Aufgaben eingefügt werden, z. B. ganze Drehungen, Führen des Balles mit der Sohle, Übersteiger.

Basiselement Passen

Nur durch das Üben des Passspieles als Zielstoß kommt es zu einer Verbesserung des Spielniveaus und es entsteht mehr Freude an dem „Fuß-Ball-Spiel". Spieler und Torwart haben häufige Erfolgserlebnisse beim Passen dadurch, dass der Ball sein Ziel, den Mitspieler, auch erreicht. Der Ball wird in den verschiedenen Spielsituationen erfolgreich gepasst und das trotz Gegenspieler und unterschiedlicher Drucksituationen. Letztlich sollte der Spieler lernen, zugespielte Bälle zu kontrollieren, aber nicht durch ein Stoppen oder Anhalten des Balles. Durch ein zügiges An- und Mitnehmen des Balles wird der Spielfluss nicht unterbrochen, sondern beschleunigt. Durch diese Art zu spielen, bleiben auch die Mitspieler in Bewegung und sind in Erwartung, angespielt zu werden. Bei allen Ausführungen müssen Technik und Tempo im Einklang stehen, um unnötige Ballverluste zu vermeiden.

Gutes Passspiel bedeutet auch Genauigkeit, Zusammenspiel, Entschlossenheit, Selbstbewusstsein und Spielübersicht. Passen ist die technische Fertigkeit, den Ball mit dem Fuß überwiegend flach und zielgerichtet zu spielen. Dabei sollte der Ball je nach Spielsituation mit rechts oder links gezielt und hart gespielt werden. Gleichzeitig sollte der Spieler lernen, den Pass so zu spielen, dass der Gegner den Ball nicht erreichen kann. Die ständigen Veränderungen unter dem Druck von Gegnern, Raum und Zeit erschweren das genaue Passspiel.

Man unterscheidet Passhärte, Passgenauigkeit und Passqualität. Besonders die Passqualität, hoch oder flach mit oder ohne Schnitt, ist entscheidend für die schnelle Verarbeitung des Passes in unterschiedlichen Spielsituationen. Ziel des Passgebers sollte es sein, den Mitspieler einfach anzuspielen. Im Passspiel zeigt sich das Sozialverhalten von Mitspielern in einer Mannschaft. Da jeder Spieler gut angespielt werden will, muss er selbst als Passgeber diese Spielweise auch beherzigen.

Durch die Folge von Pässen entsteht ein Kombinationsspiel mit vielen Varianten: Querpass, Diagonalpass, Steilpass, Flachpass, halbhohe oder hohe Pässe und Passfolgen. Je sicherer die Spieler das Passspiel beidfüßig mit rechts und links beherrschen, desto schneller wird das Spiel. Es kommt zu einer deutlichen Spielbeschleunigung und Ballzirkulation ohne unnötige Ballverluste. Der englische Flachpass, das moderne Kurzpassspiel oder der Schalker Kreisel sind Beispiele für gekonntes Passspiel.

Neben der Präzision und dem Ballgefühl im Fuß erleichtert das Heben des Kopfes ein genaueres Passspiel zum Mitspieler und die Wahrnehmung der freien Räume. Ein bedeutsames Phänomen des Pass-

spiels ist es, die Zeit, die der Ball von Spieler A zu Spieler B braucht, zur Orientierung zu nutzen,
   a) für den nächsten Pass zum Mitspieler wie beim Schachspiel der nächste vorausschauende Spielzug oder
   b) als Ballsicherung den Ball zum Anspieler als Rückpass zu spielen

Das direkte Spiel oder One-Touch-Football ist die höchste Stufe des schnellen gekonnten Zusammenspiels.

Voraussetzungen für das Passspiel

Bekannte Möglichkeiten des Passens sind: mit der Innenseite, verdeckt mit der Außenseite, mit dem Vollspann und überraschend mit der Sohle oder der Hacke. Zur Not kann der Ball auch mit der Spitze gespielt werden. Die Genauigkeit des Passspieles hängt auch mit der Position zum Ball zusammen. Grundsätzlich sollte das leicht gebeugte Standbein mit der Fußspitze in Spielrichtung zeigen. Das Spielbein wird durchgeschwungen, die Trefffläche ist der Fuß und das Fußgelenk ist fixiert. Der geübte Pressschlag mit der Innenseite ermöglicht es, ein stabilisiertes Fußgelenk zu empfinden.

Beim Spiel mit der Innenseite ist die Fußspitze leicht angezogen und nach außen gedreht, sodass der Fuß waagerecht steht und dem Ball eine breite Trefffläche bietet. Der Ball rollt geradeaus. Beim Pass mit der Außenseite zeigt die Fußspitze nach innen und nach unten. Der Ball erhält bei dem Pass zusätzlich Schnitt.

Der Vollspannstoß ist ein Pass über weite Distanzen, z. B. als Torschuss oder Freistoß. Dabei zeigt die Fußspitze zum Boden und bleibt auch beim Treffen in dieser Position.

Wird der Ball flach gespielt, ist der Oberkörper senkrecht über dem Ball. Soll der Ball durch die Luft fliegen wie bei Flanken und Eckstößen, braucht man Rücklage und der Ball muss sehr tief getroffen werden.

Da es sich beim Passen um eine schwingende Bewegung des Spielbeines handelt, sollte beim Treffpunkt von Fuß und Ball das Spielbein weiter durchschwingen und nicht abrupt abgebremst werden. Pässe mit der Innen- und Außenseite aus dem Fußgelenk brauchen Übung und sind für den Gegner schwer zu erkennen.

Praxisformen

Die vorgestellten Praxisangebote zum Passen bieten hohe Wiederholungszahlen und fordern die Laufbereitschaft der Spieler durch Endlosformen. Dabei werden Übungen in der Großgruppe genauso angeboten wie in Paaren oder in Dreier-, Vierer- und Fünfergruppen. Viele dieser Übungen können mit einem Torschuss abgeschlossen werden. Auch Überzahlspiele wie 3:1 und 4:2 sind wettkampfnahe Übungen zum Passen. Die Anzahl der Ballkontakte und die Beidfüßigkeit können als Herausforderung bei allen Übungen vorgegeben werden. Als Basisübungen

Bieten sich alle Formen von Staffeln und Pendelstaffeln an.

Torgarten

Es werden viele kleine Tore mit Hütchen aufgebaut. Dann sollen die Spieler die Tore mit dem Ball anlaufen und der Mitspieler steht dahinter und nimmt den Pass an und sucht ein neues Tor. Welches Paar schafft die meisten Tore in einer Minute.
Variante: Die Hälfte der Gruppe hat einen Ball und die Spieler ohne Ball suchen sich freie Tore und fordern den Pass und werden so selbst zum Passgeber. Oder der Passgeber spielt durch das Tor und erhält den Ball zurück als Doppelpass mit dem Hütchen.

Einfaches Passspiel

Torburg

Man nimmt die Tore der vorherigen Übung und jedes Paar sucht sich eine Torburg. An diesem Tor können sehr viele Übungen für Passspiel angeboten werden: Passen durch das Tor, Abstände und Torgröße als Herausforderung ändern oder die Form rechts annehmen und links spielen.

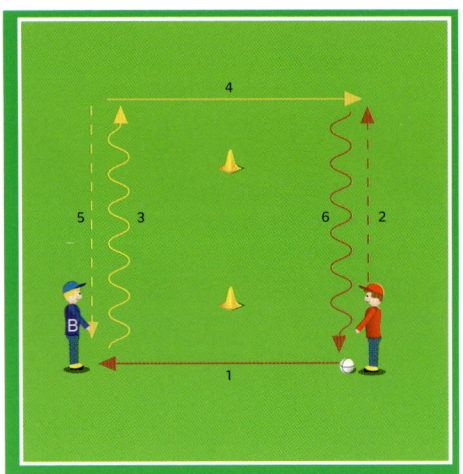

Rechteckspiel

Das Tor wird umspielt: Spieler A spielt mit links am Tor vorbei und Spieler B nimmt den Ball an und mit zur anderen Seite des Tores und spielt ebenfalls mit links. Spielrichtung für rechts ändern.

Briefumschlag

Wie bei dem Rechteckspiel wird nun der diagonale Pass hinzugenommen.
A spielt außen am Tor vorbei und B spielt den Pass durch das Tor diagonal. Es wird das Spiel mit rechts und links herausgefordert.

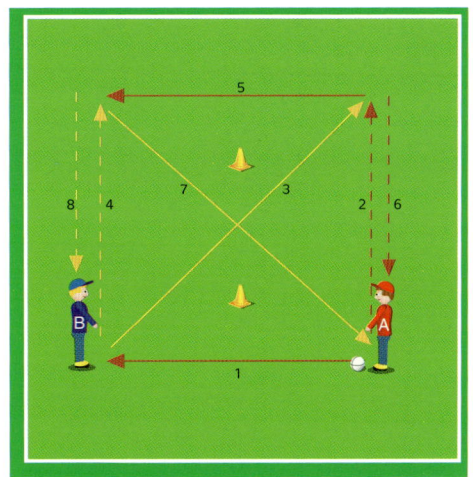

Passspiel mit Rhythmuswechsel

Das Paar steht zum Tor in Längsrichtung. A hat den Ball und steht 6 Meter vom Tor entfernt. B fordert den Pass rechts, spielt mit rechts zurück und läuft rückwärts um das hintere Torhütchen herum und erhält den Ball am vorderen Hütchen und passt mit links zurück.

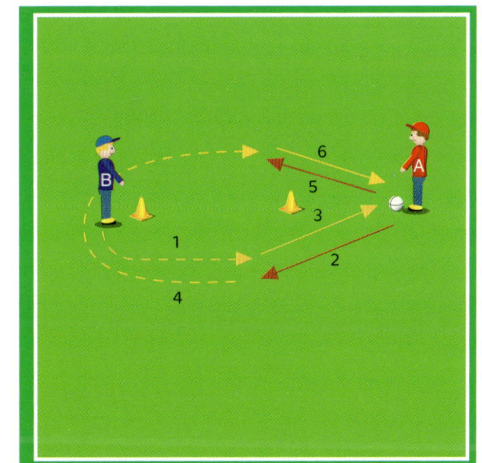

Passspiel mit Richtungswechsel

Jeder der beiden Spieler steht in Verlängerung des Tores. A hat den Ball und B fordert das Passspiel in Höhe des ersten Hütchens. B nimmt den Ball mit und führt ihn bis zur Startposition. Nun läuft auf der anderen Seite A los und erhält den Pass von B.

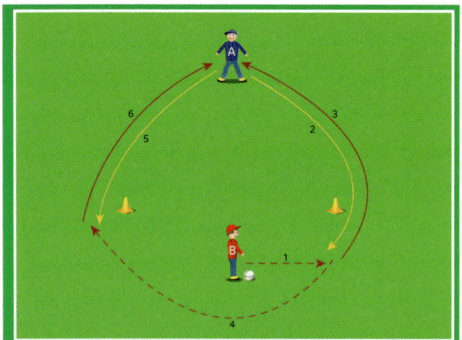

Scheibenwischer

Das Tor steht wieder zwischen den beiden Spielern. A hat den Ball 6 Meter vor dem Tor. B pendelt wie ein Scheibenwischer zwischen den beiden Torhütchen hin und her und spielt außen (rechts mit rechts und links mit links) zu A zurück.

Bei dieser Variante spielt A mittig durch das Tor, B nimmt den Ball nach rechts mit rechts oder nach links mit links mit und spielt den Rückpass zu A.

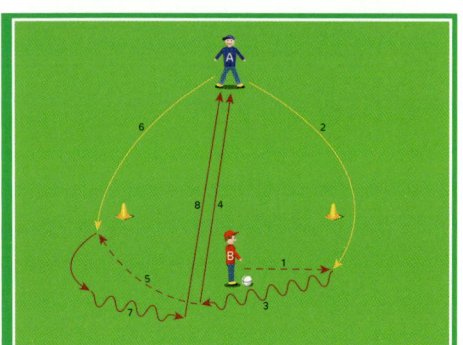

Variante: A spielt den Ball nach rechts außen und B nimmt den Ball zur Mitte mit und spielt mit links auf A zurück. A passt nach links außen, B nimmt den Ball zur Mitte mit und passt zu A mit links zurück. Bei dieser Übung könnte der Rückpass auch mit der Außenseite gespielt werden.

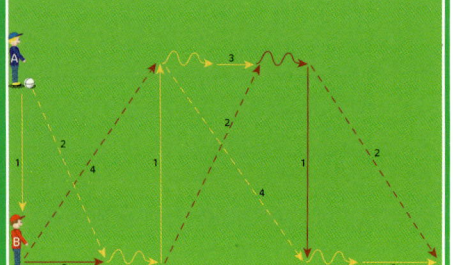

Passspiel quer-steil

Die beiden Spieler stehen nebeneinander. A spielt B quer an, läuft diagonal und erhält von B den steil gespielten Ball. B läuft ebenfalls diagonal und erhält einen Querpass von A.

Passspiel mit Hinterlaufen

Die beiden Spieler stehen nebeneinander. A spielt zu B und dieser läuft mit dem Ball diagonal in den freien Raum. A hinterläuft B, erhält den Querpass, zieht ebenfalls diagonal, wird von B hinterlaufen und erhält den Ball.

Zu den letzten beiden Übungen gehört auch das Zickzackspiel, das man durch aufgestellte Hütchen als Orientierung mit zwei Spielern durchführt.

Passspiel im Irrgarten

In einem abgegrenzten Raum bewegen sich alle Spieler paarweise mit einem Ball. Die Spieler mit Ball suchen den Partner und spielen ihm den Ball durch die freien Räume zu, wenn der Passweg frei ist. B kann die Aktion durch Zuruf „Spiel" oder den Vornamen unterstützen, damit es keine unnötigen Ballverluste gibt.

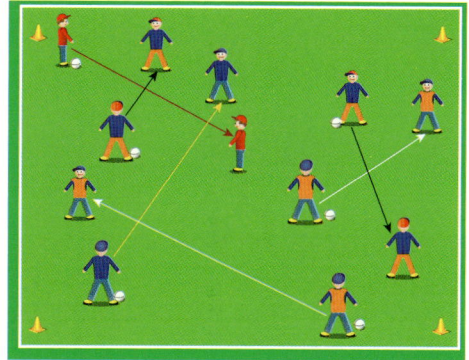

Passen durch ein Tor

In einer Gruppe mit 4–8 Spielern stehen zwei Gruppen 4–6 Meter entfernt von dem Tor und etwa 4 Meter auseinander. Ein Spieler A steht mit Ball vor dem Tor und spielt einen Spieler B der anderen Gruppe an, der zum Tor läuft. Der Ball wir immer durch das Tor gepasst und man schließt sich der eigenen Gruppe wieder an.

Als Variante wechseln die Spieler nach dem Pass durch das Tor diagonal in die andere Gruppe. Dadurch sollen die Spieler im Wechsel den Ball mit rechts und links durch das Tor spielen.

Eine zusätzliche Variante ergibt sich, wenn zur anderen Seite auch eine Gruppe übt und durch ein Tor spielt. Dann wechseln die Spieler aus ihrer Gruppe in die andere Gruppe linear oder diagonal.

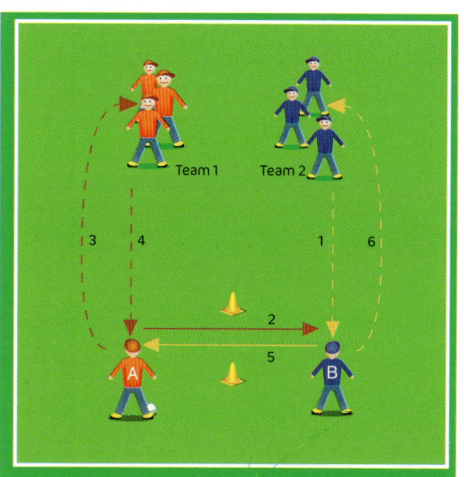

Passen durch zwei Tore

Es wird nun auf beiden Seiten gleichzeitig durch ein kleines Tor gepasst und dann wechseln die Spieler auf die andere Seite der anderen Gruppe und spielen dort den Pass durch das Tor.

Die Abstände und Laufwege sollten dem Alter entsprechen.

Es kann direkt gespielt werden und es soll immer mit dem Spielbein rechts oder links aus der Spielsituation heraus gepasst werden.

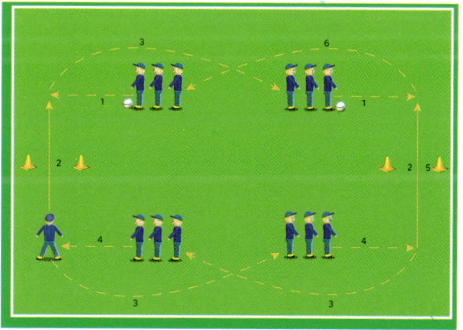

Farbenspiel

Es werden drei Gruppen mit drei verschiedenen Farben gebildet. Zum Beispiel spielt rot immer zu grün und grün zu gelb und gelb wieder zu rot. Dabei sind alle Spieler in Bewegung und müssen sich gut orientieren, um die nächste Farbe anzuspielen.

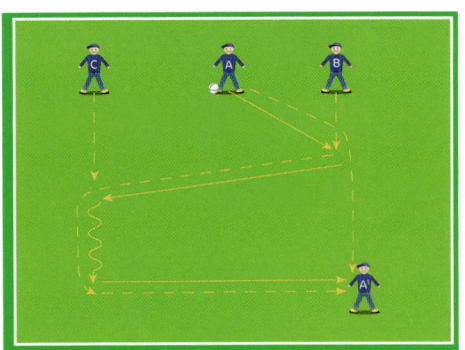

Dreierwechsel
Es stehen drei Spieler auf einer Linie. Der mittlere Spieler A hat den Ball und spielt B an, B spielt C an und jeder Spieler folgt seinem Pass auf die angespielte Position.
Das Passspiel verläuft rechts und links im Wechsel. Es wird mit 2 Ballkontakten oder direkt gespielt.

Zahlenspiel
Alle Spieler der Gruppe werden durchnummeriert. Der Ball wird von Nummer 1 bis Nummer 5 von einer Nummer zur anderen gespielt. Die Nummer 5 spielt dann wieder zur Nummer 1. Alle Spieler bleiben ständig in Bewegung und laufen nach dem Pass ihrem Ball in etwa nach. Es kann eine Spielrichtung gewählt werden, um damit Raum zu gewinnen.

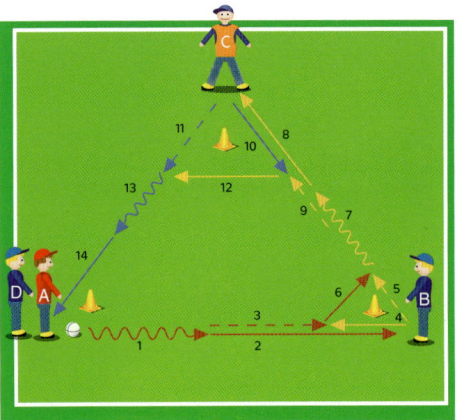

Passspiel im Dreieck
Mit vier Spielern wird ein Dreieck gebildet, an der Ecke mit Ball stehen zwei Spieler. A läuft kurz mit dem Ball und spielt B an. B lässt den Ball zu A klatschen, läuft um das Hütchen herum und erhält den Ball von A wieder zurück. B spielt mit C in gleicher Weise und auch C mit D. Es kann rechts und links herum gespielt werden, um die Beidfüßigkeit zu schulen.

Komplexes Passspiel

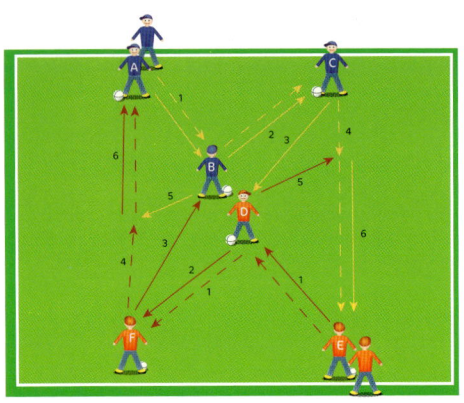

Passspiel im Doppeldreieck
Es werden zwei Dreiecke gestellt mit den Spitzen zueinander und einem Abstand von etwa 7–10 Metern. Alle Positionen werden besetzt und in A und E beginnt die Übung gleichzeitig von beiden Seiten. A spielt auf B und B direkt auf C und C lang auf D, D lässt klatschen auf C und C spielt zu E, E spielt wieder D an, der weiter spielt auf F, F spielt lang auf Position B, B lässt klatschen für F und F spielt auf A. Die Spieler auf den Spitzen der Dreiecke B und D müssen zwei Aufgaben lösen und sich drehen. Alle Spieler wechseln immer eine Position weiter. Passweg und Laufweg sind gleich.
Als Variante können die Anspiele mit Klatschen und Rückpass gespielt werden.

Passwelle mit 2 Bällen

Zwei Gruppen mit je vier Spielern stehen sich gegenüber. In der Mitte stehen zwei Anspieler. Auf beiden Seiten wird gleichzeitig begonnen. A und A" mit Ball spielen B und B" in der Mitte an. Diese lassen den Ball zu A und A" klatschen und spielen zu C und C". Die Spieler A und A" stellen sich in die Endpositionen von C und C".
Es ist möglich, durch zwei kurze Pässe in der Mitte die Mittelspieler B und B" auszuwechseln. In diesem Fall wechseln A und A" auf die Positionen von B und B" und B und B" passen zu C und C" und schließen sich außen an.

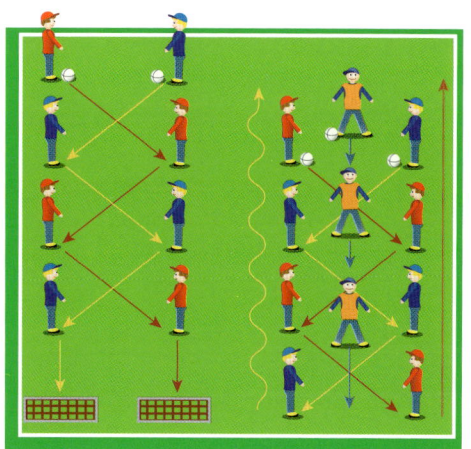

Passbaum

Es stehen zwei Gruppen im Abstand von 10–15 Metern nebeneinander.
Dazu werden zwei Reihen mit Hütchen aufgestellt, die im Wechsel zwei verschiedene Farben haben. Gespielt wird im Zickzack von rechts nach links immer seiner Farbe nach. Zuvor wird an jedes Hütchen ein Spieler gestellt. Dieser wird angespielt und nimmt den Ball mit und passt zum nächsten Spieler. Die Länge der Hütchenreihe richtet sich nach der Zahl der Spieler. Am Ende kann ein Torschuss erfolgen oder ein Pass durch ein Tor zu einem wartenden Spieler in der Startposition. Innerhalb des Passbaumes kann der Ball nach Anspiel zurückgepasst werden mit klatsch oder dreh, als Doppelpass mit dem Hütchen oder mit einem Hinterlaufen gespielt werden.

Reißverschluss

In einem abgesteckten Feld stehen zwei Gruppen an den äußeren nebeneinander liegenden Hütchen. Die eine Gruppe der Spieler dribbelt hintereinander den Ball zum jeweils gegenüberliegenden Hütchen und um dieses herum zur Mitte. Dort begegnen sich die Spieler beider Gruppen und kreuzen den Weg im Reißverschluss-System und spielen sich einen Pass in den Lauf. Es entsteht ein Kontinuum.

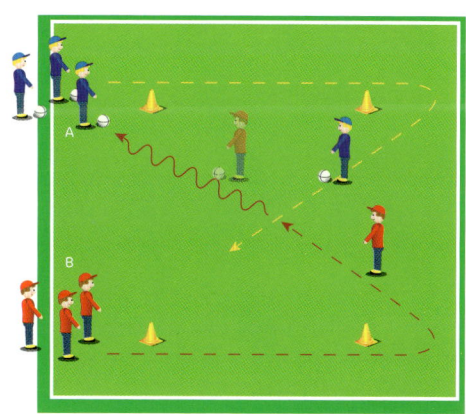

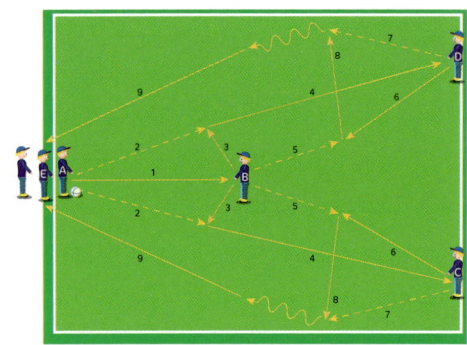

Das Ypsilonspiel

Die 5 Spieler stehen wie ein Ypsilon. Außen stehen zwei Spieler A und E. Der Spieler A hat einen Ball und spielt B an, B lässt nach rechts oder links zu A klatschen. A spielt entweder rechts C oder links D an. Nach Anspiel auf C oder D geht A auf die Position von B. B erhält den Ball von C oder D und lässt den Ball für diese klatschen. B geht auf die Position von C oder D und C oder D als Ballbesitzer spielt zu E.

Passquadrat mit 5 Spielern

5 Spieler besetzen die Außenpositionen des Quadrats. Eine Position ist doppelt besetzt und hat den Ball. Das Passspiel kann steil, diagonal erfolgen oder frei gewählt werden. Der Passweg ist auch der Laufweg.
Als Variante spielt A zu B, B lässt klatschen und A spielt diagonal zu C, C lässt klatschen zu B und B spielt zu D.

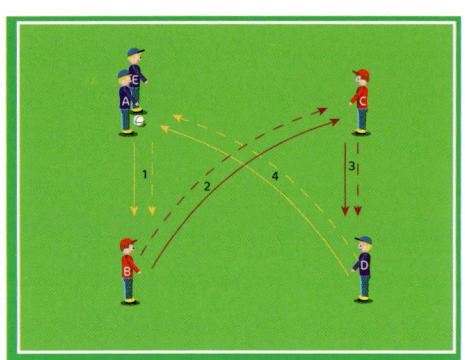

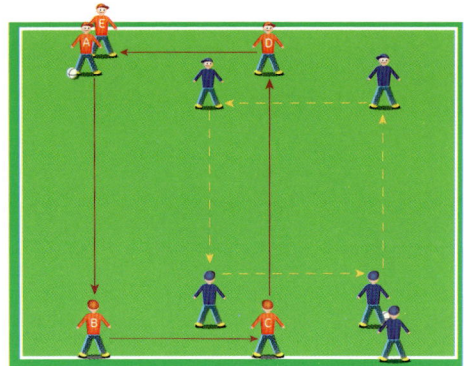

Überlappende Passform mit 2 x 5 Spielern

Es werden 2 Spielquadrate aufgebaut mit je 5 Spielern, die sich zu einem Drittel überlappen. Auf der Ballposition stehen jeweils 2 Spieler. Jeder Spieler geht seinem Ball nach. Es können wie in der Grundform verschiedene Varianten gespielt werden.
Es werden fortlaufende Pässe in zwei Spielfeldern gleichzeitig von A zu B zu C zu D und zu E und alle Spieler folgen dem Pass und rücken so eine Position weiter.
Gespielt wird ebenfalls in zwei Feldern. Es wird in die Tiefe von A zu B gespielt und nun

von B zu C diagonal gepasst, dann C zu D in die Tiefe und D auf E wieder diagonal. Alle Spieler folgen ihrem Pass und rücken so eine Position weiter.
Beide Übungsformen können direkt gespielt werden.

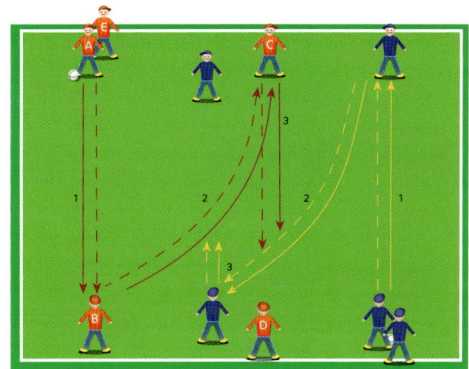

Passquadrat mit 8 Spielern

8 Spieler stehen zu zweit an den Eckpositionen. Zwei diagonal gegenüberstehende Paare haben jeweils einen Ball. Gruppe A und B spielen gleichzeitig los. A zu B steil und D zur Position A diagonal. Die Spieler laufen jeweils dem Ball hinterher (Passweg ist Laufweg). Dann spielt B auf C diagonal und C steil auf D und D diagonal auf Position A. Der Rundlauf setzt sich endlos fort. Die Spielrichtung kann geändert werden.

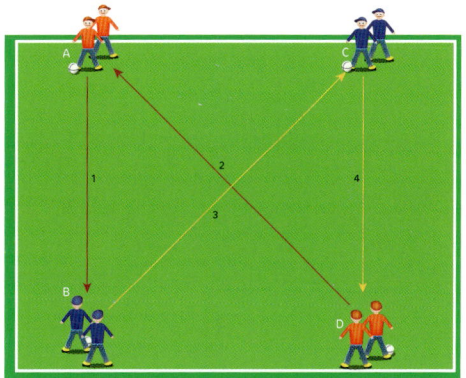

Passquadrat mit 8 Spielern durch die Mitte

Es werden alle Eckpositionen besetzt und am Ball stehen zwei Spieler. In der Mitte stehen zwei Spieler versetzt, die das diagonale Spiel ermöglichen. Es wird von zwei Positionen gespielt A und E. Zuerst spielt A auf B, der lässt klatschen zu A und startet in die Mitte und erhält von A den Ball, B spielt mit dem Mittelmann C Anspiel und Klatschen und spielt diagonal auf D, der lässt klatschen zu C und C spielt wieder D an, der E anspielt und mit Anspiel und Klat-

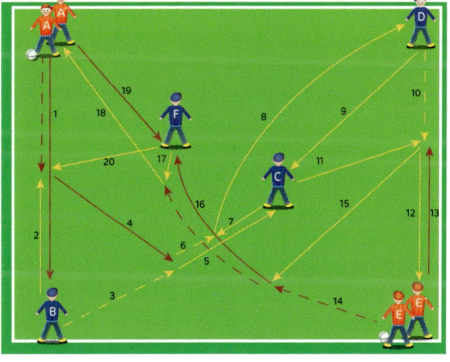

schen passt E in die Mitte zu F, der lässt klatschen zu E und E spielt auf die Position A. Alle Spieler rücken eine Position auf. Passweg und Laufweg sind gleich. Wie bei A hat auch gleichzeitig E den Ball ins Spiel gebracht und F angespielt. Die Ballkontakte sollten dem Leistungsstand angepasst sein. Es kann auch in die andere Richtung gespielt werden.

3:1 mit und ohne Torwart und Torabschluss

Gespielt wird mit 3 Angreifern und einem Verteidiger auf zwei Tore mit oder ohne Torhütern im Wechsel. Die Angriffe sollen möglichst schnell zum Abschluss führen. Ist der Angriff abgeschlossen oder erobert der Verteidiger den Ball, ändert sich die Spielrichtung und der letzte Spieler wird Verteidiger. Gefordert werden genaues Passspiel und das schnelle Umschalten nach Ballverlust.

4:2 mit und ohne Torwart und Torabschluss

Ebenso wie bei 3:1 lässt sich auch 4:2 spielen mit 4 Angreifern und 2 Verteidigern auf zwei Tore mit und ohne Torhütern im Wechsel. Die Angriffe sollen möglichst schnell zum Abschluss führen. Die beiden Verteidiger können farblich wechseln oder die beiden Spieler sein, die zum anderen Tor am nächsten stehen. Die Anzahl der Ballkontakte kann begrenzt werden. Gefordert werden genaues Passspiel und das schnelle Umschalten nach Ballverlust. Besondere Bedeutung hat der Pass in die Tiefe.

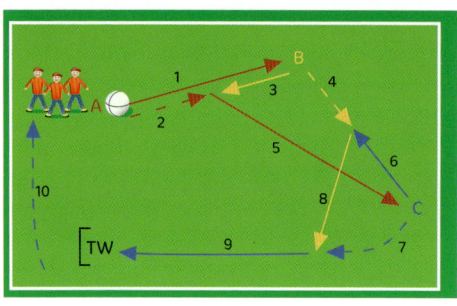

Passen mit Torschuss

Bei dieser Form steht ein Torwart im Tor und eine Gruppe von 6–8 Spielern befindet sich rechts oder links neben dem Tor. Alle Spieler haben einen Ball. Zwei weitere Anspieler stehen im Raum etwa 8 und 16 Meter entfernt. A spielt B an, B lässt den Ball zu A klatschen und A spielt dann C an. C lässt zu B klatschen und B spielt noch einmal C an, der mit einem Torschuss abschließt. Alle Spieler rücken eine Position weiter. C stellt sich neben dem Tor in der Gruppe mit Ball an.

Basiselement Ballkontrolle

Herkömmlich wurde die Ballkontrolle mit Begriffen wie Stoppen, Anhalten, Annehmen und Kontrollieren des Balles in unterschiedlichen Spielsituationen belegt. Zur Fortentwicklung und Veränderung des Spiels gehört die Berücksichtigung von Tempo, Zeit, Raum und Gegner. Die Ballkontrolle als eine der vier technischen Grundfertigkeiten wird durch die zunehmende Schnelligkeit des Spiels immer anspruchsvoller und bedeutsamer. Ziel ist es, über die Ballkontrolle in Form des kurzen An- und Mitnehmens das Spiel zu beschleunigen und sich so dem Gegner zu entziehen. Handlungsschnelligkeit und die Verarbeitung des Balles rücken in den Mittelpunkt des Geschehens. Ziel ist die Mitnahme des Balles ohne Zeitverlust. Je nach Spielsituation sollte der Ball auch verdeckt verarbeitet werden, um dem Gegner dadurch größere Probleme zu bereiten. Ohne Zeitdruck, Raumdruck und Gegnerdruck ist die Ballbeherrschung einfach. Da aber diese Parameter das Spiel bestimmen, ist es notwendig, spielnah zu trainieren.

Voraussetzungen zur Ballkontrolle

Alle Elemente der Ballkontrolle (mit dem Kopf, der Brust, dem Oberschenkel oder dem Fuß) kann der Spieler in Einzelarbeit üben und trainieren. Dabei schult er sein Ballgefühl, die Beidfüßigkeit, die Gewandtheit, Geschicklichkeit und Handlungsschnelligkeit. Es ergibt sich das Jonglieren des Balles über alle Körperteile. Der Transfer vom freien Jonglieren zur Ballkontrolle im Wettspiel unter Druck macht später den Unterschied der Spieler aus. Auch hier spielen die Wahrnehmung und die Orientierung im Vorfeld eine große Rolle. Während der Spieler den Ball flach oder hoch, hart oder weich erwartet, muss er die Zeit des Ballflugs nutzen, um die Spielsituation so einzuordnen, dass er am Ball bleibt und das Spiel ohne Ballverlust fortsetzt. Ideal ist es, wenn der Ball so verarbeitet wird, dass damit eine Spielbeschleunigung verbunden ist und sich ein Bewegungsvorsprung ergibt. Sehr häufig folgt nämlich einer Ballmitnahme ein Zweikampf oder ein Sprintduell. Da sowohl der Zweikampf als auch das Sprintduell eine sehr hohe körperliche Belastung mit sich bringen, sollte der Ball möglichst sicher und schnell weiter geleitet werden.

Praxisformen

Balljonglieren

Das Balljonglieren wird durch das Üben zu einer ausgeprägten Fertigkeit. Jeder Spieler erweitert seine Variabilität durch das Jonglieren in der Bewegung, mit unterschiedlichen Höhen des Balles und mit immer neuen Tricks, ohne dass der Ball den Boden berührt. Allerdings darf diese künstlerische Seite nicht zum Selbstzweck im Spiel werden. Auch zu zweit ist das Jonglieren sehr effektiv, weil man immer den Ball des anderen annehmen und kontrollieren muss.

Fußballtennis

Beim Fußballtennis entsteht gewissermaßen eine Fortsetzung des Jonglierens. Auch wenn der Ball über ein Netz gespielt wird und der Flug des Balles sehr unterschiedlich ist, sollte der Ball kontrolliert und zu einem Mitspieler gespielt werden. Es wird in allen Varianten vom 1:1 bis zum 4:4 gespielt. Dabei können Verschärfungen eingebaut werden (Anzahl der Ballkontakte pro Spieler oder der Bodenberührungen des Balls).

Jonglieren und Fußballtennis beinhalten Situationen des Spiels allerdings ohne den Druck durch Gegner, Zeit und Raum.

Paare

Zwei Spieler stehen sich gegenüber und werfen oder spielen sich den Ball zu. Dann setzt der Werfer oder Spieler den Spieler mit Ball unter Druck, sich am Ball zu behaupten. Zwei Spieler jonglieren den Ball und nach dem 1–3 Wechsel entsteht wieder die Drucksituation.

Dreiergruppe

Eine Gruppe mit drei Spielern spielt sich den Ball flach, hoch, kurz oder lang variabel zu, den der andere Spieler jeweils kontrollieren soll. In der Folge wird der Ball wieder von A zu einem Mitspieler B gespielt und dieser wird von dem dritten Spieler C unter Druck gesetzt. Der Spieler B kann mit dem Passgeber A zusammenspielen.

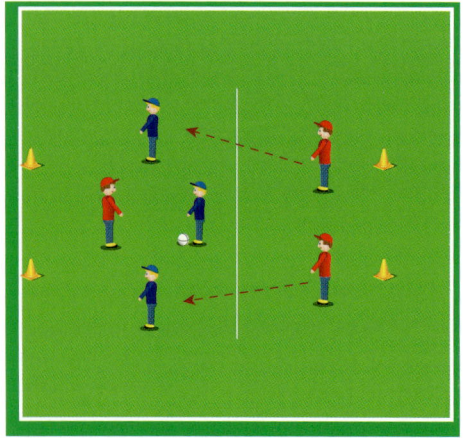

Vom 3:1 zum 3:3

Spielgruppe 3 gegen 3 bis 5:5

Es spielt eine Gruppe 3:1 und die 2 Mitspieler des Verteidigers warten außen auf die Einwechselung. Nach jeweils drei Pässen kommt ein weiterer Spieler hinzu zum 3:2 und dann 3:3, um den Druck auf den Ballhalter zu erhöhen.
Wird der Ball erobert, wechselt die Aufgabe wieder beginnend mit 3:1.
Diese Form kann auf kleine Tore gespielt werden oder in zwei kleinen Feldern. Die Anzahl der Ballkontakte kann vorgegeben werden.
Bei dieser Spielform sollten die Beidfüßigkeit, die Ballkontrolle, Mitnahme des Balles in den freien Raum, Abschirmen des Balles mit Gegner im Rücken, Kopf hoch zur Wahrnehmung und Orientierung und die gezielte Spielhandlung geübt werden.
Auch bei den bekannten Schweinchenspielen 4:2 oder 5:2 kann in gleicher Weise trainiert werden bis zum 4:4 und 5:5.

Basiselement Kopfballspiel

Mit zunehmendem Alter und höherer Spielklasse werden im Fußball immer mehr Bälle hoch und lang gespielt. Auch bei den Standardsituationen Einwurf, Eckstoß und Freistoß wird der Ball häufig hoch gespielt. Allein 30 % aller Tore resultieren aus Standardsituationen, bei denen der Ball meistens hoch gespielt wird. Deshalb muss der Spieler das Kopfballspiel als weitere Grundfertigkeit beherrschen. Der Kopfball ist ein Zielstoß, der sowohl aus der Abwehr heraus erfolgt als auch im Angriff als Torschuss. Wie bei allen Grundfertigkeiten wird das Spiel von den äußeren Parametern Zeit, Raum und Gegner bestimmt. Es ist deutlich einfacher, den Ball unbedrängt zielgerichtet köpfen zu können.

Voraussetzungen zum Kopfballspiel

Die technischen Voraussetzungen müssen erfüllt sein, um ohne Angst oder Verletzungsgefahr den Ball zu köpfen. Der Ball wird mit der Stirn getroffen, der Nacken ist fixiert, das Kinn zeigt zur Brust, die Augen sind geöffnet und die Arme werden angewinkelt, um die nötige Körperspannung zu erreichen. Der Kopfball kann einbeinig oder beidbeinig und im Stand oder im Sprung ausgeführt werden. Als Hilfsmittel im Training bieten sich zusätzlich das Kopfballpendel und die Haus- oder Hallenwände an. Am Pendel kann der Kopfstoß vom Stand bis zum Sprung geübt werden unter Berücksichtigung der Bogenspannung, des Gleichgewichts und einem passiven Gegenspieler. Grundsätzlich ist bei der Einführung des Kopfballspiels die Angstreduktion zu berücksichtigen. Deshalb sollten zunächst Lightbälle, Softbälle und Tennisbälle bei den Übungen eingesetzt werden und der Abstand zum Partner reduziert werden.

Praxisformen

Einzelarbeit mit dem Ball

Jeder Spieler hat einen Ball und macht nun die ersten Erfahrungen mit dem Ball am und auf dem Kopf. Der Spieler legt sich den Ball auf die Stirn und versucht, den Ball zu balancieren. Dabei ist der Kopf im Nacken.

Der Spieler wirft den Ball nun ganz leicht hoch, köpft den Ball und fängt ihn auf. Das wird mehrfach wiederholt. Dann lautet die Herausforderung:
- » Wer kann den Ball mehrfach auf der Stirn hüpfen lassen?
- » Wer kann sich in dieser Weise mit dem Ball auf der Stirn bewegen?
- » Wer schafft die meisten Ballkontakte?

Übungen in Paaren
- » Zwei Spieler stehen sich in kurzem Abstand von 1–2 Metern gegenüber und werfen sich von unten den Ball zu, sodass der Partner den Ball mit der Stirn zurückköpfen kann.
- » Der Spieler wirft sich selbst den Ball hoch und köpft ihn aus der Schrittstellung zum Partner. Dieser fängt den Ball und köpft in gleicher Weise.
- » Der Spieler wirft den Ball selbst auf den Boden und köpft den hochgesprungenen Ball zum Partner.
- » Die Spieler versuchen nun, den Ball in kurzem Abstand hin und her zu köpfen. Welches Paar schafft die meisten Wiederholungen?
- » Die Spieler spielen den Ball mit dem Kopf hin und her und bewegen sich dabei seitlich.
- » Ein Spieler wirft den Ball zum Partner, dieser nimmt den Ball mit der Stirn an (dabei ist der Kopf im Nacken) und köpft dann den Ball zum Mitspieler zurück. Danach jongliert der Spieler den Ball auf dem Kopf und spielt ihn wieder zum Partner. Dieser fängt den Ball und macht dasselbe.
- » Die Spieler versuchen, den Ball hin und her zu köpfen. Dabei muss der Ball erst mit dem Kopf angenommen werden und dann zurückgespielt werden.

Staffelwettbewerbe und Kleingruppen

Bei den Pendelstaffeln und Kleingruppenspielen mit dem Kopf gibt es verschiedene Formen, die für die Spieler sehr reizvoll sind. Da können sie zeigen, wie geschickt sie den Ball mit dem Kopf bearbeiten und sich für die Gruppe einsetzen, um die Wettkämpfe zu gewinnen.

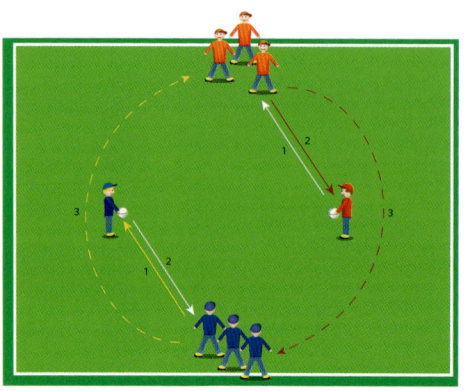

Staffeln

» Es stehen sich zwei Kleingruppen mit 3 oder 4 Spielern auf jeder Seite gegenüber. Der Ball wird von einer Seite von unten geworfen und der Gegenüber köpft den Ball zum nächsten Spieler zurück. Der Werfer wechselt auf die andere Seite. Der geköpfte Ball wird gefangen und zum nächsten Spieler geworfen.
» Die Spieler köpfen nun den Ball aus der Schrittstellung zum Gegenüber, der fängt den Ball, köpft ihn in gleicher Weise zur anderen Seite und wechselt.
» Der Spieler jongliert den Ball zu einer gedachten Mitte und köpft ihn dann zu dem gegenüber stehenden Spieler. Dieser fängt den Ball und spielt selbst. Alle Spieler wechseln auf die andere Seite.
» Die Spieler spielen nun den Ball mit dem Kopf hin und her und wechseln nach jedem Kopfstoß die Seite.
» Die Spieler köpfen den Ball zum Gegenüber. Dieser nimmt den Ball mit dem Kopf an, spielt wieder zurück und wechselt danach die Seite.
» Zwei Gruppen stehen sich gegenüber. Zusätzlich werden an den Seiten ungefähr in der Mitte zwei Anwerfer postiert. Jeder hat von ihnen einen Ball und wirft jeweils den ersten der Gruppe an, der erst im Stand und später im Sprung den Ball zum Werfer zurückköpft und dann die Seite wechselt.
» Wie in der vorigen Übung wird der Ball von den Werfern zugeworfen. Jetzt wird der Ball zu dem anderen Werfer weitergeköpft. Dieser fängt den Ball und wirft wieder zu. Der Ball zirkuliert kreisförmig und die Werfer müssen zwischen werfen und fangen schnell reagieren. Nach dem Kopfball wechseln die Spieler außen herum in die andere Gruppe. Die Werfer werden ausgewechselt.
» Auf den Werferpositionen stehen zu Beginn zwei Spieler. Der vordere hat den Ball und wirft zur Gruppe. Der Ball wird weiter geköpft zu dem anderen Werfer. Die Werfer wechseln in die Gruppe und die Kopfballspieler wechseln auf die Werferposition. So entsteht ein Kontinuum.

Übungsformen in der 4er-Gruppe

» Die 4 Spieler stehen in einer Raute. Der Startspieler wirft seinem Nebenmann den Ball zu. Dieser köpft zum nächsten Spieler, der den Ball fängt und anschließend weiter wirft.

» Der Ball wird nach rechts oder links zum Mitspieler geworfen und zum Gegenüber geköpft. Damit muss der diagonal zugeworfene Ball gerade weitergeköpft werden. Dieser wird dann gefangen und wieder zum nächsten Spieler geworfen.

» Drei Spieler bilden einen Kreis um einen mittleren Spieler wie ein Wagenrad. Nun wird der Ball von einem Spieler zum Mittelspieler geköpft und der spielt wieder nach außen. Alle vier Spieler versuchen, auf diese Weise oder frei den Ball so lange wie möglich zu spielen. Welche Gruppe schafft die meisten Kopfbälle?

Kopfball mit Toren

Jetzt haben die Spieler erste Erfahrungen im Kopfballspiel durch die hinführenden Übungen gesammelt und sollen nun versuchen, mit dem Kopfstoß ein Tor zu erzielen. Damit dieses Ziel leichter erreicht werden kann, muss die Bogenspannung erklärt werden.
Bei der Bogenspannung wird der Oberkörper leicht nach hinten gebogen, die Arme sind angewinkelt seitlich am Körper und die Knie sind leicht gebeugt. Indem der Oberkörper nun nach vorne schnellt, erfolgt der Kopfstoß.

Spielformen auf ein Tor

» Ein Spieler steht im Tor (2–4 Meter) und der andere in kurzem Abstand von 3–5 Metern davor. Der Spieler im Tor hat den Ball und wirft ihn dem Mitspieler zu, der versucht, mit dem Kopfstoß ein Tor zu erzielen.

» Der Spieler vor dem Tor wirft sich selbst den Ball hoch und versucht, aus der Schrittstellung und mit Bogenspannung ein Tor zu köpfen. Der Spieler vor dem Tor jongliert den Ball mehrmals und schließt dann mit einem Kopfstoß ab.

Spielformen auf zwei Tore

Jeder Spieler hat ein Tor zu verteidigen und greift auf das andere an. Es können die gleichen Spielformen wie auf ein Tor genommen werden. Als Zusatz darf der geköpfte Ball direkt wieder zurückgeköpft werden. Zudem darf, je nach Altersstufe, der Ball nicht mit der Hand, sondern nur mit dem Kopf abgewehrt werden.

Spielformen 2 gegen 2 auf zwei Tore

» Beide Teams stehen im Tor. Der Ball wird zugeworfen, die gegenüberstehenden Spieler köpfen auf das Tor zurück.

» Ein Spieler steht im Tor und wirft den Ball zum Mitspieler, der an der Mittellinie lauert und mit Kopfball abschließt.

» Beide Spieler eines Teams jonglieren den Ball zu einer gedachten Mittellinie und schließen mit einem Kopfball ab. Das gegnerische Team spielt Torwart mit oder ohne Einsatz der Hände.

Übungsformen mit Gegenspieler

» Bevor auf die Tore mit passivem Gegenspieler gespielt wird, muss der Gegenspieler eingeführt werden. Bei den Vorübungen wird das Auge für das richtige Timing der Spieler geschult und natürlich auch die Angst reduziert. Ein Spieler jedes Teams steht in der Mitte Schulter an Schulter mit seinem Gegenspieler. Die anderen Spieler stehen davor und dahinter, jeder mit einem Ball. Nun wird der Ball von außen geworfen und der Mitspieler köpft zurück. Der gegnerische Spieler bleibt passiv stehen. Es kommt zum ersten Körperkontakt. Das mittlere Paar dreht sich und der nächste Wurf erfolgt von der anderen Seite für den Mitspieler.
» Dieselbe Übung mit Sprung, wobei der Gegenspieler nicht mitspringt.
» Die mittleren Spieler stehen jetzt hintereinander. Der hintere Spieler erhält von seinem Mitspieler den Ball zugeworfen und spielt den Ball seitlich vor dem Gegenspieler mit dem Kopf zurück. Gespielt wird im Wechsel rechts und links. Der Gegenspieler bleibt passiv.
» Die mittleren Spieler stehen hintereinander. Der Ball wird vom Mitspieler über den passiven Gegenspieler geworfen und zurückgeköpft.

Spielformen 2 gegen 2 mit Gegenspieler

» Gespielt wird 2:2 auf zwei Tore. Der Ball wird von einem Paar jongliert. Ab der Mittellinie stört ein Gegenspieler passiv, um den Kopfball zum Tor zu unterbinden. Hat der Torspieler den Ball gefangen, beginnt das Jonglieren der anderen Mannschaft. Ein Gegner stört und der andere wird zum Torspieler.
» Ein Spieler steht im Tor, ein Mitspieler und ein Gegenspieler stehen zentral vor dem Tor. Der freie Spieler der angreifenden Mannschaft wirft den Ball als leichten Einwurf zum Mitspieler. Dieser versucht, ein Tor zu köpfen. Der Gegenspieler bleibt passiv. Der zentrale Angriffsspieler soll sich durch eine Auftaktbewegung von seinem passiven Gegenspieler lösen und den als Einwurf zugeworfenen Ball aufs Tor köpfen: einmal die Auftaktbewegung nach hinten machen und dann vorne, vor dem Gegner, köpfen; anschließend Auftakt nach vorne machen, sich nach hinten absetzen und hinter dem Gegner köpfen.

Spielform Kopfball-Handball mit Einwurf

Bei dieser Spielform spielen zwei Mannschaften gegeneinander auf 2 Tore. Der Ball wird im Wechsel als Einwurf zugeworfen und geköpft. Tore können nur mit dem Kopf erzielt werden. Der Köpfende darf zuerst nur passiv von den Gegenspielern bedrängt werden. Zusätzlich wird eine Freizone oder ein Taburaum markiert, in den ein Angreifer ohne Ball laufen kann. Bekommt er dort einem Einwurf zugeworfen, kann er unbedrängt einköpfen.

Spielform Kopfballspiel nach Flanke

In dieser Spielform nähern wir uns dem Wettkampf. Es kommt zu Kopfbällen aus der Drehung und zu dem begeisternden und herausfordernden Element Flugkopfball.

In einer Gruppe sind 5 oder mehr Spieler. Gespielt wird auf ein Tor. Es gibt die Positionen Anspieler mit Ball, den zentralen Mitspieler, zwei Außenspieler und einen Torwart. Der Anspieler spielt seinen zentralen Mitspieler an, der den Ball nach rechts oder links außen legt. Die Außenspieler nehmen

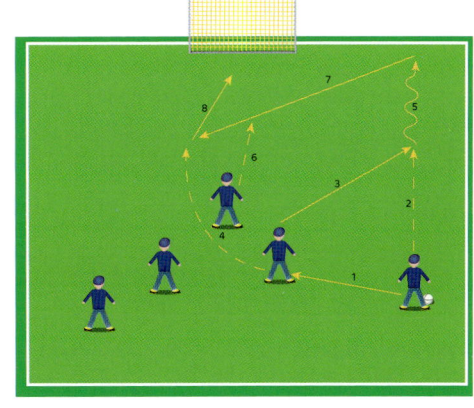

den Ball mit und spielen eine gefühlvolle Flanke für einen Kopfball. Anstelle der Flanke könnte auch ein Einwurf von der Außenposition gespielt werden.

Spielform Fußballtennis

Es stehen sich in zwei Mannschaften mehrere Spieler oder zwei gegen zwei gegenüber. Gespielt wird über ein Netz oder über Stangen. Bei der Ballannahme sind alle Körperteile erlaubt. Nur der Ball zum Gegner muss mit dem Kopf über die Schnur, Netz oder Stange geköpft werden.

Trainingsformen

Mit zunehmendem Alter sollte das Kopfballspiel in wettkampfnahen Übungs- und Spielsituationen trainiert und verbessert werden. Es gehört auch das Köpfen der Bälle nach langen Flanken, Freistößen und Abschlägen oder Abstößen des Torwarts dazu. Gleichzeitig müssen die körperlichen Voraussetzungen zum guten Kopfballspiel weiter entwickelt werden. Dazu zählen die Sprungkraft, die Körperspannung, das Gleichgewicht im Sprung, die Antizipation und die Verbesserung des Kopfballspieles in den Drucksituationen Raum, Zeit und Gegner des Wettkampfs.

Das Kopfballpendel ist eine gute Hilfe, an dem das Kopfballspiel sehr gut unter Anleitung oder selbständig durchgeführt werden kann.

Es ist sehr sinnvoll, das Kopfballspiel immer wieder in kleinen Sequenzen zu üben, ohne dabei den Kopf zu sehr zu strapazieren. Dabei sollte das Ballmaterial der Altersgruppe (Lightball) angepasst sein und es sollten nicht zu hart aufgepumpte Bälle benutzt werden. Bei den Übungen sollten die Abstände und Wiederholungszahlen ebenfalls auf die Altersgruppe abgestimmt werden. Bei allen Formen sollte der methodische Weg folgender sein:
» im Stand beginnen,
» die Übung in die Bewegung umsetzen,
» den Gegenspieler im Stand einbeziehen und
» zum Schluss auch den aktiven Gegenspieler je nach Alters- und Leistungsgruppe zulassen.

Einzeltraining als Heimtraining

An dieser Stelle wird im Zusammenhang mit den Basiselementen der Technik auf die Bedeutung der Einzelarbeit als Hometraining hingewiesen. Jeder Spieler kann in der frei verfügbaren Zeit neben den Schulpflichten ein solches Training zu Hause ohne Traineranleitung durchführen. Schön ist es, wenn vielleicht eine zweite Person dabei ist und mitmacht, weil dann die gemeinsame Herausforderung gegeben ist. Es macht mehr Freude und man kann dem Mitspieler zeigen, wie gut man ist und sich gegenseitig helfen. Natürlich kann der Trainer Hausaufgaben als Herausforderung stellen. Zum Beispiel, wie oft kannst du den Ball jonglieren, kannst du einen Fallrückzieher, Hüftdrehstoß oder Torpedokopfall?

Ohne Mitspieler können Hauswände als Partner hilfreich sein.

Die Spieler übernehmen mehr Verantwortung für sich selbst und trainieren ohne Anleitung des Trainers in freier und kreativer Form.

Taktik der drei Grundfertigkeiten für das Spiel

Die taktischen Grundfertigkeiten Freilaufen, Spiel ohne Ball und Positionswechsel sind die drei Elemente, die es ermöglichen, am Fußballspiel teilzunehmen. Häufig werden die Begriffe in Diskussionen als ein und dasselbe dargestellt. In diesem Buch werden alle drei Bereiche getrennt behandelt, um durch die Trennung gleichzeitig ihre jeweilige Bedeutung herauszustellen. Wenn ein Spieler dieses taktische Basiswissen im praktischen Spiel anwendet, hat er jederzeit die Möglichkeit, sich ins Spiel einzubringen. Hinzu kommen Tempo- und Richtungswechsel, das Belegen der „offenen Fenster" und die frühzeitige Orientierung für das nächste Abspiel. Dabei gilt für alle Bereiche des Zusammenspiels, dass die Spieler ohne Ball durch ihr Verhalten die Richtung, das Tempo und die Art des Zuspiels bestimmen. Der Passgeber muss das in seinem Spiel berücksichtigen und umsetzen, um unnötige Ballverluste zu vermeiden. Bei Übungen und Spielformen im taktischen Bereich ist es wichtig, dass die Spieler sich die Kombinationsmuster merken. Der Transfer vom Training zum Wettkampf verlangt die Wiedererkennung von Spielsituationen sowie Entscheidungsfreude und Entscheidungssicherheit. Welchen Pass spiele ich wann, wie und warum? Von welcher Überlegung wird der Ballhalter geleitet? Die Entscheidung über den nächsten Spielzug sollte immer die Spielfortführung und den Ballbesitz im Auge haben. Je nach Spielsituation auf dem Spielfeld ist ein Rückpass zum Torwart, ein Pass in die Breite mit einer möglichen Spielverlagerung oder das Spiel in die Tiefe eine geeignete Lösung. Aus einem flachen Passspiel ergibt sich die Mitnahme des Balles mit einer möglichen Spielbeschleunigung. Wenn die einzelnen Bausteine zusammenpassen, läuft die Ballzirkulation wie ein Uhrwerk mit vielen Anspielstationen, hoher Kreativität und kürzeren Ballkontaktzeiten. Ziel des taktischen Spiels sollte es sein, als Spieler nicht da zu sein, wo der Ball ist, sondern da zu sein, wo der Ball hinkommen könnte.

Basiselement Freilaufen

Im übertragenen Sinn bedeutet das Freilaufen, sich von einem Gegner zu lösen und den Ball zu fordern. Diese Form hat ihren Ursprung in der Manndeckung und verlangte von jedem Spieler, sich bei Ballbesitz der eigenen Mannschaft von seinem Gegenspieler zu befreien und damit anspielbar zu sein. Freilaufen setzt eine Auftaktbewegung mit einen Tempo- und Richtungswechsel voraus, um den gleichwertigen Gegenspieler abzuschütteln. Die Auftaktbewegungen können rechts – links und links – rechts oder kommen und gehen oder gehen und kommen sein. Den sich daraus ergebenen Bewegungsvorsprung sollte sich der Spieler erhalten, um nach einem Anspiel mehr Raum und Zeit zu haben, die anschließende Spielaktion durchführen zu können. Viele Spieler machen den Fehler, sich nicht weit genug vom Gegenspieler zu lösen und bleiben damit weiter aus dem Spiel, also nicht anspielbar. Die Faustregel sollte sein, sich zwei Armlängen Distanz zum Gegner zu erhalten, um das Anspiel zu erleichtern. Ein weiterer Schritt beim Freilaufen ist der Laufweg. Er sollte nicht immer frontal (stumpf) zum Mitspieler sein, sondern diagonal Raum öffnend, um sich dann am Gegenspieler vorbei mit Ball in die Tiefe abzusetzen. Nicht anspielbar ist auch ein Spieler, der sich zwar sehr eifrig bewegt und seinen Gegenspieler auch abschüttelt, der sich aber trotzdem in einem Deckungsschatten befindet. Er wäre eventuell nur durch einen hohen Pass anspielbar. Richtig ist es, das Freilaufen in einem offenen Fenster zu beenden. Dort hat der Spieler den freien Blickkontakt zum Mitspieler am Ball und kann den Ball durch das Fenster fordern. Sollte er dann angegriffen werden und keine Spielfortführung möglich sein, kann er den Ball immer zum Passgeber zurückspielen.

Deckungsschatten verlassen

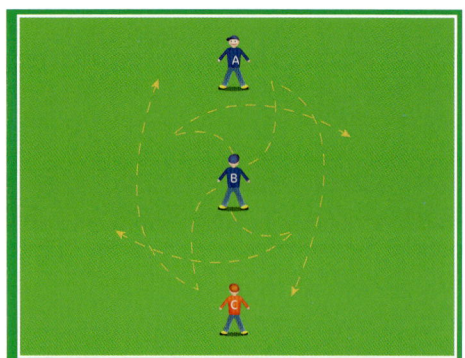

Praxisformen

2:1 mit dem Gegner im Rücken

Der Anspieler A mit Ball steht seinem Mitspieler B gegenüber und C steht als Gegenspieler hinter B. Nach einer Auftaktbewegung in die Tiefe oder Breite mit einer Abbrechenden Bewegung wird der Ball von A in den Fuß oder Raum zu B gespielt. Alle Spieler müssen jede Position durchspielen. Es wird deutlich, wie sich Spieler B den Freiraum erarbeitet und von A angespielt werden kann. Gegenspieler C verliert durch den Tempo- und Richtungswechsel den Kontakt zu B, der mit dem Ball den Weg frei hat.

C nimmt den Gegenspieler B in Manndeckung. Er bleibt passiv und folgt B auf allen Wegen. Daraus ergibt sich in Verbindung mit dem Tempo- und Richtungswechsel der wichtige freie Raum und Bewegungsvorsprung für B. Dieser erhält dann den Pass von A in den Freiraum. Die Übung kann mit einem Torabschluss verbunden werden.

1+1:1+1

Es spielen vier Spieler in gleicher Weise. Nun soll das Freilaufen mehr Spielbezug erhalten, indem der von A angespielte Spieler B sich gegen den Abwehrspieler C durchsetzt und den Ball zu dem zweiten Anspieler D spielt. Nun wird mit dem Paar von der anderen Seite gespielt. Die Auftaktbewegungen müssen ehrlich sein, um Wirkung zu erzeugen und Raum zum Anspiel zu schaffen.

1+2:2+1

In dieser Form hat der Anspieler A innen zwei Mitspieler B und C, die sich von ihren Gegenspielern D und E befreien sollen. Die Mitspieler sollen immer in trabender Bewegung bleiben und dann nach einer Auftaktbewegung den Ball fordern.
Der Spieler am Ball soll sich durchsetzen und dann den Anspieler F der anderen Gruppe anspielen.

Freilaufen frontal in der Gruppe mit Anspieler

Eine Gruppe von 5–6 Spielern und ein Anspieler A bewegen sich frei im Raum. Jeder Spieler denkt sich einen Gegenspieler in seinem Rücken, von dem er sich befreien soll. Nach Auftakt fordert ein Spieler B aus der Gruppe den Ball vom Anspieler. Mit dem Rückpass zu A soll sich bereits der nächste Spieler C mit einer Auftaktbewegung in Position bringen. Das Freilaufen soll in alle

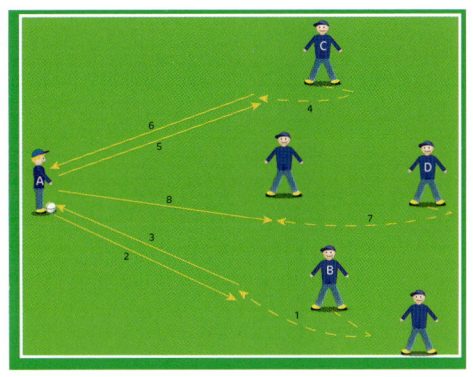

Richtungen geschehen und es soll ein Spielfluss entstehen mit Anbieten und Weggehen. Alle Spieler in der Gruppe bewegen sich und beobachten den Ball und die Mitspieler, um sich dann einzuschalten und selbst den Ball zu fordern. Dabei muss vor allem die Spitze immer neu besetzt werden.

Freilaufen in der Gruppe mit zwei Anspielern

Der nächste Schritt ist die Übungsform mit zwei Anspielern. A und B stehen am Ende des kleinen Spielfeldes 30 x 20 Meter. Bei den Anspielen in die Breite wird der Ball zu A zurückgespielt. Wenn nun der Ball von Spieler C in die Tiefe gefordert wird, spielt dieser Anspieler B an und die Übung läuft nun auf anderen Seite mit dem Anspieler B. Als Steigerung für das Spielverständnis

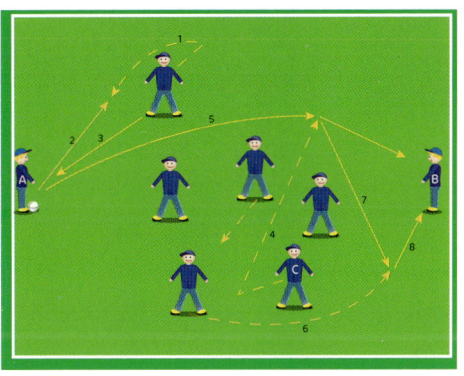

muss vor dem Pass auf den Anspieler noch ein Querpass mit einem gestarteten Mitspieler gespielt werden, der dann den Anspieler außen anspielt. Das Spiel setzt sich mit dem Wechsel von einer zur anderen Seite fort mit den Anspielern A oder B.

Gruppe frontal mit Gegenspieler und Anspieler

Es wird nun in gleicher Weise mit direktem Gegenspieler in Manndeckung gespielt. Zuerst mit einem Anspieler A frontal vor der Gruppe. Die Spieler sollen sich wieder vom Gegenspieler befreien und den Ball fordern. Der Rückpass zum Anspieler ist frei. Die Gegenspieler bleiben im Rücken. Mit dem Rückpass sollte sich der nächste Spieler B anbieten. Ziel ist ein uhrwerkartiges Kommen und Gehen aller sich in Bewegung befindlichen

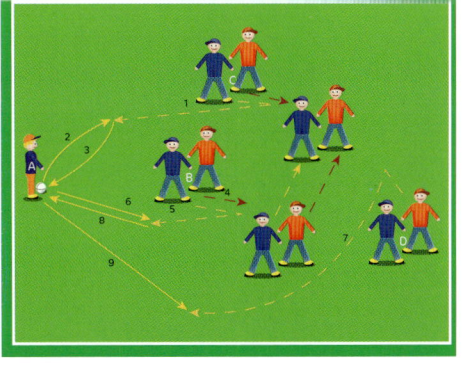

Spieler. Aus dem Traben soll ein deutlicher Antritt mit Tempo-Richtungswechsel erfolgen, der dem Anspieler zusätzlich zeigt, dass der Ball gefordert wird. Das bedeutet auch, dass der Passweg frei sein muss. Kommunikation kann die Passsicherheit unterstützen.

Gruppe mit Gegenspieler und zwei Anspielern

Wenn die Gruppe den Spielrhythmus verinnerlicht hat, wird wieder mit zwei Anspielern A und B gespielt. Nach Pass in die Tiefe wird der Anspieler auf der anderen Seite einbezogen. Nun kann die Aufgabe gewechselt werden und die Angreifer werden Verteidiger.

In der Folge wird man den Ballbesitz nicht aufgeben und der Anspieler der anderen Mannschaft spielt mit den Ballhaltern.

Auch hier kann gefordert werden, dass vor dem Pass auf den Anspieler erst ein Querpass mit einem Mitspieler erfolgen muss.

Für jedes Anspiel mit Querpass gibt es einen Punkt. Zudem bleibt die Mannschaft im Ballbesitz und die Spielrichtung wechselt zum anderen Anspieler. Jeder Außenspieler ist farblich einer Mannschaft zuzuordnen. Spielt nun beispielsweise ein roter Spieler mit Ball den roten Außenspieler an, dann kommt es zum Wechsel auf den Positionen. Der Passgeber geht nach außen und wird Anspieler und der Spieler von außen zieht mit Ball nach innen. Es entstehen ständig neue Spielsituationen. Rot kann auch mit dem Anspieler der anderen Mannschaft spielen und bleibt im Ballbesitz.

Zum Schluss ergibt sich eine echte Spielform mit Wettkampfcharakter, die allerdings Pausen braucht, um in der erwünschten dynamischen Spielweise weiter trainieren zu können.

Basiselement Spiel ohne Ball

Grundsätzlich muss klar werden, dass das Spiel ohne Ball in Angriff und Abwehr stattfindet. Dabei muss kein Gegenspieler im Umfeld sein. Das bedeutet, der Spieler muss den richtigen Laufweg wählen, um an dem Zusammenspiel teilzunehmen. Geht er hin zum Ball oder geht er weg vom Ball, um der Aktion des Mitspielers mit Ball den höchsten Wirkungsgrad zu ermöglichen? Ist die eigene Mannschaft im Ballbesitz, kann der Spieler sein Spiel ohne Ball taktisch so ausrichten, dass er eine optimale Anspielmöglichkeit bietet durch
» eine Position am Flügel,
» Hinterlaufen, Doppelpass, Ball übergeben,
» Einnehmen einer Position für eine Spielverlagerung,
» Kreuzen der Position mit einem anderen Spieler,
» Forderung des Abspiels in die Tiefe oder Breite eines „Fensters".

Bei Ballverlust spielt die Umschaltfähigkeit eine große Rolle. Das Besetzen der freien Räume sowie das Spiel gegen den Ball und den Ballhalter ist vorrangig. Dabei ist der Spieler in seiner Rückwärtsbewegung aufgefordert, sich taktisch so einzuordnen, dass die wesentlichen Anforderungen für die Abwehrarbeit erfüllt werden:
» kein planloses Laufen,
» Zuordnung in den Abwehrverbund,
» Einnehmen der Position,
» Stören des gegnerischen Aufbauspiels
» Balleroberung.

Das Erkennen von Gefahrenmomenten für das eigene Tor ist von besonderer Bedeutung und zeigt, wie der Spieler das Spiel liest und sich selbst am besten für die Mannschaft einbringen kann. So spiegelt das Spiel ohne Ball in Angriff und Abwehr auch die intelligente Leistungsbereitschaft der Spieler wider.

Praxisformen

Freies Kombinieren

Eine Gruppe von 5–6 Spielern bewegt sich in einem Feld und spielt den Ball mit einem oder zwei Ballkontakten untereinander. Alle Spieler sind ständig in Bewegung und haben den Ball im Auge. Dabei sollte der Passweg frei sein und die Mitspieler den Ball zusätzlich durch Zuruf „Spiel" oder Vornamen unterstützen. Nach dem Pass geht der Passgeber seinem gespielten Ball etwas nach, um weiter anspielbar zu sein. Der Passweg ist so der Laufweg. Damit bleibt der Raum besetzt und ein Rückspiel als Klatschen ist möglich.

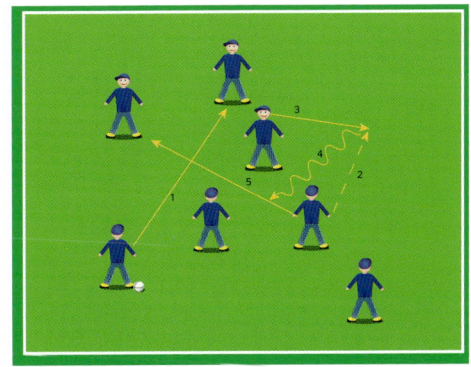

Freies Kombinieren mit Raumgewinn

Wie in der vorangegangenen Spielform soll die Gruppe nun 40–50 Meter Raum überbrücken mit dem Kombinationsspiel. Die Spieler betreiben das Spiel ohne Ball mit Auftaktbewegungen und Richtungs- und Tempowechseln in alle Richtungen und bekräftigen so die Ballforderung.
Wichtig ist der gleitende Wechsel der Positionen in Breite und Tiefe. Hierbei soll nun auch ein uhrwerkartiges Kombinationsspiel

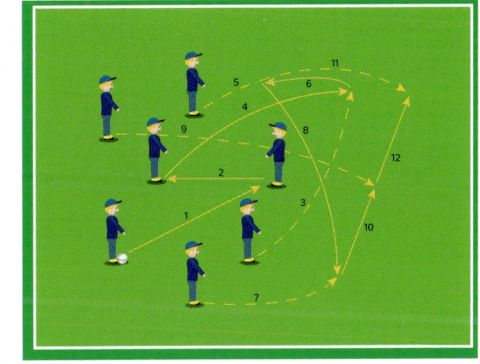

ohne Gegner entwickelt werden und in immer schnellerer Folge neuer Raum gewonnen und besetzt werden. Die Spitze muss immer neu besetzt werden.

Rugbyübung kurzes Zuspiel

Beim Rugbyspiel weiß der Ballhalter, wo sich die Mitspieler befinden, die ihm in Breite und Tiefe helfen können. Eine Gruppe mit 4 Spielern steht auf einer Linie und der Ball ist außen. Nun wird der Ball von Spieler 1 zu Spieler 2 geworfen und nach dem Pass muss der Spieler 1 schnell auf die Position hinter Spieler 4 sprinten. Dieser Ablauf gilt nun für alle Spieler in schneller Folge. Die Gruppe bewegt sich diagonal über den Platz. Anschließend machen wir die Übung mit dem Fuß.

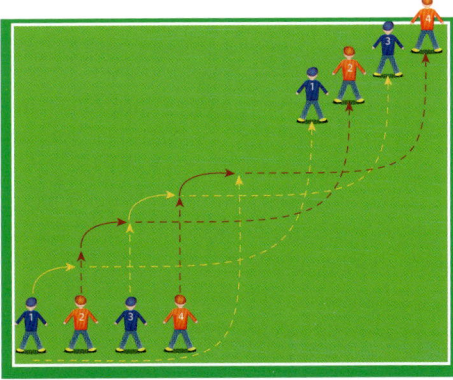

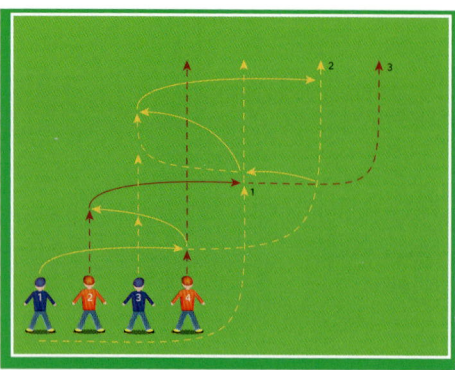

Rugby mit langem und kurzem Passspiel

Eine Variante ist das lange und kurze Passspiel im Wechsel. Die Gruppe steht wieder auf einer Linie und ein langer Pass von Spieler 1 wird von links auf den äußersten Spieler 4 ganz rechts gespielt. Dann wird innerhalb der Gruppe kurz gespielt von 4 über 3 zu Spieler 2, der passt wieder lang auf den ganz rechts stehenden Spieler 1, der in der Zwischenzeit die Position eingenommen hatte. Spieler 1 spielt kurz zu Spieler 4. Auch Spieler 2 ist gewechselt und steht neben Spieler 1. Die Spielrichtung ist diagonal.

Nummernspiel

Jeder Spieler erhält eine Nummer von 1–5 und so werden die Nummern durchgespielt. Gefordert wird das Spiel ohne Ball zum richtigen Zeitpunkt. Der Spieler sollte wissen, von wem der Ball kommt und zu wem er spielen muss. Dazu sollte er die Spielsituation schnell wahrnehmen und sich orientieren, ohne dass es zu Spielverzögerungen kommt. Dabei sollte der Spieler sich nicht im Rücken des Mitspielers befinden. Besser wäre, er sieht den Mitspieler und Ball vor sich und kann mit diagonalem Laufen und durch Zuruf, Handzeichen und Tempowechsel die Ballforderung unterstützen.

Auch hier kann die Form gewählt werden mit Raumgewinn über 40–50 Meter. Dabei bleiben die anderen Anforderungen an die Spieler erhalten. Die Anzahl der Ballkontakte kann verändert werden.

Basiselement Positionswechsel

Der Positionswechsel wird oft im Zusammenhang mit dem Spiel ohne Ball und dem Freilaufen genannt. Natürlich gibt es Überschneidungen und Berührungspunkte. Dennoch unterscheidet sich der Positionswechsel von beiden Begriffen und ist als taktisches Mittel zur Verbesserung des Kombinationsspiels zu sehen. Dabei ist es bedeutsam, dass mehrere Mitspieler in Ballnähe am Positionswechsel teilnehmen und die Positionen und Räume besetzt bleiben. Nur dann ist garantiert, dass keine unnötigen Ballverluste entstehen, weil der Ballhalter bei seinem Pass davon ausgeht, dass die Position, z. B. der Flügel besetzt und anspielbar ist. Der Positionswechsel mit und ohne Gegenspieler eröffnet Räume, ermöglicht bessere Anspielmöglichkeiten und fordert den Gegner auf, sich durch mehr Bewegung und Veränderungen neu zu orientieren und zu formieren. Zu langsames Erfassen der Spielsituation kann beim Gegner in der Abwehr zu folgenschweren Fehlern führen und würde das Angriffsverhalten erleichtern und bestätigen.

Praxisformen

Es ergeben sich verschiedene Organisationsformen, um den Positionswechsel zu üben. In der Kreisform, im Quadrat oder im Rechteck ist die Ordnung leicht zu erhalten.

Übung in der Kreisform
Gespielt wird im Kreis mit 5–8 Spielern. Jeder Spieler läuft immer auf die Position, zu der er hingepasst hat. Passweg ist Laufweg. Auf der Ballposition stehen zwei Spieler, dadurch bleibt die Kreisform erhalten.

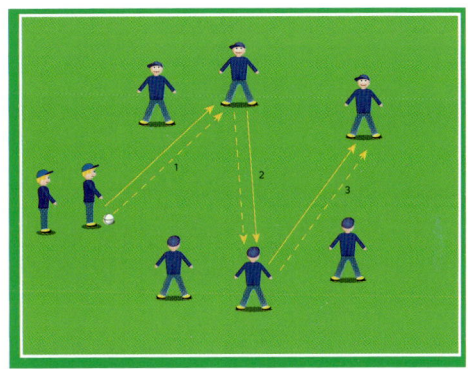

Übung 4 mit 4
In einem Raum 10 x 10 m stehen außen 4 Spieler oder mehr, die sich immer in den Positionen verändern. Die 4 Spieler oder mehr in der Mitte haben jeder einen Ball und können jeden Spieler außen anspielen und mit dem Spieler dann die Position wechseln. Es soll ein zügiges Kombinieren stattfinden, und die Ballhalter dürfen nicht zwei Bälle zu einem Spieler spielen.

Übung mit 5 Spielern
Im Quadrat wird mit 5 Spielern und einem Ball gespielt. Der Ball kann rechts oder links herum gespielt werden, um die Beidfüßigkeit zu fördern. Nach jedem Pass wechseln die Spieler die Position und laufen dem Ball nach, das Rechteck/Quadrat bleibt erhalten. Auf der Ballposition stehen zwei Spieler. Eine Variante ist dabei, quer und diagonal im Wechsel als Passfolge zu spielen.

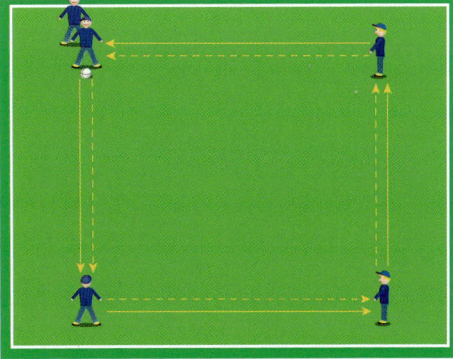

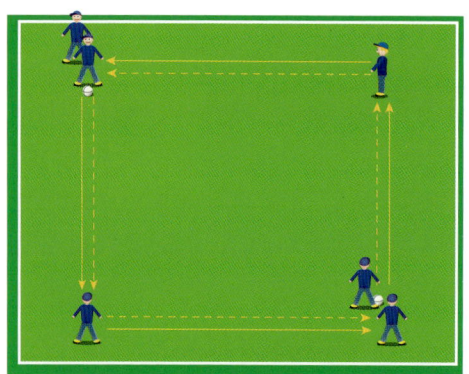

6 Spieler und 2 Bälle

Die Spieler stehen im Quadrat und auf den Ballpositionen sind jeweils zwei Spieler diagonal gegenüber. Durch die schnellere Folge der Pässe werden die Positionen schneller gewechselt.

Neben dem geraden Passspiel mit Laufweg können als Varianten „dreh oder klatsch" gespielt werden oder nach dem Anspiel erfolgt ein Rückpass und nun wird ein langer Pass diagonal auf die nächste Position gespielt.

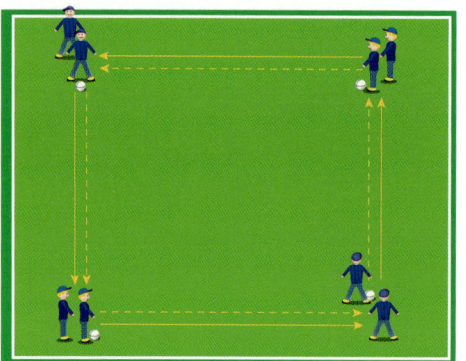

8 Spieler und 4 Bälle

Es wird wieder in einem Quadrat gespielt. Auf allen 4 Positionen stehen je zwei Spieler mit einem Ball. Nun beginnen 4 Positionen zur gleichen Zeit. Jeweils 4 Spieler verlassen die Positionen und 4 Spieler besetzen die neuen Positionen. Es bleibt wenig Zeit an den Punkten und die Spieler müssen auf dem Weg zur anderen Position bereits drehen und Blickkontakt zum Ball aufnehmen. Varianten mit Doppelpass oder Klatschen sind möglich.

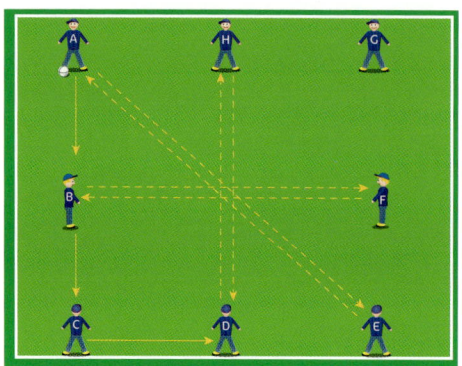

Positionswechsel im Quadrat

8 Spieler bilden ein Quadrat und die sich gegenüberstehenden Spieler bilden Paare. Der Ball wird von der Position A zu B und dann zu C und D weitergespielt. Nach jedem Pass wechseln die Partner ihre Position miteinander. Also A mit E, B mit F, C mit G und D mit H. Der erste Pass von A sollte nach rechts herum und später links herum gespielt werden, damit die Passgeber wechseln.

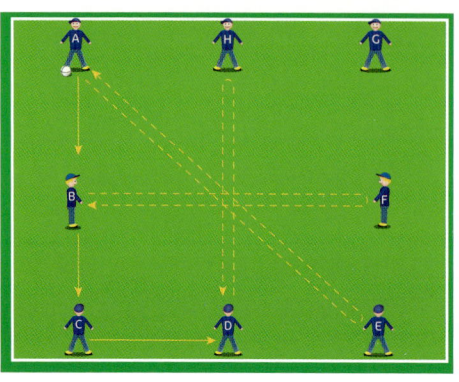

Doppelwechsel im Quadrat

Wie in der vorhergehenden Übung wird nach jedem Pass die Position der Partner gewechselt; allerdings wieder zurück auf die eigene Position. So muss jeder den Weg hin und zurück sprinten. Der Ball läuft außen weiter.

Gruppenmix

In einem begrenzten Raum von 40 x 40 Meter spielen 3 Gruppen mit je 5 bis 6 Spielern. Jede Gruppe hat einen Ball und spielt untereinander mit Passspiel und Positionswechsel. Ballweg und Laufweg sind identisch. Alle Spieler sind trabend in Bewegung und beobachten den Ball in der Gruppe, um anspielbereit zu sein. Der gesamte Raum soll genutzt werden.

Da sich 3 Gruppen in dem Feld bewegen, entstehen reizvolle Situationen für das

Spiel durch Fenster oder Gassen. Die Mitspieler sollen die Spieler der anderen Gruppen nutzen und in Positionen laufen, die ein Passspiel in einem freien Korridor ermöglichen. Je nach Anzahl der Spieler kann in der Gruppe mit zwei Bällen gespielt werden und die Ballkontakte können begrenzt werden. Die Spieler ohne Ball sollten sich nicht im Rücken der Ballhalter aufhalten. Als Variante spielen die Farben in fester Reihenfolge untereinander.

Gruppenmix mit Nummern

Es wird in gleicher Weise wie im Gruppenmix gespielt. In jeder Gruppe werden die Spieler durchnummeriert. Spieler 1 spielt zu Nr. 2 und läuft in Richtung der angespielten Position, um den Raum zu besetzen. Die höchste Zahl, z. B. die Nr. 5, spielt wieder auf die Nr. 1. Für die Spieler ist es jetzt wichtig, den Kontakt zu den eigenen Mitspielern und insbesondere den Ablauf Anspiel, Annahme und Abspiel zu erfassen. Dabei sind auch die Wege der Spieler in den anderen Gruppen zu berücksichtigen.

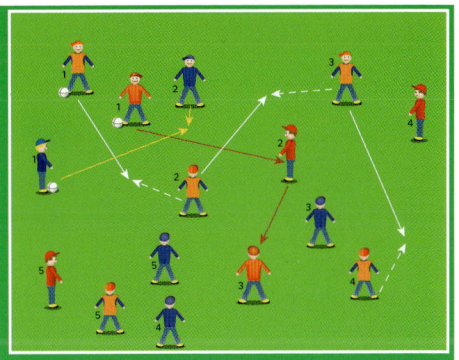

Passwelle mit schnellen Wechseln

Es stehen 8 Spieler auf 4 Positionen zu zweit und es wird gleichzeitig mit 2 Bällen gespielt mit ständigem Positionswechsel. Die Spieler A und B spielen nur den ersten Pass nach rechts zu C und D. Dann starten A und B nach innen und erhalten den Ball von C für A und D für B zurück. Die Spieler A und B spielen den nächsten Pass zur Endposition von A und B und stellen sich auf der anderen Seite an A zu B und B zu A. Passweg ist Laufweg. Die zweiten Spieler bei A und B spielen den Ball nach innen für die gestarteten Spieler von C und D, die spielen und laufen zu den Endpositionen C von D. Dann spielen die zweiten Spieler von C und D den Ball wieder für die eingelaufenen Spieler A und B.

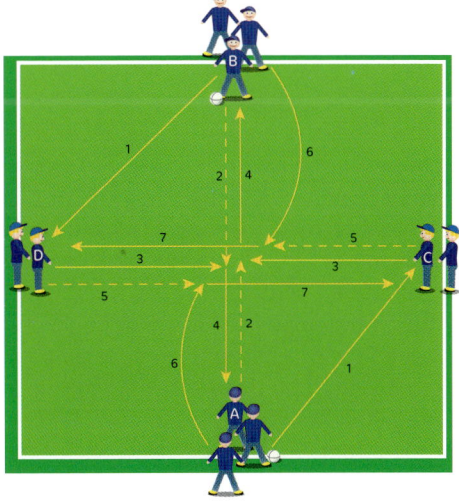

Spielform mit Torabschluss

In dem freien Spiel (z. B. 3:3 bis 5:5 mit Torleuten) sollen nun die erarbeiteten Kriterien umgesetzt werden, nämlich Positionswechsel, Spiel ohne Ball und Freilaufen sowie das Besetzen der Spitze und der Flügel. Durch Kommunikation und Eigeninitiative der Spieler muss die Mannschaft die Ordnung erhalten. Es sollen keine überhasteten Angriffe vorgetragen werden, sondern ein systematischer Spielaufbau mit langen, kreativen Ballstafetten (Ballzirkulation). Diese für den Gegner zermürbende Spielart muss dann durch das Spiel in die Tiefe abgeschlossen werden. „Wer mehr angreift, schießt auch mehr Tore" trifft nicht immer zu.

Kriterien zum Spielverständnis und zur Spielteilnahme

Alles, was sich auf einem Spielfeld mit Ball und Fuß darstellt, wird mit Fußball in Verbindung gebracht oder auch so genannt. Betrachter werden vielleicht schon einmal die Nase rümpfen und sie sprechen achtlos von Straßenfußball und Bolzplatz. Was den Personen fehlt, ist das gepflegte und kultivierte Spiel mit Technik und Taktik. Je besser diese beiden Bereiche ausgebildet wurden, desto anschaulicher ist das Spielen mit dem Ball und zeigt sich das Spielverständnis der Spieler. Mit dem zunehmenden Spielverständnis auf der Basis von Technik und Taktik wird es auch einfacher, an dem Spiel teilzunehmen. Die Spielteilnahme ist das erstrebenswerte Ziel in allen Spielsportarten, so auch im Fußball. Schon nach wenigen Spielaktionen wird für alle deutlich, was der neue Spieler für ein Spielverständnis hat und ob seine Spielteilnahme akzeptiert wird.

Die Kriterien Spielzyklus, Mannbindung, Raumöffnung, Fensterspiel, Gassenposition, Ballung und das MAMA-PAPA-Prinzip sind hilfreiche Erkenntnisse für die Entwicklung der Spieler und ihr wachsendes Spielverständnis.

Spielzyklus

Bei dem Spielzyklus handelt es sich um einen immer wiederkehrenden Spielablauf, der eine Spielordnung vorgibt. Ziel der Spieler muss es sein, diesen Spielzyklus als Kreislauf zu verinnerlichen und im Training und Spiel anzuwenden. Dabei ist eine schnelle Umschaltfähigkeit im Wechsel von Ballbesitz und Balleroberung von Bedeutung. Der Ablauf des Spielzyklus ist: Stören des Gegners mit Ball, die Balleroberung, die Ballsicherung, der Spielaufbau, der Angriffsabschluss, die Besetzung der Positionen und dann wieder das Stören des Gegners mit Ballbesitz.

Bei der Balleroberung, dem Spiel gegen den Ball und den Gegner, sind die Räume eng zu stellen, um einen systematischen Spielaufbau des Gegners zu stören. Dieses erste Stören sollte ohne Foulspiel geschehen und der Gegner sollte abgedrängt werden. Erst durch den zunehmenden Druck aller Mitspieler wird es zur Balleroberung kommen. Darauf folgt das Lösen vom Gegner und das Schaffen von Raum mit der Sicherung des Balles in den eigenen Reihen, dem schnellen Konter mit dem Spiel in die Tiefe auf die Spitzen, oder es kommt zu einem planmäßigen Spielaufbau mit dem Ziel, den Gegner unter Druck zu setzen und zu Fehlern zu zwingen.

Ziel ist der Angriffsabschluss mit dem möglichen Torerfolg. Der Angriffsabschluss gibt der Mannschaft die Möglichkeit, sich in den Positionen neu zu ordnen. Ohne Angriffsabschluss ist die Gefahr sehr groß, dass der Gegner an den Ball kommt und diese ungeordnete Situation zum schnellen Gegenstoß oder zum kontrollierten Kombinationsspiel nutzt.

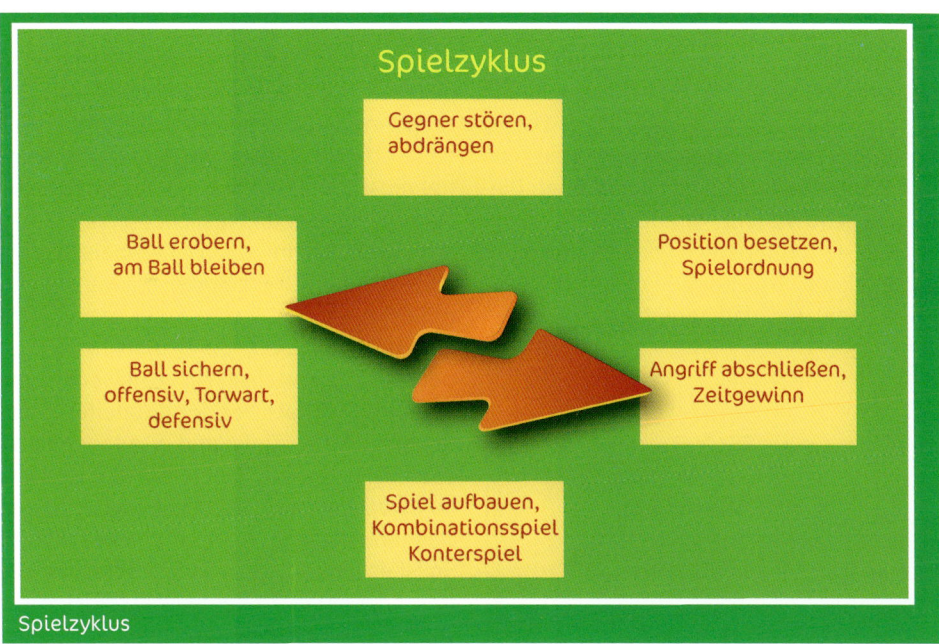

Spielzyklus (mod. nach Hagedorn 2001)

Spielzyklus		
(Spielvorstellung und -ablauf mit ständiger Wiederholung)		
Gegner stören	–	abdrängen
Ball erobern	–	keinen Ballverlust
Ball sichern	–	in alle Richtungen - auch Torwart
Spiel aufbauen	–	mit Zeit - Kombinationsspiel
	–	mit Konter-Tempo
Angriff abschließen	–	Zeitgewinn
Positionen besetzen	–	Spielordnung
Gegner stören	–	Spielaufbau verhindern

Spielvorstellung und -ablauf mit ständiger Wiederholung

Mannbindung und Raumöffnung

Der Positionswechsel in Verbindung mit einem Gegenspieler und Manndeckung ist besonders wirkungsvoll. Der eigene Mitspieler verlässt z. B. aus taktischen Gründen den Flügel und zieht seinen Gegenspieler mit. Dadurch entsteht Raum, in den ein anderer Mitspieler von hinten hinein starten kann und angespielt wird. Dieser Positionswechsel wird als Mann bindende und Raum öffnende Aktion bezeichnet. Diese taktische Variante braucht viel Übung, ist aber außerordentlich wirksam, weil der nachrückende Spieler so in den Rücken der Abwehr gelangt und torgefährlich werden kann.

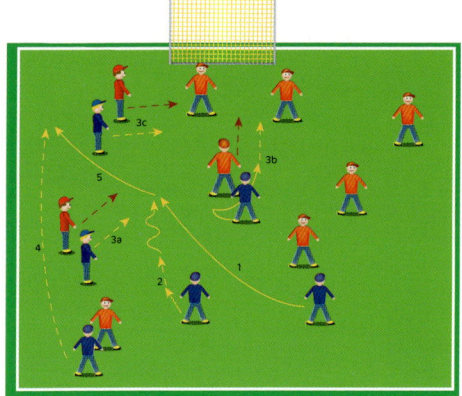

Mannbindung und Raumöffnung

Der Positionswechsel ist eine Art „stille" Kommunikation, denn alle Spieler in Ballnähe werden mit einbezogen. Wichtig ist es, trotz der Positionswechsel positionstreu zu spielen, d. h. am Flügel verharren und nicht einrücken, auch wenn es noch so schwer fällt. Der Ballhalter geht bei seiner Spielgestaltung davon aus, dass aufgrund der Absprache die Position oder der Raum von einem Mitspieler besetzt ist. Dieses Selbstverständnis in Verbindung mit der Positionstreue ist eine wesentliche Voraussetzung zum zeitgemäßen Kombinationsspiel. Die Spieler aller Mannschaftsteile übernehmen dabei Verantwortung.

Fensterspiel und Gassenposition

Am Beispiel der Laufwege kann man einen Spieler gut einordnen. Läuft er viel und ist trotzdem nicht am Spiel beteiligt? Häufig ist der Grund, dass der Spieler das Basisverhalten der Taktik völlig außer acht lässt. Der Spieler gibt alles und ist nass geschwitzt, aber wann war er einmal am Ball? Die Begründung liegt darin, dass der Spieler es nicht schafft, „einzuparken" und die wichtige Position der möglichen Anspielbarkeit als Fenster oder Gasse nicht erkennt. Wenn er angespielt wird, dann ist es meistens ein hoher langer Chipball, der schwer zu verarbeiten ist. Das flache Spiel braucht ein anderes Freilaufen, Spiel ohne Ball oder den Positionswechsel mit Laufwegen, die immer ein einfaches oder doppeltes Fensterspiel in die Tiefe und Breite ermöglichen. Gleiches gilt für die Gassenposition. Im Tennisdoppel ist der Ball zwischen die Gegner schwierig, aber sehr wirkungsvoll. So ist es auch mit dem Fensterspiel und der Gassenposition, in der man natürlich auch vom Gegner bedrängt werden kann. Wenn es kein Durchkommen gibt, ist immer der Rückpass durch das Fenster oder die Gasse möglich. Diese Spielart spiegelt auch den Spielwitz, die Spielübersicht und die Wettkampfruhe des Spielers am Ball wider. Besonders wirkungsvoll ist diese Spielweise, wenn es dem Angreifer gelingt, sich im Rücken des Gegners abzusetzen und nicht mehr gesehen wird.

Ballung und MAMA-PAPA-Prinzip

Sehr oft ergeben sich im Spiel Ballungen. Wo der Ball ist, entsteht gewollt oder ungewollt eine Ballung und das je nach Spielniveau in den unteren Jahrgängen und Klassen häufiger. Es gibt bei der Ansammlung von Spielern in Ballnähe kleinere und größere Ballungen. Je länger der Ball in einer Position bleibt, desto größer wird der Druck der Abwehrspieler und der Ballungsraum wird enger. Vergleichen wir einmal die Ballung mit einem Autostau, dann wird deutlich, dass wir versuchen werden, den Stau zu umfahren. Das heißt, dass wir aus der Ballung rausspielen sollten, oder was noch besser wäre, an der Ballung vorbei zu spielen. Ballungen entstehen immer dann, wenn die angreifende Mannschaft von der abwehrenden gestellt wird und die Räume eng macht. Dies geschieht häufig in der Angriffsmitte, wodurch die Forderung des Flügelspiels Unterstützung erfährt, weil dort mehr Raum sein wird. Ergibt sich diese Ballung am Flügel, ist die Alternative die Mitte oder der andere Flügel. Gut geführte Mannschaften mit Ballbesitz erzeugen bewusst und gewollt eine Ballung, um daraus einen taktischen Vorteil in den freien Räumen zu gewinnen.

Zur Lösung von Ballungen ist das MAMA-PAPA-Prinzip von größter Bedeutung. Es muss allen Spielern bekannt sein und von ihnen beherrscht werden. Durch den Wechsel Mitte-Außen-Mitte ... oder Pass-Außen-Pass ... haben die Spieler ein Mittel, die Spielsituation im Ballungsraum zu entzerren, die freien Räume zu erkennen und mit ihnen zu spielen. Dabei handelt es sich immer um kurze Ballstafetten oder längere Pässe zur Spielverlagerung.

Es soll deutlich werden, dass der Gegner den Raum zustellt und sich nur die Verlagerung als Lösung aus der Ballung anbietet.

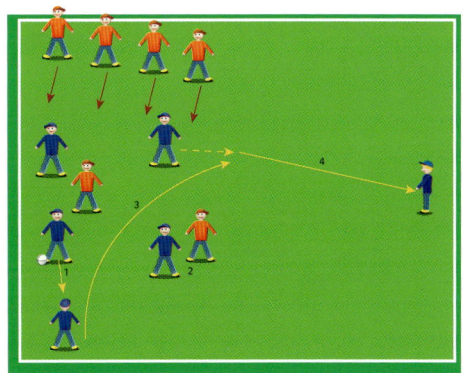

Ballung

Hier soll mithilfe des MAMA-PAPA-Prinzips eine Spiellösung gegen die Ballung erreicht werden, indem das Spiel in die Mitte oder nach außen gesucht wird mit kurzem oder langem diagonalen Passspiel.

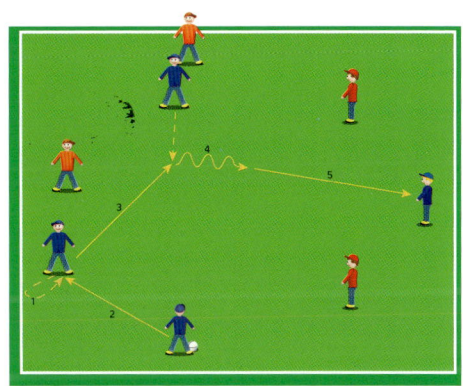

MAMA-Prinzip

PAPA-Prinzip

Das Spielquadrat als Stationstraining

Das Spielquadrat ist eine Organisationsform und methodische Hilfe vergleichbar mit einem Stationstraining. Es können in den vorgegebenen 4 Quadraten unterschiedliche Schwerpunkte aus dem technischen und taktischen Bereich trainiert werden, die nach einer festgelegten Belastungszeit gewechselt werden. In der Technik können es die Basiselemente Ballführung, Ballkontrolle, Passspiel und Kopfballspiel sein. In der Taktik können es Spielformen sein z. B. mit 6 Spielern, die dann 4:2 mit Toren, 3:3 mit 4 Toren, 1+2:2+1 mit Positionswechsel und 4:2 mit Wechsel als Paar bei Ballverlust spielen können. Dabei sollte der Trainer in der Technik und Taktik Wert darauf legen, dass die Übungen und Spielformen im Sinne der einheitlichen Spielauffassung umgesetzt und trainiert werden. Dazu sind Handlungsschnelligkeit und Beidfüßigkeit in der Technik bedeutsam und es stehen in der Taktik die Umschaltfähigkeit, die Spielbeschleunigung und die Wiedererkennung von Kombinationsmustern im Mittelpunkt. Der Vorteil liegt auf der Hand. Alle Spieler bleiben in unmittelbarer Umgebung des Trainers, der entsprechende Korrekturen und Hilfen geben kann. Das Spielquadrat ist auch gut geeignet, um die Spieler zur Mitarbeit aufzufordern, selbstständige Lösungen zu finden.

Spielquadrat Technik

Ballführung mit rechts und links Spielen des Balles mit allen Teilen des Fußes in Verbindung mit Tricks wie Übersteiger oder das Spielen mit der Sohle Einzelarbeit oder Paare	Jonglieren des Balles über alle Körperteile Kontrolle von hohen und flachen Bällen in Einzelarbeit oder Paaren
Passspiel in der Gruppe oder in Paaren mit einem oder mehreren Bällen Spielen und Mitnehmen der Bälle mit rechts und links	Kopfballspiele in Einzelarbeit, Paaren oder der gesamten Gruppe

Spielquadrat Taktik

4:2 oder 3:1 auf 2 Tore Anspielbarkeit, Passspiel und offene Spielstellung	2:2 oder 3:3 auf 4 Tore Verhalten in Angriff und Abwehr mit Spielverlagerung und Verschieben gegen Gegner und Ball
1+1:1+1 oder 1+2:2+1 1:1 oder 2:2 im Zentrum mit Angriff und Abwehr, Überzahlspiel und Positionswechsel	4:2 als freies Spiel ohne Tore in festen Paaren oder 3:1 Nach Ballverlust wechselt das Paar mit dem Fehler in die Mitte als Verteidiger Doppelpass, Hinterlaufen, übergeben des Balls

Kondition als körperliche Grundfertigkeit

Die meisten Spieler haben schon viele Jahre Fußball gespielt und sich mit dem Ball beschäftigt, ohne die körperliche Entwicklung zu berücksichtigen. Es ist in erster Linie eine Frage des Trainings und die Aufgabe des Trainers, auf die körperliche Entwicklung der Spieler einzuwirken. Dabei kann man die Entwicklung nicht dem Zufall überlassen, sondern sollte durch Testverfahren die Vielseitigkeit der Spieler erfassen und durch Training verbessern. Durch Training kann eine allgemeine körperliche Fitness erzielt werden, die notwendig ist, um den Anforderungen des Spiels gerecht zu werden.

Zunächst stehen, entsprechend der Alters- und Leistungsstufe, Fangspiele und Staffelwettbewerbe im Vordergrund. Für den Leistungsfußball gibt es moderne Fitnessprogramme, die sich an den Anforderungen des Spiels orientieren. Ziel ist dabei eine ausgeprägte Athletik (Körperstabilisierung) und die Förderung des Breitenwachstums, das es den Spielern ermöglicht, in den wichtigen Zweikämpfen zu bestehen und ihren möglichen Nachteil in der Körperlänge auszugleichen.

Koordinationstraining ist heute ein moderner Ersatz für das „Äpfelklauen" der Vergangenheit. Koordinationstraining muss, soll oder kann nicht alles ersetzen, was Kinder und Jugendliche im Lebensalltag körperlich nicht mehr erfahren, aber eine wesentliche Voraussetzung zum erfolgreichen Sporttreiben ist.

Erfahrungen und Entwicklungen mit dem eigenen Körper bringen den Spieler in eine entsprechende körperliche Verfassung. Diese Art von Wohlbefinden durch einen stabilen körperlichen Zustand kann die Leistungsbereitschaft und Leistungsfähigkeit der Spieler zusätzlich erhöhen.

Ergänzt wird dieses sportliche Bild durch eine angemessene Lebensweise und Ernährung für den Zeitraum einer sportlichen Karriere oder darüber hinaus als Lebensgestaltung durch und mit Sport.

Dieses Zusammenspiel der verschiedenen Faktoren macht den selbstbewussten Spieler aus und zeigt ihn in einer guten körperlichen und geistigen Verfassung für das Spiel.

Kondition und Konzentration

Zwischen der Kondition und der Konzentration gibt es einen Zusammenhang und eine Abhängigkeit. Dieses darf aber nicht zu der Überlegung führen, dass die Kondition die Konzentration ersetzt. Das würde nämlich bedeuten, körperlich hoch belastete Spieler hätten keine Konzentrationsmängel. Diesen Trugschluss haben schon viele Trainer gezogen. Kondition kann Konzentration nicht ersetzen, aber ohne eine ausreichende Kondition für das Spiel geht die Konzentration verloren. Dieses zeigt sich an der ansteigenden Zahl von Fehlpässen und unnötigen Ballverlusten am Ende von Training und Spiel.

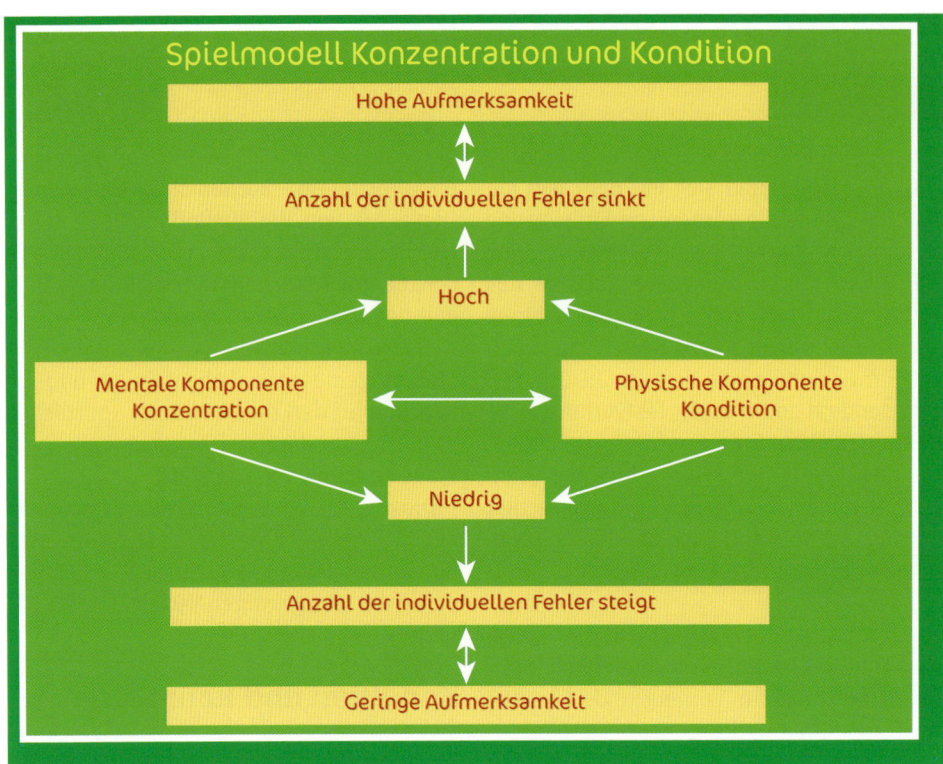

Spielmodell Konzentration und Kondition

Im Training brauchen die Spieler in diesem Fall eine Pause. Die Pause ist im Trainingsprozess der wichtigere Teil. Allerdings macht die Pause ohne vorherige Belastung auch wenig Sinn. Das Fußballspiel ist azyklisch und stellt eine große Herausforderung für den gesamten Körper, den Kreislauf und die Psyche dar. Somit braucht man im Training Belastungsstrukturen, die den Spielablauf widerspiegeln, also kurze Anstrengungen mit entsprechenden Pausen. Damit diese hohen Beanspruchungen gut regeneriert werden können, ist eine stabile Grundausdauer von größter Wichtigkeit. In der Phase der Regeneration zeigt sich der Trainingszustand des Spielers.

„Wer vorher zu wenig läuft, muss zu viel sprinten". (Lange 2001) Das heißt, wer eine Spielsituation taktisch zu spät erkennt und einordnet, muss anschließend sprinten und somit nachtaktieren. Diese Wege kosten außergewöhnlich viel Energie und erschweren die Erholungsphase. Häufig sind in der nächsten Aktion durch die zu hohe Belastung ein Ballverlust, ein Foulspiel oder eine eigene Verletzung die Folge. Im Zusammenhang mit den kurzen Spielbelastungen ist von allen Spielern ein hohes Maß an Konzentration in Ballnähe gefordert. Spieler, die nicht in Ballnähe sind, nehmen durch eine gezielte Aufmerksamkeit am Spiel teil, mit einem geringeren Energieverbrauch.

Ist der Ball auf der rechten Seite, ist die Konzentration in Ballnähe sehr hoch, die linke Seite ist im Zustand der Aufmerksamkeit und bringt sich taktisch in eine gewünschte Position. Kommt es zu einer Spielverlagerung, dann wechseln auch Konzentration und Aufmerksamkeit die Seite.

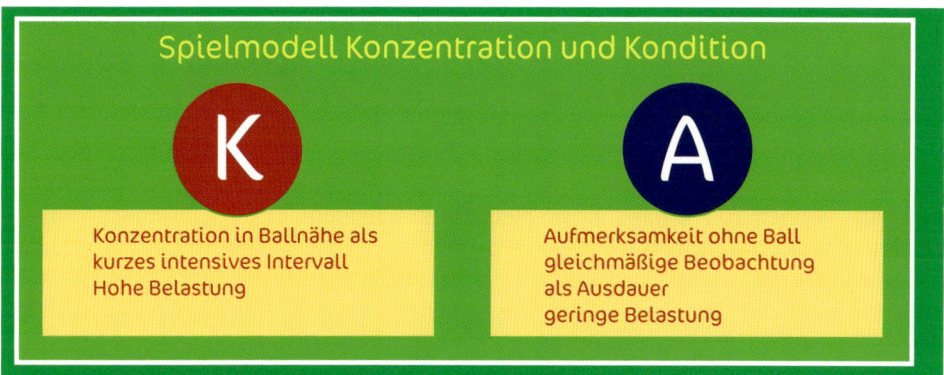

Modell Konzentration und Aufmerksamkeit

Konzentration ist hier als „intensives Intervall" und Aufmerksamkeit als „Ausdauer" zu verstehen. Konzentration und Aufmerksamkeit müssen bei den Spielern den Ansprüchen des Fußballspiels im Zeitumfang der Spielzeit und der Belastung angepasst sein, um auf hohem Niveau möglichst fehlerlos zu spielen.

Unter dem Gesichtspunkt, dass Training „Arbeit" ist und das Spiel eine Form der „Erholung" darstellt, muss der Trainer in dem Arbeitsprozess Training mit den Kräften der Spieler haushalten und sie nicht verschleißen, sondern nach den Erkenntnissen der Trainingslehre intelligenter und gesundheitsbewusster aufbauen. Die Belastung und die Pausengestaltung richten sich auch nach der Gruppengröße. Die höchste Beanspruchung ergibt sich in der 1:1-Situation. Die ideale Belastungszeit errechnet sich aus der Anzahl der Spieler dividiert durch 2. Deshalb sollte ein Training nicht ohne Uhr ablaufen. Noch besser wäre eine große Uhr mit Sekundenzeiger auf dem Platz, an dem die Spieler selbstständig die Belastung und Pausen ablesen können und Trainingsphasen eigenständig durchführen.

Kondition in der Mogelpackung

Mit einer steigenden Anzahl von Trainingseinheiten innerhalb einer Woche ergeben sich variable Möglichkeiten, mehr Anteile der allgemeinen und spezifischen Kondition einzubauen und das Training abwechslungsreicher zu gestalten.

Dazu zählt im Fußball auch das Konditionstraining mit Ball. Mit Ball sind die azyklischen Trainingsbelastungen weniger monoton und von höherer Effizienz für das Spiel. Der technisch, taktisch geschulte Spieler kann durch zusätzliches Training mit Ball handlungsschneller werden, z. B., indem er die Beschleunigungsphase im Augenblick der Ballmitnahme nutzt und sich einen Bewegungsvorsprung sichert.

Es ist möglich, verschiedene Spiel- und Übungsformen nach der Intervallmethode, Ausdauermethode und Wettkampfmethode durchzuführen und an die Alters- und Leistungsgruppe anzupassen. Die Belastungszeit ist durch die gewählte Methode im Sinne der Trainingslehre vorgegeben. Das Fußballspiel ermöglicht durch seinen konditionellen Ablauf und Anspruch ein komplexes und abwechslungsreiches Training für die Bereiche Schnelligkeit, Ausdauer, Koordination und Beweglichkeit.

Gerade in den Spielformen spielt die Gruppengröße eine entscheidende Rolle. Je kleiner die Gruppe ist, desto größer ist die Belastung. Das 1 gegen 1 ist die intensivste Arbeit im Fußballtraining und muss verantwortlich dosiert werden. So kann man 10 x 1 Minute als intensives Intervall 1 gegen 1 spielen. Es ist aber unter den spezifischen Gegebenheiten des Wettspieles unsinnig und verschleißend, 1 x 10 Minuten 1 gegen 1 zu spielen. Bei der Spielform 3 gegen 3 mit 6 Spielern ergibt sich nach der Faustregel eine Belastungszeit von 3 Minuten als extensives Intervall. Auch hier können 10 x 3 Minuten gespielt werden mit entsprechenden Vorgaben und Zielsetzungen, die sich am Wettkampf orientieren. Bei einer durchgängigen Belastungszeit von 1 x 30 Minuten ändern sich die Zielsetzungen und aus dem extensiven Intervall wird die Dauermethode.

Die Spieler empfinden die Beanspruchung mit dem Ball weniger belastend, deshalb ist die Pausengestaltung ein wichtiges Instrument im Training.

Koordination und Lauf-ABC

Die Koordination ist ein Teil der Kondition. Kondition kann aber die Koordination nicht ersetzen. Spieler, die besser koordiniert sind, können ihrem Körper mehr Leistung abverlangen, weil sie für dieselben Bewegungen weniger Energie bereitstellen müssen und sich schneller erholen. An dieser Stelle soll nicht das gesamte Paket der Koordination besprochen werden. Die Bereiche Gleichgewicht, Reaktion, Orientierung, Differenzierung, Wahrnehmung und Umstellung haben alle ihre Bedeutung für die Entwicklung der Sportler. Kinder und Jugendliche, die draußen spielen, toben und klettern, sind in der Regel besser koordiniert und bringen bessere allgemeine sportliche Voraussetzungen mit. Sie verfügen über Mut, Balancevermögen, Kreativität, Vorsicht, Geschicklichkeit, Kraft, Schnelligkeit und ein gesundes Selbstbewusstsein als Persönlichkeit. Ein bedeutsames Element der Koordination ist das Laufen von kurzen und langen Strecken als Sprint oder Ausdauer. Jeder Sportler und Fußballer sollte gezielt über das Lauf-ABC ausgebildet werden. Der Laufstil sollte rhythmisch und ökonomisch sein mit Beinen und Armen und den Herausforderungen des Fußballspiels gerecht werden. Das Laufen muss vielfältige unterschiedliche Tempo- und Richtungswechsel mit Sprüngen und Drehungen beinhalten, um damit die azyklischen Ansprüche des Spiels zu erfüllen. Für Fußballer ist die Schnelligkeit mit und ohne Ball ein wesentlicher Bestandteil ihrer Spielhandlungen. Die meisten Spieler können sich gut im Bereich der Beschleunigung und Schnelligkeit verbessern. Auch außerhalb der Trainingszeiten lässt sich mit einem begleitenden Programm eine Verbesserung erzielen. Die Arbeit auf den Fußballen, die damit verbundene Kraftentwicklung und der Ballenabdruck sind genauso wichtig wie das Anheben der Knie und der Einsatz der Arme, um eine Leichtfüßigkeit zu erreichen. Mittel zur Verbesserung sind Bergauf- und Bergabläufe, Treppenläufe, Fahrtspiele im Gelände, Seilchen springen, Skippings, Quivern (tiefe breitbeinige Abwehrposition der Basketballer) sowie ein- und beidbeiniges Hüpfen. Die meisten Spieler wissen gar nicht, wie schnell sie wirklich laufen können und welche Möglichkeiten sie dadurch im Spiel haben. Die wenigsten Spieler können sich bis an die Grenze belasten.

Folgende Laufbestzeiten über 10 und 20 Meter wurden in der Talentförderung ermittelt:

Alterklasse	10 m (in Sek.)	20 m (in Sek.)
U11	1,90	3,45
U12	1,89	3,34
U13	1,86	3,24
U14	1,79	3,11
U15	1,73	3,00
U16	1,70	2,94
U17	1,68	2,89
U18	1,64	2,87

Eine weitere Komponente der Kondition ist die gesamte Laufstrecke in einem Fußballspiel. Spieler legen in einem Spiel je nach Position zwischen 8.000 und 12.000 Meter zurück. Wichtig ist aber als Spieler zu wis-

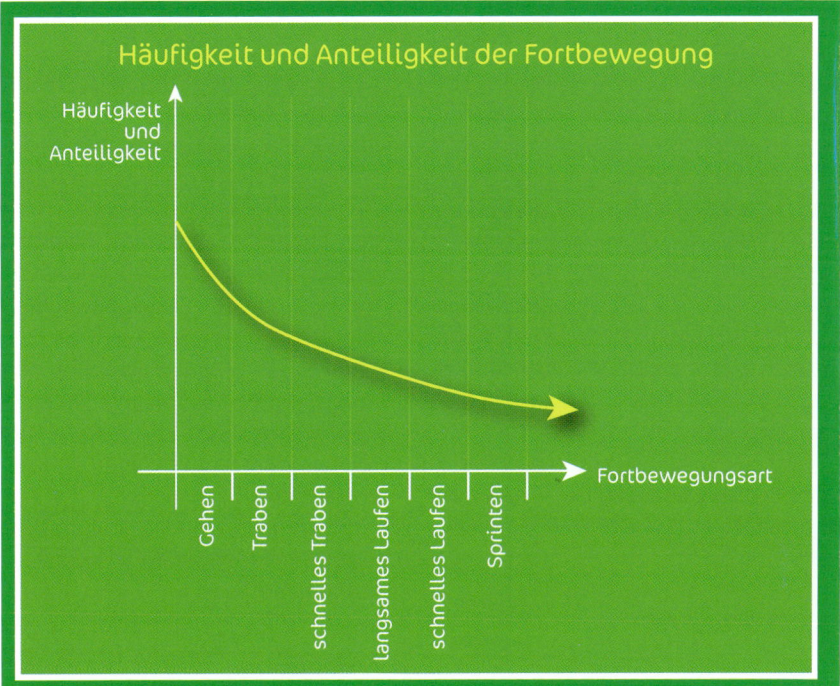

Häufigkeit und Anteile der Fortbewegung

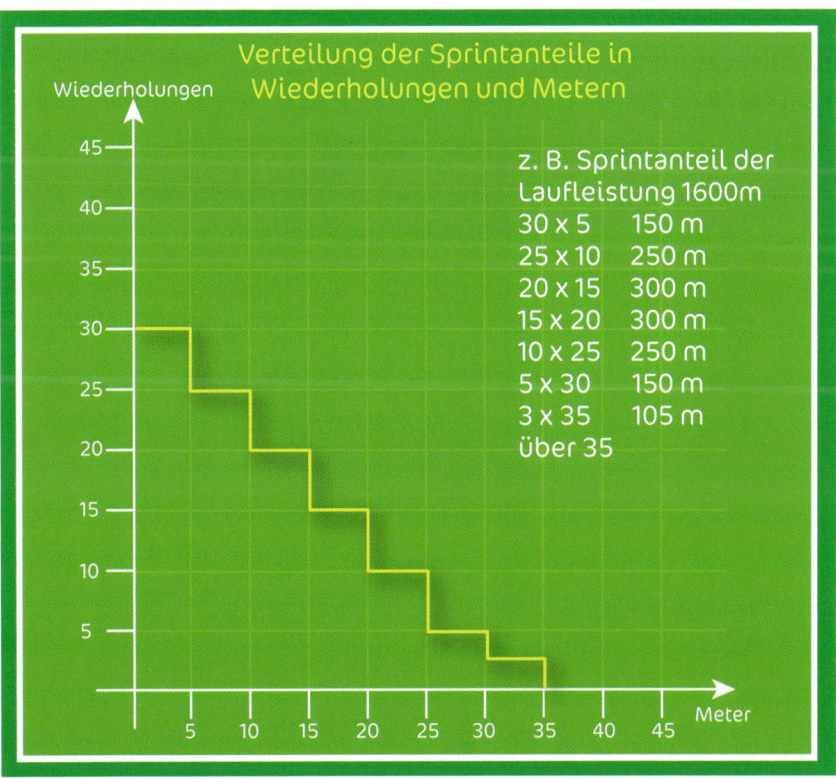

Verteilung der Sprintanteile

sen, wie groß der Anteil von Gehen, Traben, schnellem Traben, langsamem Laufen, schnellem Laufen und Sprinten ist.

Das Sprinten macht 10–20% der Gesamtstrecke aus und ist definiert mit über 20 km/h Geschwindigkeit. Auch da ergeben sich unterschiedliche Sprintstrecken von 5–30 Metern mit den entsprechenden Wiederholungszahlen.

Wenn der Spieler diese Zusammenhänge der konditionellen Belastung kennt, kann er sich sein Spiel viel besser einteilen. Das Spiel kennt keine Pause, außer der Ball ist aus dem Spiel bei Freistoß, Eckstoß, Abstoß, Einwurf oder bei Verletzungen. Diese Zeit sollte der Spieler nutzen, sich zu erholen. Die Spieler müssen dieses Verhalten erlernen.

Körperstabilisation

Der Fußballsport bringt für die Spieler so vielfältige Belastungen, dass es notwendig ist, körperstabilisierende Übungen (KSÜ) im Training oder im Heimtraining durchzuführen. Dieses hat sowohl präventiven Charakter als auch eine saisonbegleitende Funktion. Konditionstrainer bieten gute Programme für Fußballer an, ihre körperliche Fitness gezielt zu steigern. Nicht alles ist im Konditionstraining neu oder besser, aber es gibt Übungen, die neu verpackt werden und bei den Sportlern mehr Motivation und ein verändertes körperliches Bewusstsein erzeugen. Ziel ist es, durch die vielseitigen Übungen die Spieler athletisch vorzubereiten. Die Verantwortung des Trainers besteht darin, auch die körperlichen Grundlagen zu legen und so den Spielern eine leistungssportliche Karriere zu ermöglichen. Die Spieler sollten ihren eigenen Körper kennenlernen und daraus die Empfindung ableiten, dass körperliche Beanspruchung Freude auslösen und eine andere Lebensqualität mit sich bringen kann. Damit dürfte bei den Spielern auch die Angst vor konditionellen Maßnahmen schwinden. Es geht nicht um Schinden, sondern um die körperliche Entwicklung des Spielers in den Bereichen Fitness und Athletik unter Berücksichtigung

» des dynamisches Prinzips für Schnellkraft und Widerstandsfähigkeit
» des Halteprinzips zur Dehnfähigkeit und Stabilisierung
» Folgende Teilaspekte müssen zur der Körperstabilisation trainiert werden:
» Lockerheit und Leichtigkeit (andere Sportart oder mit Musik bewegen)
» Training von verschiedenen Muskelgruppen (Nacken und Schulter, Arme und Brustbereich, Rücken, Becken und Bauch, Oberschenkel mit Vorder- und Rückseite, Knie und Waden, Sprunggelenke und Füße)

Als Ergänzung für alle Muskelbereiche können viele Trainingsgeräte vom Seilchen bis zur Langhantel eingesetzt werden. Es kann immer mit Wiederholungen oder Zeitvorgaben trainiert werden. Ziel ist die Veränderung der Muskelspannung im Körper, die zu höherer Leistungsfähigkeit und weniger Verletzungen führen soll.

Stationstraining für die Ausdauer

Ähnlich wie bei der Schnelligkeit sollte die Anzahl der Trainingseinheiten pro Woche darüber entscheiden, wie oft mit und ohne Ball gearbeitet wird. Zur Erarbeitung der Ausdauer braucht man Belastungsphasen von 20–40 Minuten mit einer Pulsfrequenz von etwa 140–170 Schlägen pro Minute je nach Zeitpunkt zur Entwicklung, Erhalt oder Regeneration. Die Läufe für Grundlagenausdauer und Regeneration sollten 1–2 x wöchentlich durchgeführt werden. Dazu bieten sich für den Fußball Tempowechselläufe oder Fahrtspiele an, die nicht nur in der Vorbereitung, sondern auch während der Saison weiter fortgeführt werden sollten. Zielsetzung der Ausdauerleistungsfähigkeit ist die schnellere Erholungsfähigkeit mit der Dauer- oder Intervallmethode. Vieles aus dem Ausdauerbereich lässt sich durch ein verändertes Alltagsverhalten verbessern. Alle Fahrten werden mit dem

Fahrrad oder zu Fuß erledigt, der Aufzug wird durch die Treppe ersetzt, Inlineskaten, Schwimmen und Skilanglaufen werden je nach Region und Jahreszeit in das Freizeitverhalten einbezogen.

Mit dieser Auffassung zum Sport, werden sich die Spieler im Ausdauerbereich selbstständig weiter entwickeln und Kreislauf und Muskulatur stärken. Dass eine derartige Lebensweise eine bessere Zeitplanung braucht und nicht überall umzusetzen ist, liegt auf der Hand. Spieler, die lange Anfahrten zu Leistungszentren haben, haben in jedem Fall große Zeitverluste und dadurch Nachteile für ihre Entwicklung.

Ein Training der Ausdauer mit und ohne Ball braucht auf dem Trainingsgelände eine gute und abwechslungsreiche Organisation. Bei vielen Sportanlagen lassen sich die vorhandenen Einrichtungen im Gelände nutzen. Die Übungsform muss endlos sein, das heißt, Beginn und Ende der Übungen gehen ineinander über. Es gibt während der Belastungszeit keine Pause.

Praxisformen

Das Ausdauertraining muss gut durchdacht sein, damit koordinative, spielerische und dynamische Elemente mit und ohne Ball als Aufgabenmischung in der Beanspruchung enthalten sind. Dabei kann in Paaren und in der Dreier- oder Vierergruppen mit gleichwertigen Spielern trainiert werden. Es sind die Altersstufe und Leistungsstufe zu berücksichtigen und es darf keinen Stillstand geben:

» Laufstrecken ohne Ball
» Laufstrecken mit Ball
» Minihürden variabel überlaufen
» Laufhürden mit Hütchen und Gymnastikstäben überlaufen
» Gymnastikstäbe seitlich durchlaufen vorwärts und rückwärts
» Fahrradreifen im Sprunglauf rechts – links durchqueren
» Slalomläufe linear oder versetzt
» Fangspiele
» Pendelstaffeln mit und ohne Ball
» Hopserlauf
» Treppenläufe
» Steigerungsläufe im Dreieck mit und ohne Ball
» Torschüsse als Batterie
» Linienpendel mit und ohne Ball

Beispiel:
Laufstrecke ohne Ball, Mini-Hürden, Pendelstaffel mit Ball, Treppenläufe, Gymnastikstäbe durchlaufen, Linienpendel, Laufstrecke mit Ball, Slalom lauf linear mit Ball, Fangspiel, Steigerungsläufe im Dreieck ohne Ball

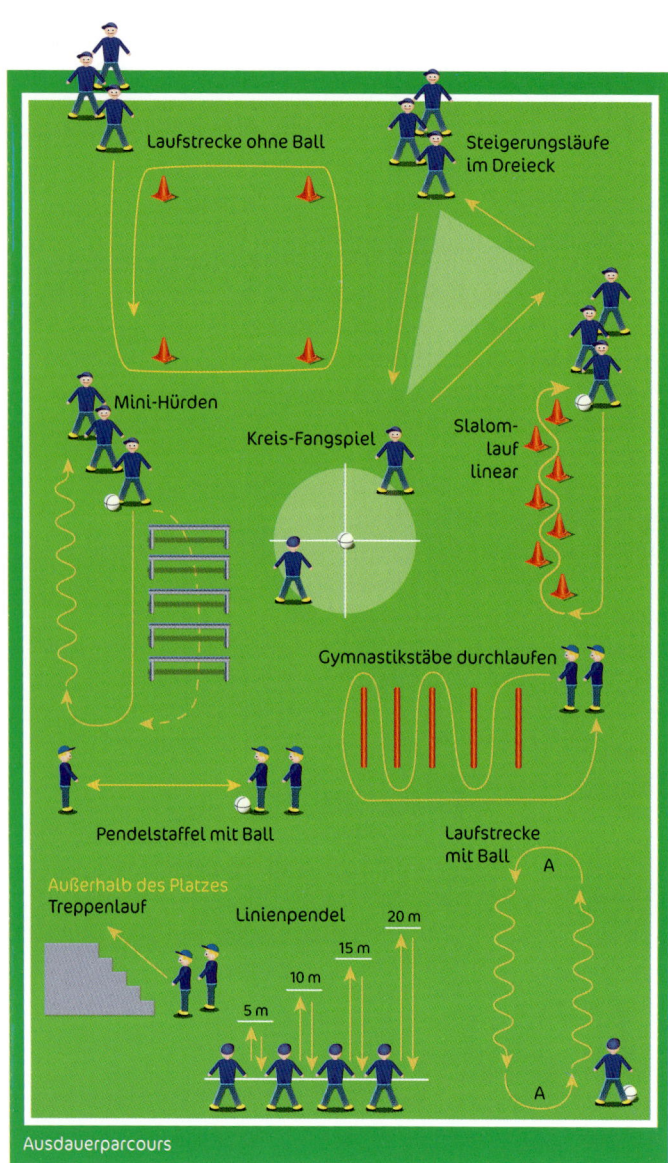

Ausdauerparcours

Die Regeneration als Leistungsfaktor

Mit der Entwicklung des Leistungs- und Berufssports bekommt das Verhältnis von Training/Wettkampf, Beanspruchung und Belastung zu Pause, Erholung und Entspannung eine immer größere Bedeutung im Sinne der Leistungsentwicklung.

Die Regenerationszeit wird maßgeblich von dem Trainingszustand des Spielers und seiner Erschöpfung im Spiel abhängen. Ein gut trainierter Körper ist schneller in der Lage sich zu erholen. Dabei ist es beim Fußball wichtig, die Spielunterbrechungen zur Entspannung und Erholung zu nutzen. Die Erfahrungswerte im Fußball sprechen im Seniorenfußball von etwa 60 Minuten Spielzeit und 30 Minuten Unterbrechungen ohne die Halbzeitpause.

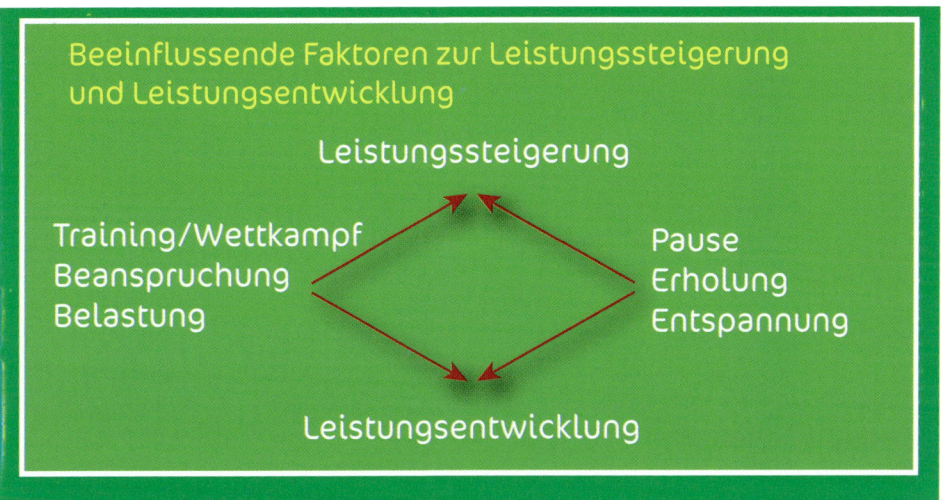

Leistungssteigerung und Leistungsentwicklung

Kurzzeiterholung

Die Spieler müssen also lernen, sich während des Wettkampfes in kurzer Zeit so zu regenerieren, dass sie weiterhin im Spiel ihre Aufgaben physisch und mental ohne folgenschwere Fehler erfüllen. Dabei könnte im Spiel nach Belastungen wie Sprints oder Zweikämpfen eine aktive Erholung sinnvoll sein, indem sich der Spieler trabend und gehend in seine Position bringt.

Langzeiterholung

Diese Form ist nach dem Spiel oder Training gefragt. Der Spieler muss nun lernen, sich nach der Beanspruchung und Erschöpfung gezielt mit der Pausengestaltung und Regeneration auseinanderzusetzen. Vor allem dann, wenn es sich um Schüler oder Auszubildende handelt, die am nächsten Morgen wieder ihren Verpflichtungen nachkommen müssen. Berufssportler haben da andere Tagesabläufe, die eine Erholung durch den Zeitfaktor erleichtern können.

Ziel muss es sein, dass es bei dem Spieler nicht durch dauernde Überlastungen zu einer längerfristigen Untererholung kommt, bei der auch autonom geschützte Reserven aufgebraucht werden. Die Folgen daraus können Verletzungen, Schlaflosigkeit, dauerhafte Müdigkeit, Gereiztheit und schlechte Leistungen sein.

Im Normalfall kann der Trainer die Bezugsperson des Spielers sein und durch ein Gespräch und Hinterfragen den Zustand des Spielers einordnen: Wie fühlst du dich, kannst du schlafen, freust du dich auf das Training und das Spiel, hast du Kontakt zu den Mitspielern, wann bist du zu Hause nach Training und Spiel, nimmst du regelmäßig deine Mahlzeiten ein, wie läuft es zu Hause und in der Schule oder am Arbeitsplatz?

Um der Ermüdung durch einseitige, körperliche Belastungen entgegen zu wirken, könnte die aktive Variante durch Ausgleichs- oder Erholungssport genutzt werden.

Auch autogenes Training kann hilfreich sein. So kann der Spieler Entspannungstechniken kennenlernen, die er bei der Kurzzeiterholung und Langzeiterholung einsetzen kann, um seine Leistung und Form wieder zu erreichen.

Aufwärmen

Das Aufwärmen ist ein zielgerichteter Prozess der Einstimmung auf das Spiel, um den Anforderungen gerecht zu werden. Bei dem zeitlichen Umfang sollte die Faustregel gelten, von der Gesamtspielzeit 90 Minuten etwa ein Drittel als Aufwärmzeit zu kalkulieren. Wir unterscheiden dabei die physischen und psychischen Aspekte. Zu berücksichtigen sind außerdem der Zeitpunkt, äußere Einflüsse wie Platz, Witterung und Heim- oder Auswärtsspiel.

Physische Aspekte

Dazu zählt die Herz-Kreislaufanpassung, die Verletzungsprophylaxe und Selbstverantwortung des Spielers für sich und die Mannschaft. Die Intensität und der Umfang haben als Ziel das Anschwitzen. Aufwärmen ist kein Training. Gearbeitet wird mit der Gruppe der Startelf und das in Einzelarbeit oder in Paaren. Zum Ablauf gehört auch eine vernünftige Ernährung vor dem Spiel und die Zunahme von Flüssigkeit während des Aufwärmens. Defizite in diesen Bereichen können zu Konzentrationsmängeln und Unwohlsein führen. Ein wichtiger Punkt ist die Zeitspanne von der Beendigung des Aufwärmens bis zum Spielbeginn. In dieser Phase sollte der Spannungszustand erhalten bleiben, damit der Spielbeginn nicht „verschlafen" wird.

Psychische Aspekte

Durch das Aufwärmen soll der Abbau der Nervosität erfolgen und durch Begeisterung ein Vorstartzustand erzeugt werden, der die mental-kognitiven Einflüsse stabilisiert.

Dazu zählen beim Aufwärmen die Kommunikation und die Stimmung, um den Glauben an sich selbst zu stärken („Ich bin stark"). Zur Spielvorbereitung gehört auch das Erfassen des Gegners und des direkten Gegenspielers. Diese Konzentration vor dem Spiel darf aber nicht zu einer Blockade oder Startapathie führen. Dazu kann man auch gut den direkten Mitspieler im Gespräch als positive Ablenkung nutzen, indem man sich über die Aufgaben im Spiel austauscht. Ziel ist die innere Stabilität und die Erzeugung einer gewissen Leichtigkeit mit einer hohen Leistungsbereitschaft.

Aktivieren und Mobilisieren

Die beiden Begriffe Aktivierung und Mobilisation stellen eine Erweiterung des Aufwärmens vor dem Training und vor dem Spiel dar.

Beim Training sollte die Phase der Aktivierung und Mobilisierung zielgerichtet sein und einen klaren Bezug zum Thema der Stunde haben. Die ausgewählten Übungen sollten zu den folgenden Inhalten des Trainings passen. Beim Spiel und Training der jungen Spieler sollten zum Beispiel Laufspiele, Fangspiele mit und ohne Ball, Übungen in Paaren mit und ohne Ball oder Einzelarbeit mit Ball oder ein Autorennen mit unterschiedlichen Aufgaben und wechselndem Tempo abwechslungsreich ausgewählt werden

Wenn der Trainingsschwerpunkt beispielsweise der Doppelpass ist, dann ist es sinnvoll, das Passspiel in die Vorbereitung einzubauen. Zum Training gehört die Pünktlichkeit und trotzdem ist es sinnvoll eine Sammelphase der Spieler zu akzeptieren und in der Zeit zum Beispiel 5:2 zu spielen, oder zwei Spieler laufen mit Ball und sollen sich gleichzeitig unterhalten und die Alltagsprobleme am Arbeitsplatz oder in der Schule abbauen, um sich dann besser auf das Training konzentrieren zu können.

Praxisformen für die Mannschaft

Die gesamte Aufwärmphase ist ein beispielhafter Ablauf mit einem umfangreichen Angebot an Übungen und Spielformen, die auswechselbar sind. Die Spielvorbereitung kann mit und ohne Anleitung ablaufen. Wenn das Aufwärmprogramm den Spielern bekannt ist, können auch Spieler aus der Mannschaft die Leitung und so Verantwortung übernehmen. In der gesamten Phase können die einzelnen Bausteine aus Zeitgründen selten länger als 3–6 Minuten sein.

Laufarbeit

Aktivierung durch Laufen mit der ganzen Mannschaft (mit und ohne Ball) oder die Spieler laufen paarweise über eine Stecke von etwa 20 Metern und auf jeder Bahn wird ein anderes Element angeboten z. B. seitliches Laufen, Anfersen der Unterschenkel, Drehungen, Wechsel rück- und vorwärts, Schattenlaufen, Fangspiele, Hopserlauf, Hocke, Ausweichbewegungen und Übungen mit Körperkontakt Schulter an Schulter.

Laufen im Viereck

Die Mannschaft teilt sich in zwei Gruppen A und B und steht an den Eckpunkten und läuft gleichzeitig geradeaus zum nächsten Hütchen. Um das Hütchen herum und dann im Reißverschlussverfahren diagonal laufen bis zur Ausgangsposition der anderen Gruppe und wieder geradeaus. Es werden auf jeder Bahn verschiedene Übungen durch die vorderen Spieler angeboten.

Ballarbeit

Es werden kleine Passformen mit der Startelf der 10 Spieler, in Paaren oder in 2 Fünfergruppen gespielt.

Briefumschlag

Der Spieler A spielt in die Tiefe 3–4 Meter auf B und läuft zum Ende des Umschlags. B spielt diagonal auf A und läuft zum Ende und erhält von A wieder den Ball, der wieder die Seite wechselt. Die Übungsform bleibt am Ort und es wird mit rechts und links gepasst.

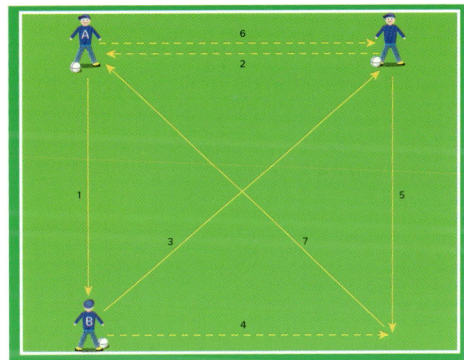

Quer- und Steilpassspiel

Spieler A spielt immer 5–6 Meter quer auf B und läuft diagonal, Spieler B spielt immer steil auf A und läuft ebenfalls diagonal. Die Übungsform bewegt sich nach vorne und es wird mit rechts und links gepasst.

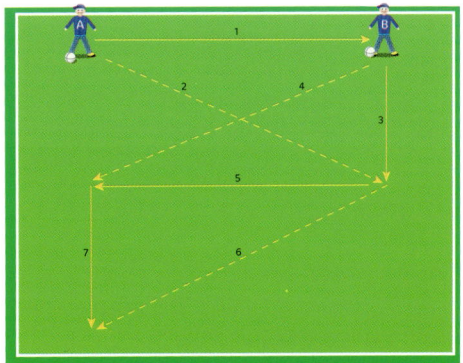

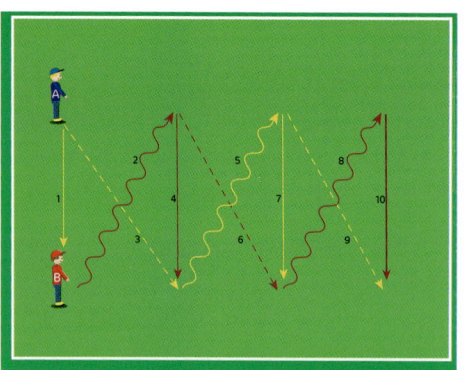

Hinterlaufen

Spieler A mit Ball spielt quer auf B, der etwa 10 Meter entfernt auf gleicher Höhe steht. Nach dem Pass hinterläuft A den nach innen gedribbelten B und erhält den Ball. Dann spielt A wieder B an und derselbe Ablauf des Hinterlaufens wiederholt sich. Danach wird die Aufgabe gewechselt. B spielt A an und hinterläuft A.

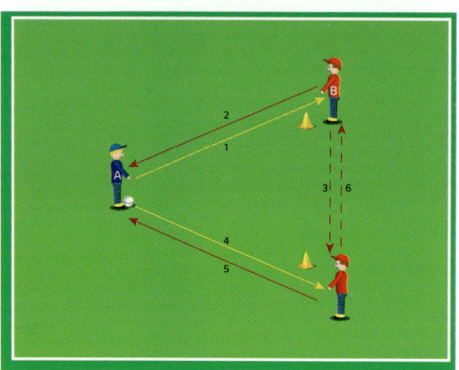

Scheibenwischer

Spieler A ist der Anspieler und steht zentral im Abstand von 5–6 Metern und spielt zu B. Nach dem Rückpass von B zu A wechselt B zu der anderen Seite und bekommt den Ball von A. Die Übungsform bleibt am Ort und es wird mit rechts und links gepasst.

Technikübungen von Fuß bis Kopf

Zuwerfen des Balles von A und zurück von B mit dem Fuß rechts und links im Wechsel mit schnellen Stepps auf den Fußballen. Als Variante Zuwerfen des Balles und Annahme mit Brust, Oberschenkel oder Kopf und Pass zurück. Zusätzlich nach Wurf Kopfballspiel im Sprung frontal oder seitlich.

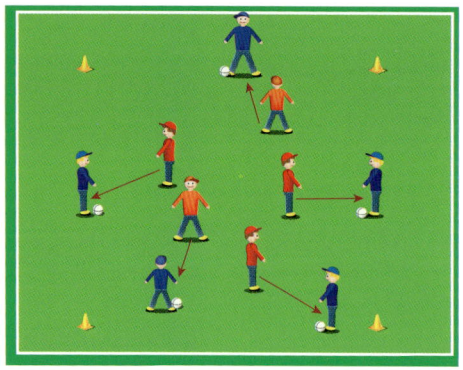

Komplexe Technikübung

In einem Feld stehen 5 Spieler ohne Ball. Diese fordern von den Spielern außen den Ball als flaches, gelupftes oder geworfenes Zuspiel. Dabei sollte einfach kommuniziert werden mit den Worten „spiel", „dreh" oder „klatsch", um auf das Spiel einzustimmen.

Kurzpassspiel

Freies Spiel

In zwei 5er-Gruppen wird frei gespielt und der Pass- und Laufweg sind identisch, um die Positionen zu erhalten. Alle Spieler sind in Bewegung und fordern den Ball mit dem Zuruf „spiel". Als Variante kann der Zuruf „dreh" oder „klatsch" kommen.

Pendelstaffel

In der Pendelstaffel mit 10–15 Meter Abstand läuft jeder Spieler seinem Pass nach und wechselt die Seite. Es kann direkt gespielt werden oder mit 2 Ballkontakten mit der Vorgabe mit rechts annehmen und links spielen oder umgekehrt. In Pendelstaffeln muss immer die größere Gruppe mit Ball beginnen.

Pendelstaffel mit Rückpass in der Mitte

Wie in der Pendelstaffel spielt A nun Spieler B an, der lässt den Ball klatschen zu A und der spielt C an. C spielt D an. Als Variante spielt A nun B an, B lässt klatschen zu A und A spielt noch einmal B an, der dann zu C spielt. Alle wechseln die Positionen.

Viereckspiele

Die 5 Spieler besetzen die 4 Eckpositionen des Spielfeldes. Am Ball stehen 2 Spieler. Der Ball wird immer im Wechsel gerade und diagonal rechts oder links herum gespielt. Die Spieler folgen dann dem Pass.
Als Variante kann in dem Viereck frei gespielt werden und man folgt wieder dem Ballweg. Es sollte möglichst das direkte Spiel bevorzugt werden.

Ypsilonspiel mit einem und zwei Bällen

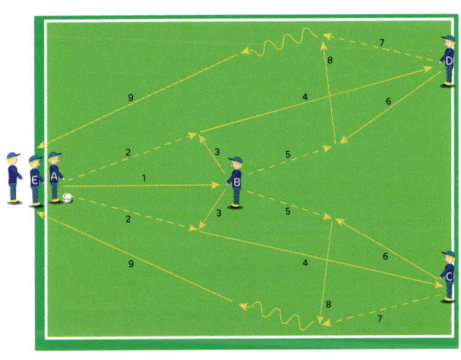

Die 5 Spieler stehen in der Position des Ypsilon. In der Ausgangsposition stehen 2 Spieler mit einem Ball. A spielt B in der Mitte an, B lässt nach rechts zu A klatschen und dreht sich zu Spieler C. Spieler A spielt C an und bleibt auf der Position B, C lässt zu B klatschen und B spielt erneut C an, der dann D in der Ausgangsposition anspielt.
In der Folge spielt D nun A in der Mitte an, der nach links klatschen lässt für D und dreht sich zu E. Spieler D spielt E an, der lässt zu A klatschen, der den Ball zu E zurückspielt. E spielt auf die Ausgangsposition zu. Es wechselt immer die Spielrichtung nach rechts und dann nach links.
Als Variante kann das Ypsilon auch mit zwei Bällen gespielt werden. Der Ablauf bleibt gleich bis auf den Rückpass. Da müssen die Spieler C und E auf den Endpositionen mit dem Ball zügig in die Ausgangsposition A laufen und selbst wieder die Mitte anspielen.

Mobilisation

Es werden Übungen alleine oder mit Partner aktiv und dynamisch durchgeführt mit jeweils 4–6 Wiederholungen. Leicht wippende und rhythmische Bewegungen, die durch Klatschen unterstützt werden. Die Übungen sollten von unten Fuß und Wade nach oben bis zu Schulter und Rumpf erfolgen. Auf trockenem Boden oder auf Kunstrasen können auch Übungen im Sitzen gewählt werden. Zum Abschluss kann eine Ganzkörperübung wie Hampelmann mit Bein- und Armvarianten gewählt werden oder Sprünge mit gleichzeitigem Abklatschen in der Luft mit jedem Mitspieler.

Bärentanz als Bewegungsmischung

Hierbei handelt es sich um azyklisches Laufen und Drehen in einer Kleingruppe. Eine Person steht vor der Gruppe im Abstand von etwa 20 Metern und gibt wie ein Polizist die Laufrichtung spiegelverkehrt vor. Links, rechts, vorwärts, rückwärts, tief (Hocke) und hoch (Sprung) oder Drehung rechts und links in schneller Folge.

Sprintformen

In einem abgesteckten Parcours wird paarweise, in 2 Gruppen mit jeweils 5 Spielern oder mit der ganzen Mannschaft gelaufen. Es werden viele Laufvarianten vorwärts, rückwärts, seitwärts, mit Drehungen, mit Hocksprüngen und mit Skippings als Auftakt zum linearen Sprint angeboten.
Als Variante können Hütchen gelegt werden, die einen azyklischen Sprintablauf der Spieler fordern.
Als Sprintformen in der Gruppe bietet sich der Außenstirnkreis an. Alle Spieler schauen nach außen. Einer gibt das Kommando zu Skippings oder Quivern, die gesteigert werden und dann zum Sprint übergehen.
Beim Quivern werden aus einer breitbeinigen tiefen Verteidigerposition ganz schnelle kleine Stepps auf den Fußballen gemacht, die immer schneller werden und dann in den Sprint übergehen.

Komplexe Spielformen

Es können mit der Startformation der 10 Spieler verschiedene Spielformen als Vorbereitung gespielt werden. Dabei können alle beteiligt sein oder es wird in 2 Gruppen mit 5 Spielern gespielt.

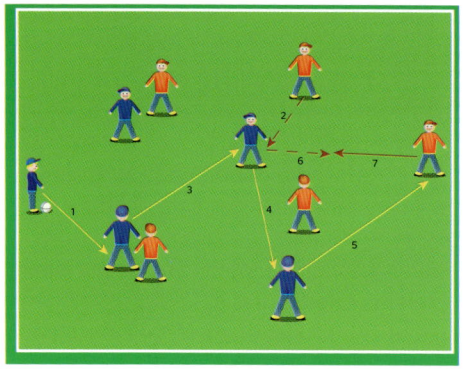

10 Spieler

Zum Beispiel 5 gegen 5 in einem abgesteckten Feld 20 x 30 Meter oder als Variante 1+4 gegen 4+1 mit je einem Außenspieler A, der beim Anspiel der eigenen Mannschaft mit Ball einwechselt, während der Passgeber B nach außen geht.
Eine reizvolle Ergänzung ist die Spielform 3+3+1 gegen 3 als freies Spiel. Es werden 3 Mannschaften gebildet mit je drei Spielern und ein Spielmacher benannt, der immer mit den Ballhaltern spielt. So ergeben sich jeweils 6+1 mit Ball gegen drei Balleroberer. Die Gruppe, die den Fehlpass oder Ballverlust verursacht, wird zu den Verteidigern, die bisherigen 3 Abwehrspieler spielen nun im Angriff 3+3+1:3.
Der Neutrale Spieler N sollte wie ein „Notarzt" möglichst in das Spiel einbezogen werden und sich immer zum Anspiel in Fensterpositionen anbieten. Eine weitere Spielform ist 4:4+2. Es wird mit 2 Neutralen gespielt, die mit den Ballhaltern spielen und die zentrale Position als „Drehscheibe" besetzen sollen.

5 Spieler

Eine geeignete Form ist das Überzahlspiel 2 gegen 2+1 in einem begrenzten Raum als freies Spiel oder mit 2 Ballkontakten, bei dem der neutrale Spieler immer bei den Ballhaltern ist. Es soll ideenreich gedribbelt und kombiniert werden.

Wechselspiel 3 gegen 2 mit 2 gegen 1

Mannschaft A mit 3 Spielern spielt gegen B mit 2 Spielern. Es wird auf Linientore gespielt in einem Feld von 10 x 15 Meter. Wenn A den Angriff beendet hat, bleiben zwei Spieler von A an der Linie stehen. Der dritte Spieler von A wird zum Verteidiger gegen die 2 Angreifer von B. Ist die andere Torlinie erreicht, spielen die drei Spieler zusammen gegen die 2 Verteidiger auf der anderen Seite. Es wird immer im Wechsel 3:2 und 2 gegen 1 gespielt. Gefragt ist schnelles Umschalten bei den Spielern.

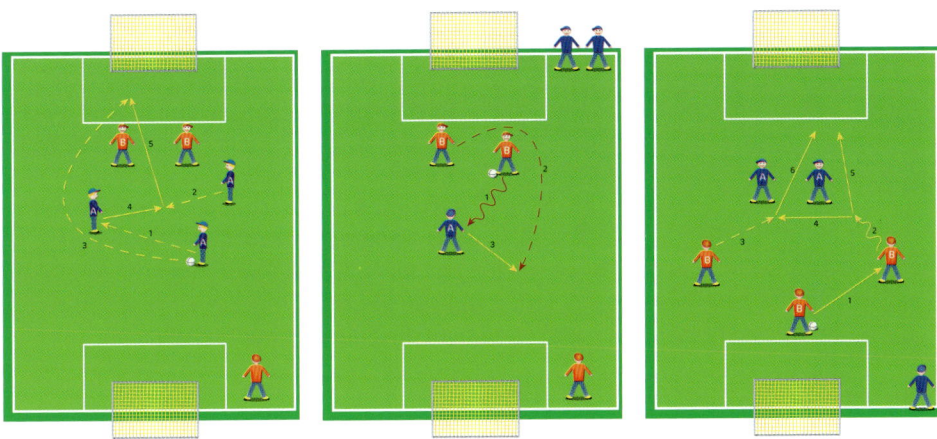

Doppelpass mit 4 gegen 1

Es stehen drei Spieler als Dreieck außen in einem Spielfeld von 10 x 10 Meter und Spieler A hat den Ball. In der Mitte ist der Mitspieler B und der Gegenspieler C. C greift A an und A spielt B an und der lässt den Ball als Doppelpass zu A klatschen. C nimmt den Platz von A ein. A geht mit Ball und spielt zu D. D lässt zu A klatschen und A spielt wieder zu D als Doppelpass. B geht auf den Platz von D. Spieler A greift nun E an und D spielt zu E, der lässt klatschen und D spielt den Doppelpass. A nimmt den Platz von E ein und D greift C an. Damit wäre der Ball einmal im Kreis mit allen Spielern und Positionen durchgespielt worden. Die Spielrichtung kann geändert werden.

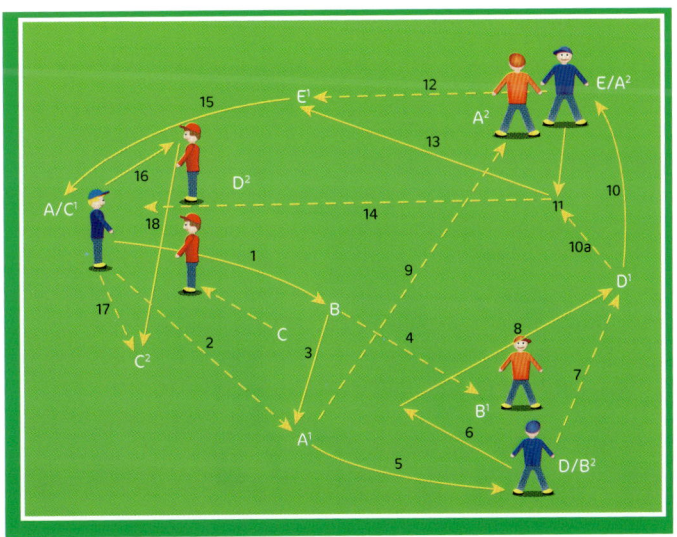

Torschuss, Flanke und langer Pass

Die Gruppe würde nun aufgeteilt in Stürmer mit Torschuss, Außenspieler mit Flanken und Mittelfeldspieler mit langen diagonalen Pässen.

Torschuss

Es stehen je 3 Spieler A neben dem Tor rechts und links mit Ball und je zwei weitere Positionen B und C werden im Feld besetzt. A spielt zu B, B lässt klatschen zu A, der dann C anspielt, C lässt zu B klatschen und erhält dann den Rückpass von B zum Torschuss. Alle gehen immer eine Position weiter. Es wird von rechts und links im Wechsel geschossen. Die Schützen stellen sich mit Ball in der anderen Gruppe an.

Als Variante stehen die Gruppen jetzt 20 Meter rechts und links vor dem Tor. A spielt B an, der zu A zurückspielt und wiederum von A angespielt wird zum Torschuss. Alle rücken in den Positionen nach. Es wird von rechts und links im Wechsel geschossen und es können die Seiten gewechselt werden.

Flanken

Die Spieler A stehen außen in Höhe des Strafraumes und haben den Ball. A spielt B an der Außenlinie an, dieser passt zurück und A schlägt die Flanke mit Schnitt und Zug ins Zentrum zu einem Stürmer oder zum Torwart, der den Ball wieder nach außen abwirft. Es wird im Wechsel rechts und links gespielt.

Komplexe Übungsform

Die drei Elemente langer Pass, Flanke und Torschuss werden jetzt miteinander verbunden. Die Mittelfeldspieler schlagen aus dem Mittelkreis diagonale Pässe auf Außenspieler, die den Ball verarbeiten und aus dem Lauf die Flanke hereinspielen. Die Flanke sollte den Stürmer erreichen und dieser mit Kopfball oder Torschuss abschließen. Es wird von rechts und links gespielt.

Praxisformen für den Torwart

Die Torhüter müssen sich in gleicher Weise physisch und psychisch auf das Spiel vorbereiten. Das kann ein Torwarttrainer anleiten oder zwei Torhüter der Mannschaft machen es selbständig. Unter Berücksichtigung des Zeitablaufs beginnen die Torhüter früher und enden auch früher, damit sie sich je nach Situation noch einmal umziehen können:

- » Aktivierung durch Laufen mit und ohne Ball,
- » Ballarbeit mit technischen Grundlagen Fangen, Passen und Werfen,
- » Ballarbeit mit Passen rechts und links und Zuspiel als Dropkick,
- » Mobilisation aktiv und dynamisch mit gymnastisch-turnerischen Elementen,
- » Sprintformen zum Ball mit Sprungkraft, Reaktion und Koordination,
- » Spieleröffnung durch Abschlag, Abwurf oder Abstoß auf Zielvorgaben,
- » Rückpässe und gezieltes Zuspiel mit rechts und links auf Zielvorgaben,
- » Torwart im 1 gegen 1,
- » Torschuss und Flanke durch Ergänzungsspieler,
- » mit der Flanke eine variable Eröffnung, die offensiv und dynamisch in Zielfelder durch Werfen oder Abschlagen erfolgen sollte.

3 Spielintelligenz

Im allgemeinen Sprachgebrauch hört man schon einmal, das ist ein „intelligentes Bürschchen". Später, mit zunehmendem Alter sagt man, er ist ein „pfiffiger Kerl" und noch später ist es ein cleverer, ausgebuffter „Zocker". Eine weitere Form ist dann auf gehobenem Niveau, dass der Spieler Situationen mit viel „Spielwitz" löst und man spricht von einem intelligenten Spieler. Oder handelt der Spieler intuitiv und spontan richtig aufgrund von Vorerfahrungen? So stellt sich die Frage nach der Spielintelligenz eines Spielers und wie ist diese messbar bzw. sichtbar? So spielt ein Spieler den Ball nicht wieder in eine Ballung von Spielern, sondern in einen freien Raum als kurze oder längere Spielverlagerung. Dazu muss der Kopf oben sein, damit die Augen die Spielsituation erfassen können.

Die nächste Frage wird sein, ob man Spielintelligenz erlernen kann oder ist das ein Merkmal besonderer Begabung für den Fußballsport und seine hohen Anforderungen, die bereits in der Kindheit ihren Ursprung haben?

Beeinflusst wird die Spielintelligenz durch die Ruhe am Ball, die mentale Stärke und die Förderung der Auge- und Kopfarbeit im Training.

Veränderung von Zeit und Raum

Fußballspiele werden begleitet von den Aussprüchen „intelligent", „klug" oder „clever gespielt". Wenn man die Spielintelligenz eines Spielers erfassen will, ergeben sich zwei Unbekannte, die Auswirkungen auf das Spielgeschehen und die Spielhandlung haben, nämlich Raum und Zeit. In der Vergangenheit waren die Spielhandlungen langsamer und deshalb eher „kluge" Lösungen möglich.

Zusätzlich können Mitspieler und Gegenspieler oder äußere Einflüsse die intelligente Spiellösung beeinflussen. Da sich aber seit über mehr als 100 Jahren die Größe der Spielfelder und die Spielzeit nicht verändert haben, sind es die Spieler, die mit dem vorhandenen Raum und der Zeit spielen müssen. So gibt es in Ballnähe den augenblicklichen Spielraum, dazu freie Räume, die im nahen Umfeld erreichbar sind, und freie Räume, die im peripheren Umfeld nicht oder schwierig erreichbar sind als Resultat der Wahrnehmung und Orientierung in der Spielsituation.

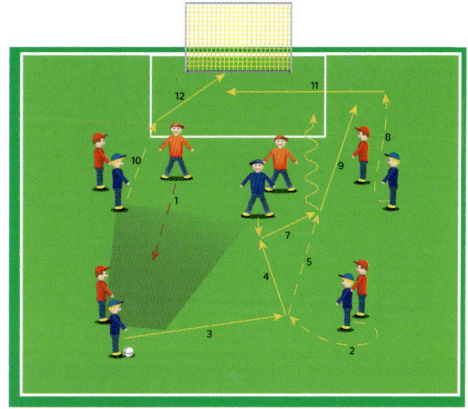

Entscheidungsbaum

Neben einer verbesserten Technik und Taktik, die an das Wettspiel angepasst sind, gibt es weitere Einflussgrößen, die das intelligente Spiel mitbestimmen. So findet der Spieler im Training häufig geordnete und bekannte Formen vor. Im Spiel dagegen sind es unbekannte und ungeordnete Formen. Der intelligente Spieler findet mit Hilfe der Wiedererkennungsleistung und dem Entscheidungsbaum auch unter Druck die richtige Spiellösung. Dabei muss er lernen, aus mehreren Angeboten schnell und richtig auszuwählen. Die „richtige" Lösung der Spielfortführung muss den Ballbesitz berücksichtigen und den Gegner unter Druck setzen zu reagieren. Oft hat der Spieler bereits schon den übernächsten Spielzug im Auge und muss dabei berücksichtigen, dass aus dem Vorteil des Ballbesitzes kein Nachteil entsteht.

Die intelligenten Spiellösungen unter den Druckparametern Zeit, Raum und Gegner bestimmen die Zukunft des Fußballs. Um dieser Herausforderung gewachsen zu sein, ist die Entwicklung der Orientierung und Wahrnehmung von großer Bedeutung und hat großen Einfluss auf die Spielintelligenz.

Orientierung und Wahrnehmung

Will man das Fußballspiel in Bezug auf Spielintelligenz weiter entwickeln, dann müssen die beiden Aspekte schon sehr früh in das Training integriert werden und zwar in allen Leistungsbereichen. Wahrnehmung und Orientierung werden sehr stark durch das Auge bestimmt. Das bedeutet, dass wir über das Auge lernen und es daher trainieren sollten.

Mit der W-Formel können sich einige Lösungen ergeben: Wer, wo, wann, was, wie, warum, wodurch oder weshalb bestimmen unser Handeln. Von den Spielern wird eine Orientierung auf dem Spielfeld erwartet. Durch das Spielsystem ergibt sich eine Ordnung, in der sich der Spieler orientieren kann.

Das Spiel ohne Ball in Abwehr und Angriff verlangt strategisches Handeln. Zum Beispiel „nicht ohne Auftrag laufen" oder „nicht leer laufen", sondern sofort einen Auftrag ausführen im Sinne der Zuordnung oder Hilfeleistung. Dazu zählt auch das Verhalten im nahen und weiten Umfeld des Balles. Große Fußballspieler haben die Umgebung komplett im Blick. Anders ausgedrückt: „Wer mehr sieht, spielt höherklassig und verdient auch mehr Geld" (Lange 2000).

Orientierung, Spiel von A nach B

Orientierung und Wahrnehmung stehen in einem engen Zusammenhang. Nachdem ich eine Spielsituation wahrgenommen habe, versuche ich, mit Hilfe der Orientierung eine richtige Lösung zu finden. Auch dabei ist das Auge behilflich, indem ich freie Räume und Spielfenster (Gassen) erkenne. Während der Ball von Spieler A auf dem Weg zum Mitspieler B ist, orientiert sich dieser mit Hilfe des Zeitfaktors und ordnet die Spielsituation ein. Die Vororientierung soll helfen, schneller zu einer besser vorbereiteten und weiterführenden Spiellösung zu kommen.

Der Ablauf ist immer identisch, Spieler A mit Ball – Passspiel – Spieler B nutzt den Zeitfaktor – Wahrnehmung – Orientierungsvorsprung – Handlungsbereich – Abspiel oder Rückspiel von B.

Orientierung und Zeit

Die Mitspieler können das Abspiel unterstützen, indem sie sich akustisch, visuell oder durch Bewegung bemerkbar machen und konkret den Ball fordern. Dieses registriert allerdings auch der Gegner und reagiert entsprechend. Somit ist die Lösung der Spielsituation wieder stark vom eigenen Auge beeinflusst: „Traue deinem Auge und nicht dem Geschrei der Mitspieler".

Wahrnehmung

Wahrnehmung funktioniert im Sport über das Sehen, Hören, Zeigen und Rufen. Das Auge kontrolliert und korrigiert die Bewegungen. So werden Bewegungen beim Fußball durch Wahrnehmung gespeichert und erlernt. Daraus ergeben sich mit Hilfe der Wiedererkennungsleistung Automatismen. Bekanntes wird wiedererkannt und es kommt zu angemessenen und kreativen Lösungen im Spiel.

In dem Spieltrichter soll mithilfe der Wiedererkennung von Spielmustern und dem Entscheidungsbaum von dem Spieler im Ausschlussverfahren die Spielhandlung so fortgesetzt werden, dass es keinen Ballverlust oder einen Vorteil für den Gegner gibt. In der Verbindung mit Zeit, Raum, Gegner und Mitspieler soll im Sinne der Wahrnehmung und Orientierung eine situationsgerechte Spielentscheidung getroffen und umgesetzt werden.

In dem Spieltrichter soll mit Hilfe der Wiedererkennung von Spielmustern und dem Entscheidungsbaum (s. Abb. unten) von dem Spieler im Ausschlussverfahren die Spielhandlung so fortgesetzt werden, dass es keinen Ballverlust gibt oder einen Vorteil für den Gegner. In der Verbindung mit Zeit, Raum, Gegner und Mitspieler soll im Sinne der Wahrnehmung und Orientierung eine situationsgerechte Spielentscheidung getroffen werden.

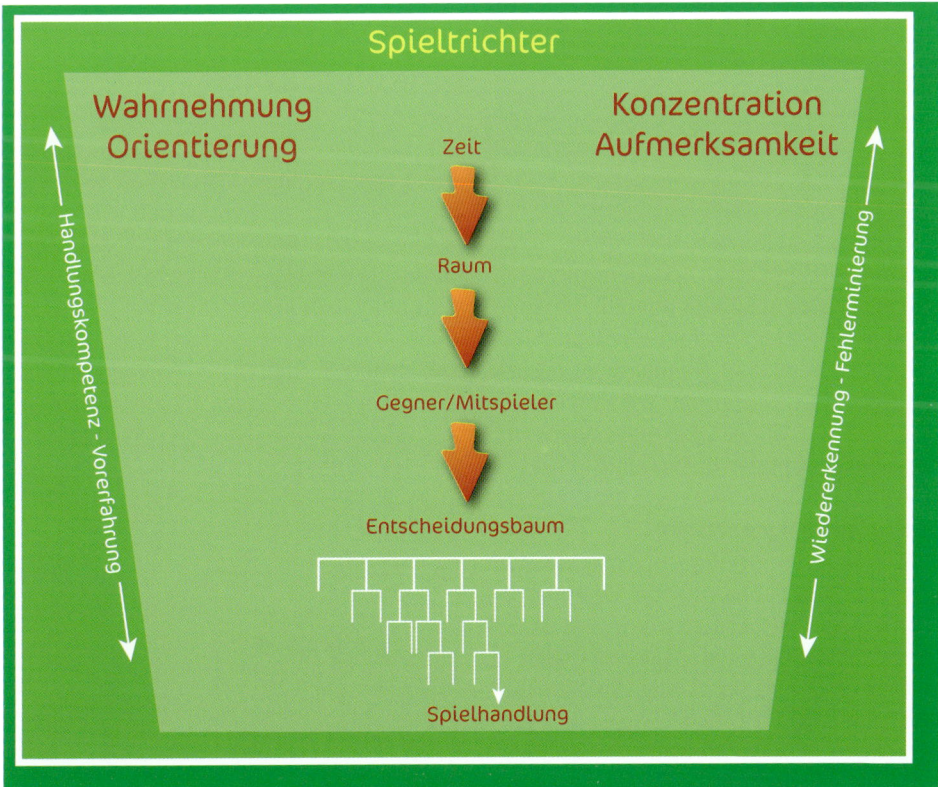

Der Spieltrichter

Kopf, Auge und Spiel

Wahrnehmen, orientieren und umsetzen ist nur möglich, wenn der Kopf mitspielt und gehoben ist und das Auge das Spiel verfolgen kann. Diese Spielweise setzt voraus, dass die Auge-Fuß-Verbindung aufgelöst wird. Fußball hat einen hohen Anspruch an die Kopfarbeit und das Auge, ohne die eine Weiterentwicklung des Fußballsports unmöglich ist.

Auflösung Auge – Ball

Der Spieler sollte den Ball führen, ohne ständig auf den Ball zu schauen. Dieses ermöglicht es dem Spieler am Ball, Veränderungen auf dem Spielfeld wahrzunehmen und diese bei seiner Handlung zu berücksichtigen. Das gilt für das Sehen im nahen und im weiten Umfeld. Auf diese Weise wird der Spieler weniger Ballverluste produzieren und Lösungen wählen, die Spielwitz und Spielintelligenz zeigen.

Also muss frühzeitig mit Hilfe des Auges die Wahrnehmung und Orientierung trainiert und verbessert werden. Wenn es gelingt, die Spieler in diesem Bereich zu verbessern, wird auch die Spiellenkung von außen durch Trainer, Eltern, Zuschauer geringer. Dieser Bereich der „erlernten Hilflosigkeit" durch ständige Vorgaben und Zurufe würde mehr und mehr wegfallen zugunsten von Selbstständigkeit und Spielintelligenz.

Praxisformen

» Ein Spieler passt zu einem Mitspieler und gibt das Spielbein rechts oder links vor.
» Ein Spieler passt zu einem Mitspieler und zeigt ein rotes oder gelbes Tuch. Rot ist passen mit rechts und gelb mit links.
» Ein Spieler passt zu einem Mitspieler und zeigt mit den Fingern Zahlen. Der Mitspieler nennt die Zahl und die gerade Zahl ist passen mit rechts und die ungerade Zahl mit links.
» Ein Spieler passt zu einem Mitspieler und gleichzeitig muss der Mitspieler mit der Hand einen Ball über dem Kopf spielen.
» Zwei Spieler spielen sich einen Ball flach zu und gleichzeitig wird ein Ball oben zugeworfen.

Anspielbarkeit

Die meisten Spieler sind bereit, am Kombinationsspiel ihrer Mannschaft teilzunehmen. Dabei ist die Bereitschaft allein oft zu wenig, um die Anspielbarkeit herzustellen. Bekannte Mittel wie Freilaufen, Spiel ohne Ball oder Positionswechsel gehören dazu, doch muss dieses Laufverhalten mit dem taktischen Verhalten im Einklang stehen. Die Mitspieler müssen sich aus dem De-

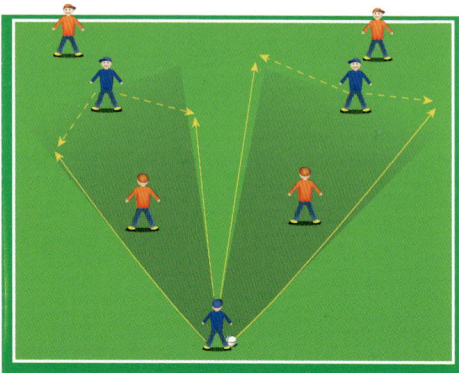

Deckungsschatten verlassen

ckungsschatten der Gegenspieler bewegen und sich auf die spieltaktisch bedeutsame Gassenposition oder in das „offene Fenster" begeben. Die räumliche Wahrnehmung ist Voraussetzung des Gassenspiels. Dabei stehen die Mitspieler versetzt zum Gegenspieler und ermöglichen so die diagonalen Bälle in den Rücken der Abwehr.

Das Freilaufen und das Spiel ohne Ball müssen also so aussehen, dass durch die Gassenposition die Anspielbarkeit hergestellt wird und der Spieler nicht im Deckungsschatten steht. Dann hat der Ballhalter eine gute Möglichkeit und der angespielte Mitspieler kann das Spiel fortführen oder zurück passen und so den Spielfluss erhalten: „Lasst den Ball laufen, denn der bewegt den Gegner". Es muss bei dem freilaufenden Spieler Einklang bestehen in Art und Tempo der Bewegung und der Ballorientierung um sich vom Gegner abzusetzen.

Faktoren der Anspielbarkeit

Direktes Spiel

Das direkte Spiel (One-Touch-Football) und das Spieltempo stehen im engen Zusammenhang. Direktes Spiel, zwei schnelle Kontakte und das Mitnehmen des Balles zeichnen den Spielfluss aus. Besonders herausstellen muss man für das Kombinationsspiel, dass Spitzenmannschaften das Spieltempo nicht über das Lauftempo der Spieler erhöhen, sondern zumeist über das direkte Spiel, in dem sie den Ball laufen lassen. Der Ball ist immer schneller als der schnellste Spieler.

Der Tempowechsel, der das Spiel oft prägt, hat Bedeutung für den Spielrhythmus einer Mannschaft. Die Bestimmung des Spielrhythmus in Verbindung mit dem Kombinationsspiel ist die Aufgabe der gesamten Mannschaft unter Führung des Spielmachers. Wenn die Spieler diese Erkenntnis vom Training zum Wettkampf umsetzen wollen, stoßen sie häufig an persönliche Grenzen durch die mangelnde Technik, zum Beispiel fehlende Beidfüßigkeit und schlechtes Erfassen der Spielsituation. Das direkte Spiel verlangt, dass Tempo und Technik zueinander passen müssen. Unnötige Ballverluste durch das direkte Spiel sind fehl am Platz. Ziel ist ein uhrwerkartiges Kombinationsspiel, in dem die Rädchen zueinander passen.

Spielökonomie und Arbeitsteilung

Ökonomisch gesehen muss das Kombinationsspiel dem Prinzip der Arbeitsteilung unterliegen. Das setzt voraus, dass alle Spieler sich ballorientiert verhalten. Um der ökonomischen Überlegung gerecht zu werden, müssen die Spieler Tempo und Technik zueinander bringen. Beide Elemente sind im Kombinationsspiel ein wichtiger Bestandteil und stehen in direkter Abhängigkeit miteinander. Dabei unterscheidet man:

Ein hohes Lauftempo (Sprint) verlangt auch eine sehr gute Technik im Sinne der Ballverarbeitung. Das Spieltempo wird in erster Linie durch das direkte Spiel erhöht und verlangt Technik in Form des genauen Passspiels. Deshalb lässt sich das Kombinationsspiel nicht von heute auf morgen verbessern. Das Tempo, die Technik und die Taktik der Spieler passen oft nicht zusammen. Dazu kommt häufig, dass die Vorstellung und Auffassung der Spieler in einer Mannschaft über das Spiel und Kombinationsspiel zu unterschiedlich sind. Ballverluste und Fehlpässe sind absehbar. Als besonderer Verstoß gegen die Spielökonomie muss oftmals das übertriebene Laufen mit Ball gesehen werden, weil dadurch mögliche Anspielstationen für das Kombinationsspiel überlaufen werden.

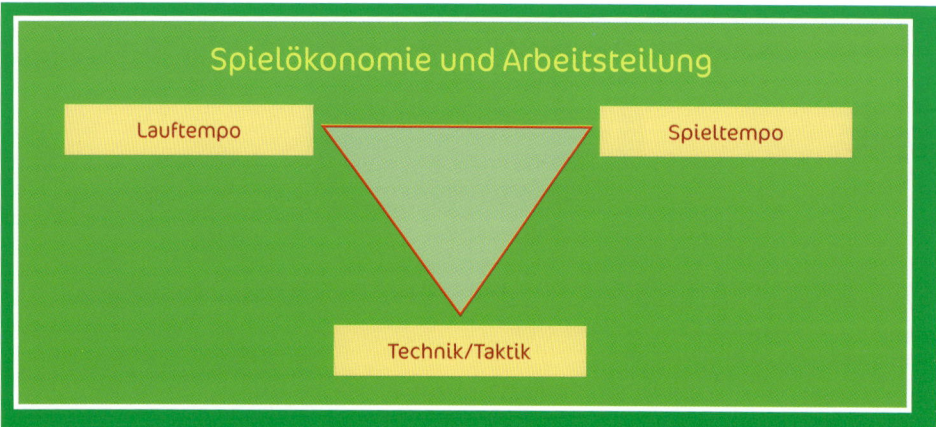

Spielökonomie und Arbeitsteilung

4 Kombinationsspiel

Fußballspiele ohne Kombinationsspiel wären eine sehr langweilige Angelegenheit. Das Kombinationsspiel im Fußball zeigt den Spielwitz und den Ideenreichtum einer Mannschaft und einzelner Spieler. Wurde früher das Mittelfeld für das kreative Spiel verantwortlich gemacht, hat es sich mittlerweile auf alle drei Mannschaftsteile übertragen. Es beginnt mit dem Torwart und seiner Spielweise, die offensiv oder defensiv sein kann, geht weiter mit der Abwehr und der Spieleröffnung, über das Mittelfeld mit dem Spielaufbau und der Spielverlagerung bis hin zum Angriff mit dem variantenreichen Spiel am Flügel. Kombinationsspiel verlangt auch wieder Basis in Technik, Taktik und Kondition. Aus dieser Mischung ergibt sich eine Ballzirkulation mit der Präzision und Leichtigkeit eines Uhrwerks oder ein „Ballzauber".

Zum Kombinationsspiel gehören
» die Gestaltung des Spiels in Breite und Tiefe,
» das Spielen mit den freien Räumen,
» die diagonalen Bälle in den Rücken der Abwehr,
» das Spiel gegen den Lauf des Gegners,
» Tempo- und Rhythmuswechsel,
» das flache Spiel,
» Abspielmöglichkeiten für den Ballhalter,
» die Spielverlagerung mit kurzen Ballstafetten oder langen Bällen,
» die „Drehscheibe" als Gegenmittel zur Ballung,
» die offene Spielstellung,
» die Spielbeschleunigung in der Ballmitnahme und
» das Dribbling und Zweikampfverhalten.

An dieser Aufzählung wird deutlich, dass sich die Voraussetzungen im Leistungsfußball deutlich verändert haben. Nur wer diese Puzzleteile im Training berücksichtigt und zusammenfügt, kann mit der Entwicklung des Fußballs Schritt halten. Dabei kann der Gedanke helfen, dass eine Umleitung eine Baumaßnahme sein könnte und als Lernprozess durch das Training schließlich zu einem Gewinn und Fortschritt im Spiel wird.

Spielentwicklung, flaches Spiel und Ballzirkulation

Die Spielentwicklung geht deutlich zu einem immer schnelleren Spiel, ohne dabei auf die Genauigkeit zu verzichten. Dazu tragen Trainingsformen bei, die eine bessere Wahrnehmung und verkürzte Orientierung, veränderte Umschaltfähigkeit, Beidfüßigkeit im Passspiel, die Athletik der Spieler und die mentale Stärke in Form der Wettkampfruhe am Ball berücksichtigen.

Das flache Spiel setzt ein anderes Verhalten der Mitspieler ohne Ball voraus. Die Spieler müssen sich so bewegen, dass mehr Angebote an Anspielmöglichkeiten gegeben sind und die freien Räume besetzt werden. Die Bildung von Dreiecken und das Belegen der Fensterpositionen in Breite und Tiefe machen ein flaches Passspiel möglich, weil die Passwege frei sind. Die Pässe sollten flach, präzise und hart sein zur leichteren Ballverarbeitung, Ballkontrolle und Spielbeschleunigung. Hieraus ergeben sich Bewegungsvorteile für den einzelnen Spieler mit Ball. Die Spieler ohne Ball erarbeiten sich diesen Bewegungsvorsprung durch Tempo- und Richtungswechsel oder durch Auftaktbewegungen. Diese Art des Fußballspiels führt zur Ballzirkulation und Ballsicherheit in der ganzen Mannschaft. In dieser Form bleibt immer noch genug Raum für die individuelle Spielweise der dribbelstarken Spieler. Ziel ist die Ballzirkulation in alle Spielrichtungen mit dem Rhythmuswechsel, um dann den Pass in die Tiefe oder in die Diagonale zu spielen.

Komplexe Spiel- und Übungsformen

Komplexen Übungs- und Spielformen führen dazu, dass die Spieler an die Anforderungen des Wettspiels herangeführt werden. Es wird in Kleingruppen trainiert und auf schnelles Kombinationsspiel Wert gelegt. Die Spieler sollen wenig mit dem Ball laufen, sondern nach einer kurzen Verarbeitungsphase den Ball weiter spielen. Geeignet sind auch Spielformen in Überzahl. Dabei sollen die Mitspieler die technischen und taktischen Grundelemente einsetzen. Natürlich braucht das schnelle Kombinationsspiel wieder das Basiselement Passen. Um das Passspiel in den komplexen Kombinationsformen noch besser anzuwenden, eignen sich die komplexen Übungsformen. Diese sind gekennzeichnet durch schnelle Passfolgen und hohe Wiederholungszahlen. Das Passspiel muss beidfüßig flach, genau und druckvoll sein und Qualität besitzen, die es dem Mitspieler ermöglicht, den Ball problemlos zu verarbeiten oder weiterzuleiten.

Praxisformen

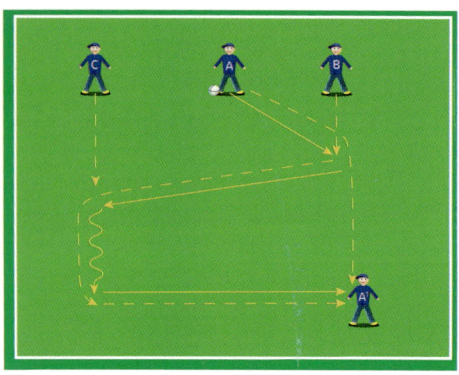

Dreierwechsel
Drei Spieler stehen nebeneinander im Abstand von 5–10 m je nach Alter und Leistungsstand. Der mittlere Spieler A hat den Ball und spielt B an, B spielt dann C an und C wieder A'.
Jeder Spieler läuft seinem gespielten Ball nach in die Position des angespielten Mitspielers, den er hinterläuft.
Es kann mit 2 Ballkontakten oder direkt gespielt werden.

Kurz – kurz – lang
Drei Spieler stehen nebeneinander im Abstand von 5 m. Der Ball ist bei A und der spielt B an. B spielt zurück zu A und dann erfolgt ein langer Pass von A auf C. Die Folge sind 2 Kurzpässe von C und B und ein langer Pass auf A'. Der mittlere Spieler ist Wandspieler. Es kann direkt oder mit 2 Ballkontakten gespielt werden, und die Abstände können variiert werden.

Diagonale mit Hinterlaufen

Drei Spieler stehen im Abstand von 5–10 m nebeneinander. Der Ball wird von A zu B, von B zu C und dann von C weiter zu A in der Vorwärtsbewegung gespielt. Nach dem Abspiel hinterläuft A die beiden Mitspieler und bietet sich zum Anspiel erneut an und erhält den Ball von C. Die Gruppe bewegt sich diagonal über den Platz. Es kann direkt oder mit einer Verarbeitungsphase gespielt werden.

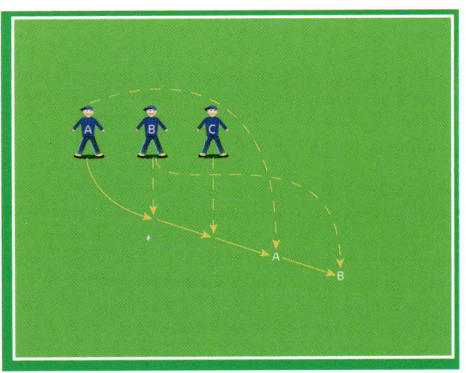

Lang – kurz mit Ballverarbeitung

Spieler A spielt einen weiten Pass (20–30 m) auf B, B leitet den Ball kurz auf C weiter, der sich mit dem Abspiel von A genähert hatte. Dann spielt C lang auf A und B bietet sich kurz an. Nach der Ballverarbeitung spielt B lang auf C und A kommt kurz. Der lange Pass soll die Spielverlagerung andeuten und der kurze Pass die Antizipation der Hilfe des jeweiligen Mitspielers.

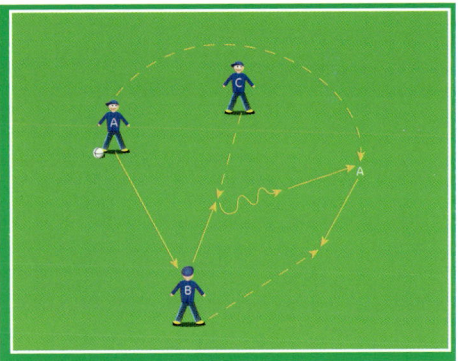

Farbenspiel mit 3 Gruppen

Wir haben drei Gruppen mit unterschiedlichen Symbolen und je 4 Spielern. Dabei spielen die Blauen den Ball immer zu den Roten und die Roten spielen den Ball immer zu den Orangenen, dann diese wieder zu den Blauen. Alle 12 Spieler bewegen sich in einem Raum von 30 x 30 m und passen sich den Ball von Gruppe zu Gruppe. Später nehmen wir einen zweiten und dritten Ball hinzu. Aufgrund der 4 Anspielmöglichkeiten in jeder Gruppe sollten Ballverluste ausgeschlossen sein. Durch Kommunikation und Gesten sowie Laufverhalten kann das gezielte Abspiel unterstützt werden.

4 Kombinationsspiel

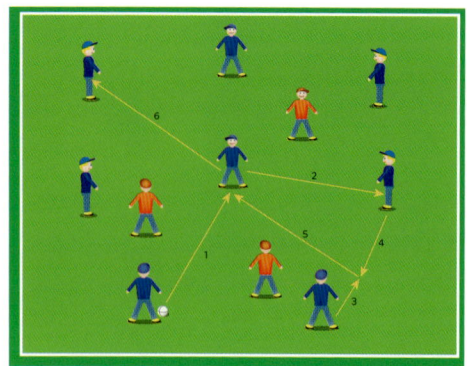

Wagenrad
Das Wagenrad wird 8:3 (6:2) in einem begrenzten Raum gespielt (Rechteck oder Kreis). Dabei sind 7 (5) Spieler außen aufgestellt und ein Spieler ist zentral ein ständiger Anspielpunkt. Die 3 (2) Abwehrspieler versuchen, den Ball zu erobern. Das Spiel soll direkt oder mit 2 Ballkontakten durchgeführt werden.
Die Außenspieler sollen sich seitlich auf Gassenpositionen zum zentralen Anspielpunkt verschieben. Das gilt auch für den zentralen Spieler, der immer versuchen sollte, die Gassenposition zu besetzen. Der zentrale Spieler darf nicht gedeckt werden.

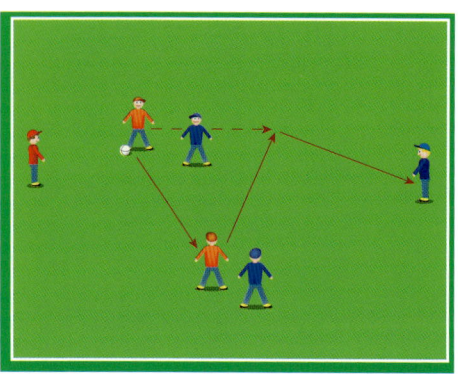

Klassisch 4:2 oder 2:2+2
Die klassische Spielform 4:2 kann man abändern zu 1+2:2+1 (2 neutrale Spieler). Es wird in einem begrenztem Raum 15x15 m gespielt. In diesem Raum wird 2:2 gespielt (rot gegen blau) und am Spielfeldrand steht auf jeder Seite ein neutraler Spieler, einer rot und einer blau. Die beiden neutralen Spieler können in das Spiel einbezogen werden. Der neutrale rote Spieler wird nach Anspiel von rot eingewechselt. Der andere neutrale Spieler (blau) kann auch von den Ballhaltern in das Spiel miteinbezogen werden, ohne jedoch in die fremde Farbe einzuwechseln. Somit spielt die Ball besitzende Mannschaft 2:2 plus 2.
Ziel ist es, durch Einbeziehen der neutralen Spieler den Gassenpass zu fordern und sicher in der Überzahl zu spielen.
Als Variante kann auch 2:2 (rot gegen blau) mit 4 Neutralen (2 rot, 2 blau) gespielt werden. Die Außengruppe mit 4 Neutralen wird nach einer kurzen Spielzeit (2–3 Minuten) eingewechselt. Wie in der Grundform können die Spieler der gleichen Farbe angespielt werden und mit Ball nach innen wechseln. Es kann zusätzlich mit kleinen Toren gespielt werden.

Spiel 3:3 im Raum
In der schwierigen Gleichzahl sollen nun die in der Überzahl geübten Formen Anwendung finden. Als freies Spiel in einem begrenzten Raum von 20 x 20 Meter soll die Kombination als Passspiel durch das gezielte Dribbling ergänzt werden. Es wird jeweils 3–4 Minuten gespielt mit mehreren Wiederholungen um die Spieldynamik hoch zu halten. Außerdem sollten taktische Elemente wie Doppelpass, Hinterlaufen

oder Übernehmen des Balles eingesetzt werden. Die Spieler sollen die taktischen Grundfertigkeiten anwenden.

Spiel 3:3 auf 4 Tore

Die Spielzeit ist jeweils 3–4 Minuten. Jede Mannschaft hat 2 kleine Tore zu verteidigen und kann auf 2 kleine Tore angreifen. Besonderer Schwerpunkt ist hier die Spielverlagerung, um dadurch kurzfristig das Überzahlspiel vor dem anderen Tor zu erzielen.

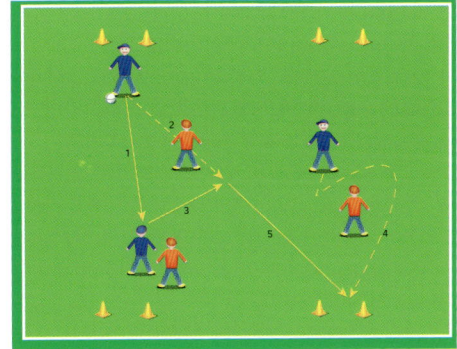

Spiel 3:3 im Wechsel von Angriff und Abwehr

Wir haben 4 Gruppen mit jeweils 3 Spielern und die Torleute. 2 Dreiergruppen stehen im Angriff neben dem Tor und 2 Dreiergruppen in der Abwehr neben dem Tor. Nun spielt ein Spieler aus einer Dreiergruppe A einen langen Pass auf die Angreifer B. Dies ist für B das Signal zum Angriff. Die Dreiergruppe A als Abwehr verlässt die Torlinie und eilt organisiert den Angreifern entgegen. Nach

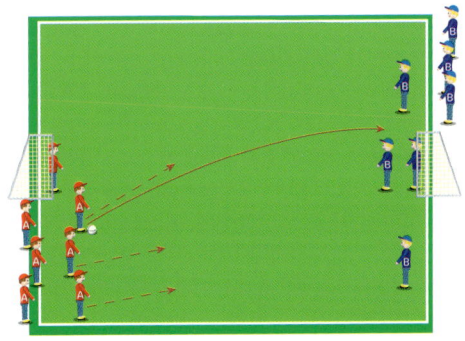

dem Angriffsabschluss wechseln die Mannschaften die Aufgaben und die pausierenden Gruppen werden nun durch den Eröffnungspass eines Spielers ins Spiel gebracht.
Diese Form kann ergänzt werden durch neutrale Spieler im Außenbereich, die das Flügelspiel verstärken sollten.

Spiel 6:6 auf Tore

Das Spiel 6:6 wird auf 2 Tore gespielt mit Torleuten als freies Spiel. Die Mannschaften sollen jeweils in dem System 4:2 oder 3:3 spielen. Dabei soll die abwehrende Mannschaft in der Raumdeckung agieren. Auch hier können neutrale Spieler im Außenbereich das Flügelspiel verstärken. Ziel ist es, die geübten Elemente zur Verbesserung des Kombinationsspiels wie Kurzpassspiel, Spielverlagerung, Dribbling, Gassenposition und Verlassen des Deckungsschattens

wahrzunehmen und umzusetzen. Die Wiedererkennungsleistung steht bei den Spielern im Vordergrund. Von dem Trainer sollte schonend Einfluss genommen werden unter dem Motto: „Trainiere den Spieler, sich selbst zu trainieren" (Steve Fairbain)

Einfach- und Mehrfachaufgaben

Die Einfach- und Mehrfachaufgaben stehen in engem Zusammenhang zur Konzentration, die dabei verlängert wird. Ziel ist es, über diesen Ansatz mit verschiedenen Aufgaben zusätzlich das Kombinationsspiel zu verbessern. Dabei ist festzustellen, dass das Zusammenspiel nur so gut sein kann wie das einzelne Element. Eine Einfachaufgabe verlangt vom Spieler lediglich die Umsetzung eines Elements. Zum Beispiel loslaufen in der Mitte und auf das Tor schießen oder loslaufen am Flügel und flanken. Die nächste Stufe wäre die Zweifachaufgabe. Der Torwart wirft den Ball ab, der Spieler am Flügel nimmt den Ball mit und flankt. Eine Dreifachaufgabe besteht darin, dass der Torwart abwirft, der Ball verarbeitet wird, ein Doppelpass gespielt wird und dann mit einer Flanke oder einem Torschuss abgeschlossen wird. Diese Form von Einfach- zu Mehrfachaufgaben im Training verlangt von den Spielern ein hohes Maß an Konzentration, um die einzelnen Elemente exakt und erfolgreich auszuführen. Eine weitere Differenzierung ist jederzeit möglich. So könnte verlangt werden, dass die Flanke gezielt auf den ersten oder zweiten Pfosten gespielt wird. Oder die Flanke soll mit sehr viel Schnitt und Zug in Kopfhöhe geschlagen werden. Das sind feine Unterscheidungen, die vom Spieler die volle Konzentration verlangen.

Der Trainer kann nun entsprechend der Altersgruppe und dem Leistungsniveau unterschiedliche Herausforderungen stellen. Alle Mehrfachaufgaben sollten so gestellt sein, dass sich die Übung als Intervallform darstellt und zeitlich verlängert werden kann. Das bedeutet, dass sich die Spieler auf die anstehende Aufgaben sehr konzentrieren müssen. Ansonsten würden die Mitspieler vergeblich auf einen genaues Zuspiel warten, weil die Flanke hinter das Tor geht oder andere technische oder taktische Fehler den Übungsablauf stören.

Neben dem Intervallcharakter können die Übungen so angelegt werden, dass eine Endlosform entsteht. Im Intervallprinzip kann die Übung auch einmal von rechts und einmal von links durchgespielt werden, womit dann zusätzlich die Beidfüßigkeit trainiert wird.

Mehrfachaufgabe

Vom Einpass- zum Mehrpassspiel

Eine Besonderheit und ein Erkennungsmerkmal des guten Kombinationsspiels ist die Ballstafette, der Kombinationsfluss, das Spiel über mehrere Stationen. Der Weg vom Einpass- zum Mehrpassspiel braucht einmal eine Überzahl der eigenen Mannschaft als Ballhalter in Ballnähe und die Antizipation von Spielmöglichkeiten. Dabei ist nicht von Angriffsspiel ausschließlich die Rede, sondern das Kombinationsspiel als Stärkung des eigenen „Ichs" als Spieler und Mannschaft zu sehen und zu empfinden. Wir hören häufig in Kommentaren: „Das Spiel läuft an ihm vorbei" oder ein Spieler hält das Spiel bei Ballbesitz immer an (stop and go). Das gilt es durch das Kombinationsspiel zu verhindern, um darüber bei einzelnen Spielern Ängste abzubauen, Fehler zu machen und sie in das Spiel zu integrieren. Die Antizipation im Spiel bezieht sich sowohl auf das Verhalten der Mitspieler und Gegenspieler als auch auf die Abläufe in Raum und Zeit. Dabei ist international festzustellen, dass sich der anzuspielende Spieler bereits häufig in dem Raum befindet und nicht erst in den Raum sprintet.

Somit kann der Spieler ohne Ball durch trabendes, schonendes Laufverhalten sich in den Raum begeben und ein Anspiel erwarten (Antizipation). Das überraschende, unvorbereitete Einbinden von Mitspielern ist somit auszuschließen, denn alle sind ständig in Bereitschaft. Ziel der Ballstafetten ist die Ballzirkulation.

Doppelpass, Hinterlaufen und Ballübernahme

In einem Block zum Kombinationsspiel dürfen die spieltaktischen Grundelemente des kreativen Spiels Doppelpass, Hinterlaufen und Ballübernahme nicht fehlen. Hier soll ein methodischer Weg aufgezeigt werden, wie alle drei Spielformen nach einem Prinzip vermittelt werden können. Dadurch haben es die Spieler leichter, die Muster im Spiel wiederzuerkennen und selbstständige Lösungen zu finden.

Bei einem Doppelpass muss mindestens ein Gegenspieler ausgespielt werden. Das Anspiel kann flach oder hoch sein, der Wandspieler kann nach einer Auftaktbewegung dem Ball entgegen starten. Er kann den Doppelpass spielen oder die Option wahrnehmen, selbst zu gehen.

Beim Hinterlaufen zieht der angespielte Spieler mit dem Ball nach innen und macht den Raum frei zum Hinterlaufen. Nun kann der Ballhalter den Pass in den Lauf spielen oder die Option wahrnehmen, eine andere Anschlussaktion einzuleiten.

Bei der Ballübernahme läuft der ballführende Spieler auf den Mitspieler zu und dieser übernimmt den Ball. Der Ball darf nicht im letzten Augenblick gespielt werden und die Übergabe erfolgt bei beiden Spielern entweder mit dem rechten oder linken Fuß. Die Übernahme kann von innen nach außen oder umgekehrt stattfinden. Beide Formen sind reizvoll und ermöglichen einmal den Torschuss von innen oder die Flanke von außen im Rücken der Abwehr.

Basisdreieck als methodische Hilfe

Alle drei taktischen Elemente haben eine gemeinsame Basis, die sich im Basisdreieck darstellen lässt. Zwei Spieler stehen nebeneinander und ein Hütchen bildet die Spitze des Dreiecks. Nach dem Auftaktpass von Spieler A zum Mitspieler B gibt es verschiedene Laufwege, die deutlich machen, ob ein Doppelpass, ein Hinterlaufen oder ein Übernehmen des Balles erfolgen soll.
» Beim Doppelpass ziehen beide Spieler A und B nach dem Auftaktpass nach innen zum Hütchen und es wird ein Doppelpass gespielt.
» Beim Hinterlaufen zieht der Spieler B mit Ball nach innen zum Hütchen und Spieler A hinterläuft.
» Beim Übernehmen des Balles läuft B mit Ball wieder auf A zu und übergibt den Ball wieder an A.

Wenn die Formen von der einen Seite gespielt wurden, können sie sofort nach Beendigung von der anderen Seite gespielt werden wie ein Kontinuum.
Als weitere Möglichkeit sind die Übungen mit einem Torabschluss möglich.

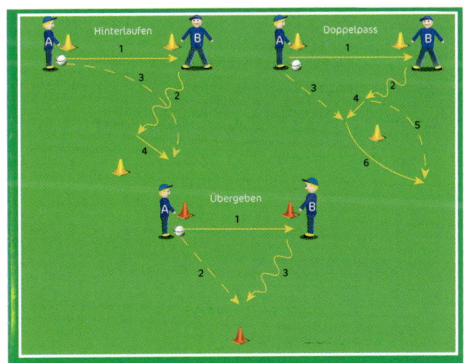

Praxisformen

Grundübungen zum Doppelpass

Spieler A mit Ball läuft auf den Gegenspieler C zu. Dann spielt A mit B den Doppelpass. Bei der Variante spielt A nun B an. Der Gegenspieler C steht im Rücken von B und lässt nach Laufrichtung von A den Ball nach rechts oder links abtropfen. B rollt nun auf der entgegengesetzten Seite nach außen ab und erhält den Pass von A in den Lauf. Wenn B den Ball nicht abtropfen lässt, geht B selbst mit dem Ball und spielt dann erst A wieder an.

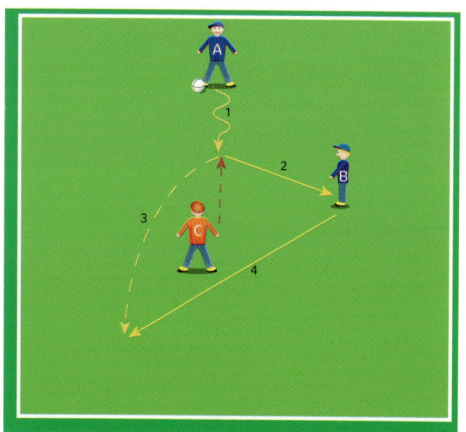
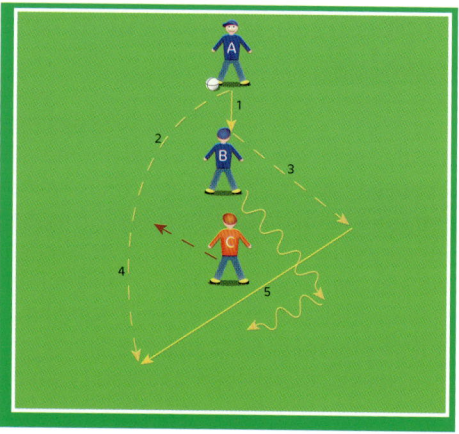

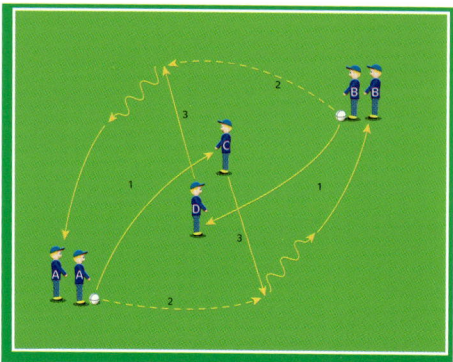

Doppelpass im Kreis

6 Spieler bilden einen Kreis und in der Mitte steht ein Spieler A mit Ball. A spielt den Ball nach außen zu B, B entscheidet sich zu einem Pass zum rechten C oder linken D Mitspieler je nach Laufrichtung von A. Nach dem Pass läuft A zur rechten Seite von B, dann spielt B den Ball zu C und A wird zum Gegenspieler in dem Doppelpass zwischen B und C. A geht dann auf die Position von B und B bindet durch einen Pass den nächsten Mitspieler zum Doppelpass in gleicher Weise.

Doppelpass als Rundlauf

Es wird mit 6 Spielern und 2 Bällen geübt. Auf den Positionen A und B stehen 2 oder mehr Spieler. Der vordere hat einen Ball. Gegenüber von A steht C und gegenüber von B steht D als Anspieler. A spielt C an und läuft vor und erhält den Ball von C als Doppelpass. A spielt dann B an. Gleichzeitig spielte B mit D als Doppelpass und spielt dann auf Position A als Rundlauf. Die Wandspieler C und D sollten getauscht werden.

Doppelpass mit dem 4:2

Es stehen 4 Spieler A, B, C und D außen und 2 Spieler E und F innen. A hat den Ball und passt zu F. Gleichzeitig läuft E Richtung A als Gegenspieler. F lässt den Ball zu A klatschen als Doppelpass. E geht auf die Position A. Nun läuft F in Richtung B und A spielt den Ball zu B, B lässt den Ball zu A klatschen. B bietet sich an und erhält den Ball von A. F geht auf die Position von B. B spielt nun auf C und A ist der Gegenspieler vor C. C spielt den Doppelpass mit B. A geht auf die Position von C. C spielt D an und B ist der Gegenspieler vor D. D spielt den Doppelpass mit C. B geht auf die Position D. D spielt auf die Position A, wo E steht. C wird der Gegenspieler, und E und D spielen den Doppelpass.

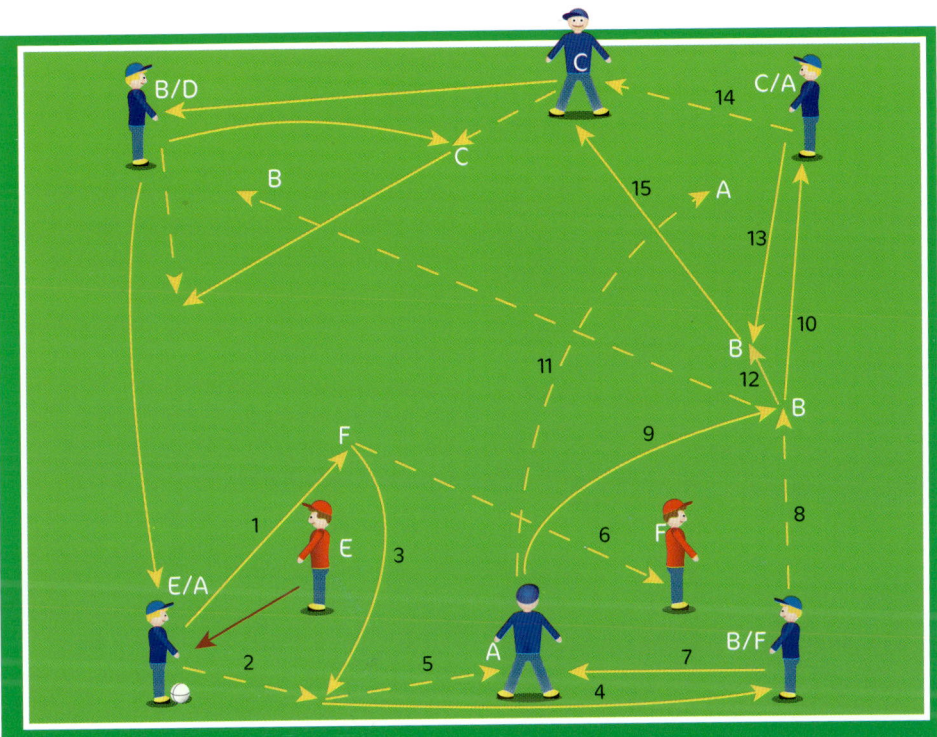

Grundübungen zum Hinterlaufen

Zwei Spieler A und B stehen im Abstand von 5 Metern nebeneinander. A spielt zu B und B bewegt sich mit Ball nach vorne und macht Platz und wird von A hinterlaufen. B spielt zu A und A bewegt sich mit Ball nach vorne und macht Platz und wird von B hinterlaufen. Dieser Ablauf ist mehrfach zu wiederholen und verschiebt weiter nach links.

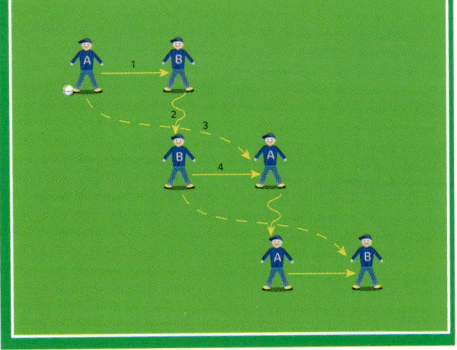

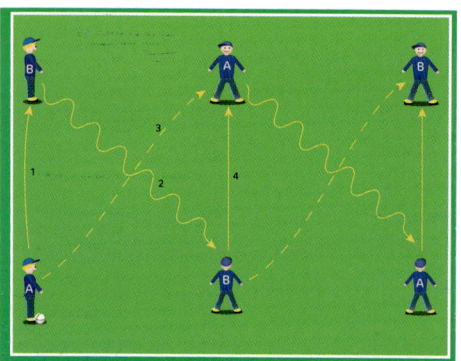

Spielform quer-diagonal

Zwei Spieler A und B stehen im Abstand von 10 Metern nebeneinander in einem begrenzten Korridor. A spielt zu B quer und B startet mit dem Ball diagonal und macht Platz in Richtung eines gedachten Gegenspielers oder Hütchens. B wird von A hinterlaufen und B spielt quer zu A. A startet wieder diagonal mit dem Ball und spielt dann quer zu B. Dieser Ablauf ist mehrfach zu wiederholen. Als Hilfe kann eine Hütchenreihe zur Orientierung aufgestellt werden.

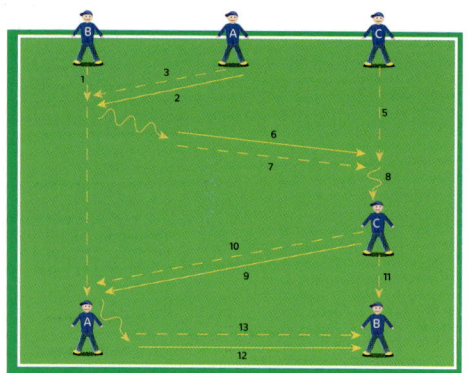

Im Dreierwechsel hinterlaufen

Drei Spieler A, B und C stehen im Abstand von jeweils 10 Metern in einer Linie nebeneinander. B hat in der Mitte den Ball und spielt zu A. A läuft kurz mit dem Ball nach schräg nach vorne auf C. In der Zwischenzeit wurde A von B hinterlaufen. A wiederum hinterläuft C und C läuft kurz mit dem Ball und spielt zu B und hinterläuft B. Dieser Ablauf kann mehrfach wiederholt werden und kann auch direkt gespielt werden.

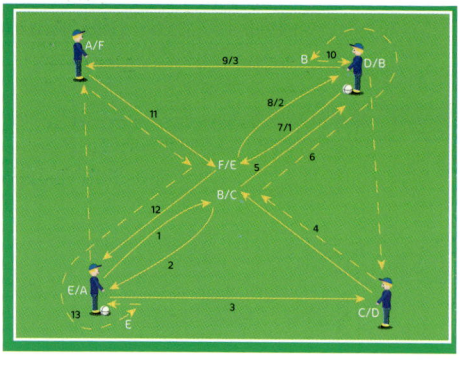

Hinterlaufen mit 2 Dreiecken

Es wird in 2 Dreiergruppen gespielt, die sich mit den Spitzen etwas versetzt in der Mitte bewegen. Die 6 Spieler bilden ein Rechteck. Die 3 Spieler jeder Gruppe A, E und F sowie B, C und D bleiben in ihrem Bereich und wechseln nach dem Passspiel im Uhrzeigersinn die Positionen. A spielt auf B, B lässt klatschen und A spielt auf C, C passt zu B, B spielt weiter auf D und hinterläuft D, der E anspielt, E lässt klatschen zu B und B spielt auf F.

Spieler C wechselt auf B und B geht nach dem Pass zurück auf D und D wechselt auf C.
F spielt auf E und E zu A und hinterläuft A. Spieler A passt zu der Position B, der zu E klatschen lässt und dann auf C spielt.
A wechselt zu F, F zu E und E geht nach dem Pass auf die Position von A.
Es wird in den Positionen A und D gleichzeitig mit der Übung begonnen.

Hinterlaufen in der Raute

Es stehen 5 Spieler in einer Raute und auf der Ballposition A sind zwei Spieler. A spielt zu B, B zu C und C spielt diagonal wieder auf A, der B hinterläuft und dann D anspielt. D kann das Anspiel rechts oder links wählen, dann spielen sich erst B oder C den Ball quer zu.
D spielt C an und D hinterläuft den angespielten Spieler C und erhält den Ball von dem dritten Spieler B zurück. B und C können nach dem Passspiel die Positionen wechseln. D spielt E an. Nach mehreren Durchgängen sollten B und C ausgewechselt werden.

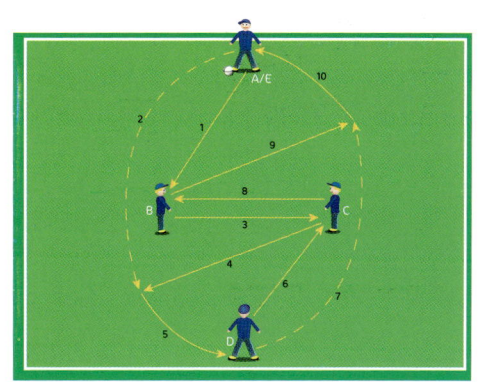

Hinterlaufen als Rundlauf mit zwei Startpositionen

Es wird von zwei Seiten identisch gespielt. A spielt B durch ein Tor an, der spielt weiter auf C und geht dem Ball nach. A läuft nach dem Pass auf B durch das Tor und erhält den Ball von C, der dann das Tor hinterläuft und von A den Ball bekommt. C spielt dann auf die zweite Startposition, wo zeitgleich dieselbe Form durchgespielt wurde.

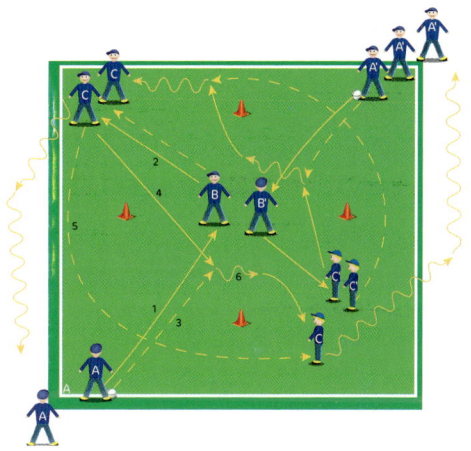

Hinterlaufen als Rundlauf mit 4 Stationen und einem Ball

Die Spieler stehen in einer Raute mit etwa 10 Meter Abstand. Auf der Ballposition stehen 2 Spieler. A spielt B an, B zieht nach innen und wird von A hinterlaufen, B spielt A an und A passt auf C und geht auf die Position B. C zieht mit dem Ball zur Mitte und wird von B hinterlaufen, spielt B an, der dann D anspielt und auf die Position C wechselt. D zieht ebenfalls zur Mitte und wird von C hinterlaufen, D spielt C an, der auf E spielt und auf die Position von D geht. E zieht zur Mitte und wird von D hinterlaufen und spielt D an. D spielt auf A und läuft auf die Position von E.
Damit wären alle Spieler jeweils nach dem Hinterlaufen eine Position weiter gerückt.

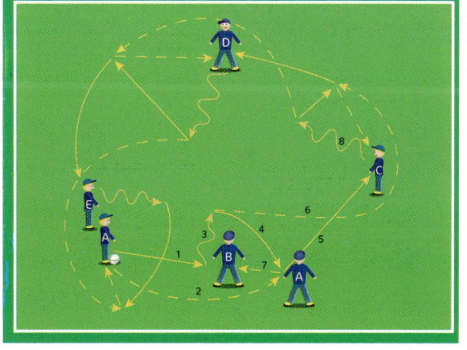

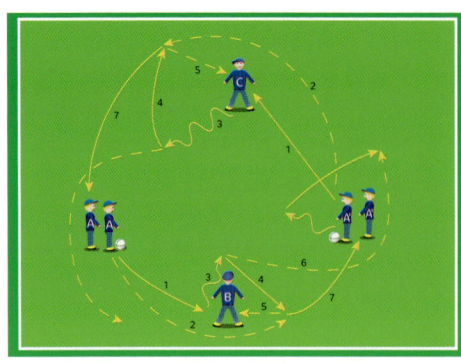

Hinterlaufen als Rundlauf mit 4 Stationen und 2 Bällen
Es wird wieder in der Raute gespielt und auf den beiden Ballpositionen stehen 2 Spieler. Es wird zur gleichen Zeit bei A und A1 begonnen. A spielt auf B, der mit dem Ball nach innen zieht und von A hinterlaufen wird und wieder auf A spielt, der dann die zweite Startposition A1 anspielt.

Grundübungen zur Ballübernahme

Übernahme in Paaren
Zwei Spieler A und B stehen sich im Abstand von 15 Metern gegenüber. A läuft mit Ball auf den entgegenkommenden B zu und der Ball wird rechts-rechts oder links-links übergeben.

Pendelstaffel
Drei Spieler spielen sich den Ball zu. A mit Ball läuft auf B zu und übergibt B den Ball. B läuft auf C zu und übergibt den Ball.

Übernehmen im freien Raum in der Gruppe
Mehrere Spieler spielen nun in einem begrenzten Raum die Ballübernahme in freier Form jeder mit jedem. Dabei kann die Zahl der Bälle erhöht werden, damit das Übernehmen häufiger gespielt wird.

Übernehmen mit Torabschluss oder Flanke
Es wird in Paaren gespielt, die etwa 10 Meter auseinander stehen. A läuft auf B zu und übergibt den Ball an B, der dann zum Torschuss kommt oder zur Flanke.
Als Variante bewegen sich die Paare getrennt in zwei kleinen Räumen und haben eine Nummer. Der Trainer ruft nun eine Nummer und das Paar läuft aufeinander zu und übernimmt den Ball vom Partner. Es ist egal, wer den Ball in welchem Raum hat.

Übernehmen in der Dreiergruppe

Es wird mit zwei Dreiergruppen gespielt. Je drei Spieler sind die Abwehr und drei Spieler mit einem Ball bilden die Angreifer. Die Angreifer A, B und C stehen nebeneinander im Abstand von je 10 Metern. Der mittlere Spieler B hat den Ball und spielt in Richtung C, C übernimmt den Ball außen von B und führt den Ball A zu. A übernimmt außen den Ball und läuft Richtung B. Dieser Ablauf ist ständig zu wiederholen.

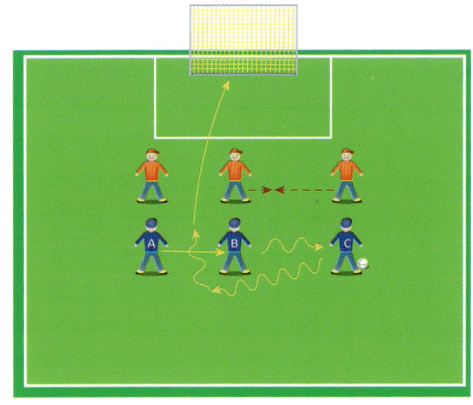

Danach werden die Abwehrspieler den Angreifern A, B und C zugeordnet. Diese folgen immer den Gegenspielern mit und ohne Ball. Ziel der Angreifer ist es, dass sich die Verteidiger gegenseitig behindern. Es kommt zum Abstreifen der Gegenspieler und so ergeben sich in der Abwehr Lücken, die die Angreifer zum Torabschluss nutzen sollten.

Danach kann als Variante frei gespielt werden und mit dem Übernehmen der Torabschluss gesucht werden.

Komplexe Spiel- und Übungsformen zu Doppelpass, Hinterlaufen und Ballübernahme

Die Spielwelle mit den drei taktischen Elementen

Bei der Spielwelle wird mindestens mit 6 Spielern und 2 Bällen von zwei Seiten gestartet. Zwei Spieler mit Ball stehen außen und zwei Spieler besetzen die zentralen Positionen. A startet und spielt B an, B lässt klatschen und A spielt auf C, C spielt D an, D lässt klatschen und spielt die Position A an.

Spielwelle mit Doppelpass

Es wird wieder von zwei Seiten gespielt und es werden zwischen A und B Hütchen als Gegner aufgestellt. Diese werden zum Doppelpass genutzt. A spielt B an, B lässt den Ball klatschen, B startet selbst und erhält von A den Ball als Doppelpass, A geht auf die Position von B und B spielt C. Von C wird D angespielt zum Doppelpass.
Diese Spielform kann auch mit einem Torschuss abgeschlossen werden

4 Kombinationsspiel

Spielwelle mit Hinterlaufen
Es wird wieder von zwei Seiten gespielt und es werden zwischen A und B Hütchen als Gegner aufgestellt. Diese werden zum Hinterlaufen genutzt. A spielt B an, B lässt zu A klatschen, der mit dem Ball nach innen zieht und B hinterläuft A, A spielt dann in den Lauf von B und geht auf die Position B, B spielt C an.
Diese Spielform kann auch mit einem Torschuss abgeschlossen werden.

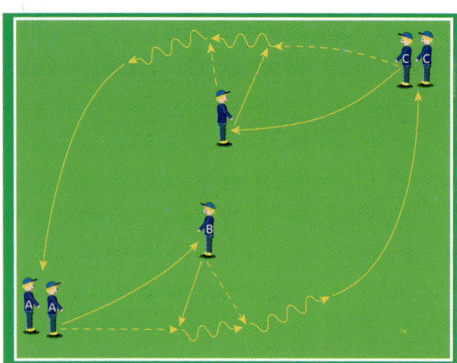

Spielwelle mit Übernehmen
Es wird wieder von zwei Seiten gespielt. A spielt B an, B lässt den Ball klatschen, B startet selbst und erhält von A den Ball durch Übernehmen, A geht auf die Position von B und B spielt C.
Diese Spielform kann auch mit einem Torschuss abgeschlossen werden.

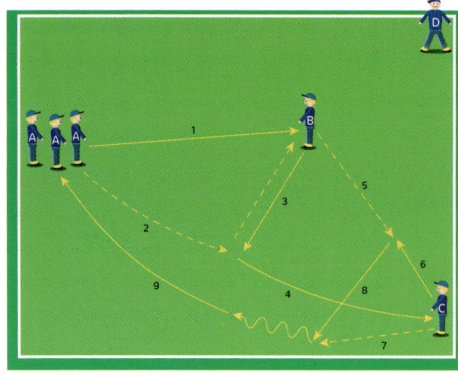

Ypsilonspiel
Für das Ypsilonspiel werden 6 Spieler benötigt. Zuerst wird mit einem Ball gespielt und dann mit zwei Bällen im Wechsel nach rechts und links. Zwei oder drei Spieler stehen an dem langen Stück des Ypsilon mit Bällen. Dann steht ein Spieler an der Gabelung und jeweils ein Spieler rechts und links am Ende des Ypsilon. A spielt auf B, B lässt den Ball nach rechts oder links klatschen zu A, der jetzt den Ball lang zu C rechts oder zu D links spielt und sich auf die Position von B stellt. B dreht sich und erhält den Ball von C oder D und spielt ihn quer zurück zu C oder D, die dann den Ball zu der Startposition spielen. B besetzt die Position von C oder D je nach Spielrichtung.
Wenn mit mehreren Bällen von der Startposition gespielt wird, dann wechselt immer rechts und links, um den Spielrhythmus hoch zu halten.

Ypsilon mit Torabschluss
Das Ypsilon wird normal durchgespielt. Die Aktion wird dann von C und D mit einem Torschuss beendet und auf der Startposition beginnt eine neue Passfolge.

Ypsilon mit Doppelpass

Will man mit Doppelpass spielen, dann werden Hütchen als Hilfen vor B und vor C und D aufgebaut.
Eine anspruchsvollere Doppelpassvariante beim Ypsilon wird mit den Spielern durchgespielt. Zuerst spielt A auf B, B lässt klatschen auf A und A spielt nach rechts zu C. B dreht sich und wird zum Gegenspieler für C, der den Ball zum näher gerückten D spielt und mit ihm den Doppelpass gegen B spielt. B geht auf die Position von C und D geht zurück in seine Position. Beim nächsten Mal wird über links gespielt, dann muss sich der Spieler von rechts nähern und zum Doppelpass gegen den Abwehrspieler anbieten.

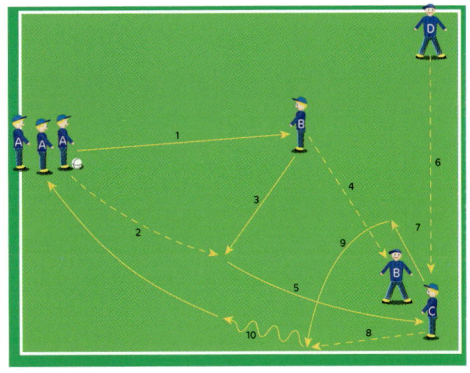

Ypsilon mit Hinterlaufen

Das Ypsilon wird normal durchgespielt. A spielt auf B, B lässt klatschen auf A und A spielt lang auf C rechts oder auf D links. Wenn A lang auf C spielt, ist Spieler D bereits unterwegs zum Hinterlaufen von C. C zieht mit dem Ball nach innen und spielt auf D, der auf die Startposition spielt. B besetzt die Position von D und C bleibt in seiner Position. Nun erfolgt das Spiel über die linke Seite und C hinterläuft dann D und B würde die Position von C besetzen.
Auch diese Spielform kann nach dem Hinterlaufen mit einem Torschuss von D und C abgeschlossen werden.

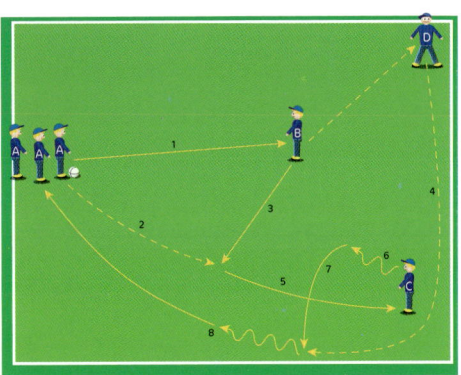

Spiel über dritten Mann

Diese Spielform über den dritten Mann ist ein außergewöhnlich anspruchsvolles taktisches Mittel, das ein gutes Verständnis mehrerer Spieler in Ballnähe voraussetzt. Ziel ist es, dem Gegner in Ballnähe Abwehrarbeit zu erschweren und durch diese verdeckte Spielweise von der Gefahr abzulenken. Grundsätzlich kann man in der Dreiergruppe das Spiel über den dritten Mann üben. A spielt zu B, der zu C und C spielt den freien Spieler A wieder an. Außerdem eignen sich Überzahlspiele wie 5:3 oder 6:4 um das Spiel über einen dritten Spieler zu üben und im Wettkampf solche Spielsituationen wieder zu erkennen und anzuwenden.

Zudem wird das Spiel über den dritten Spieler, der sich ohne Ball bewegt, von den Gegenspielern oft als nicht gefährlich eingestuft wird, weil eben der Ball nicht in der Nähe ist. Da der Ball meistens tief durch das offene Fenster in die Gasse nach außen, in den Rücken der Abwehr, gespielt wird, ist es für die Abwehr dann schwer, wieder hinter den Ball zu kommen und die Lücken zu schließen.

4 Kombinationsspiel

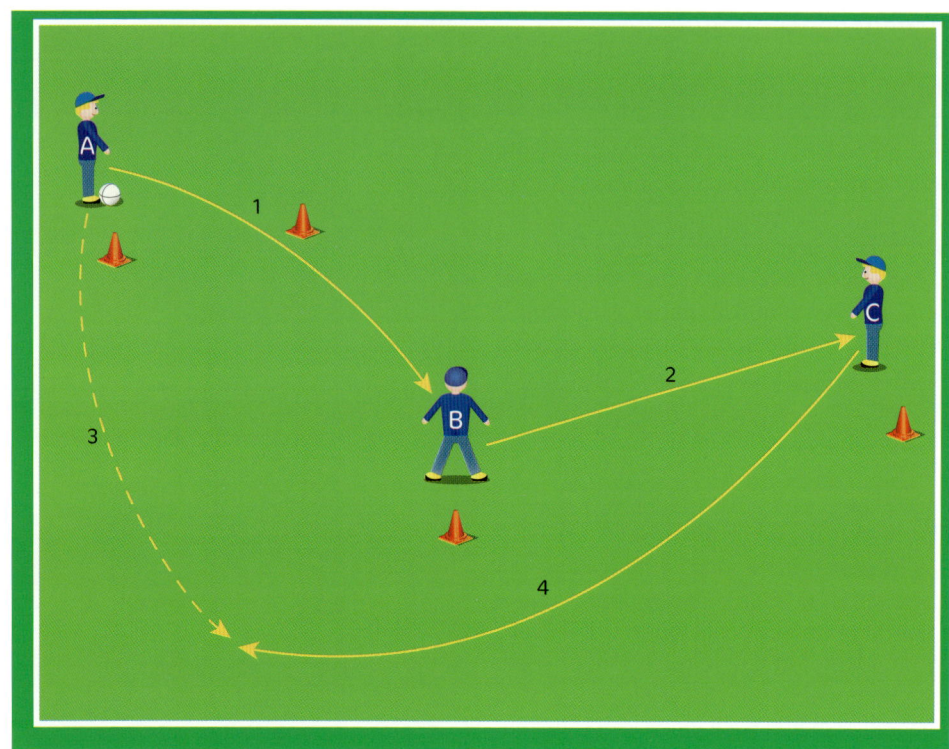

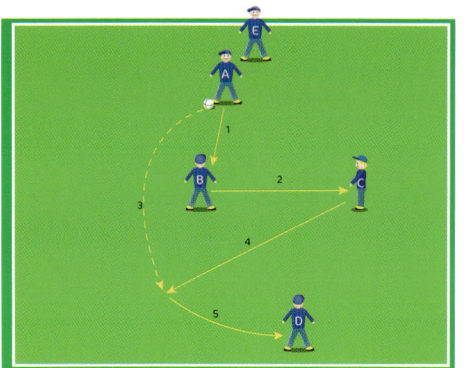

Spielen in der Raute

Es stehen 5 Spieler in einer Raute und auf der Ballposition A sind zwei Spieler. A spielt zu B, B zu C als Spiel über den Dritten und C spielt diagonal wieder auf A der B hinterlaufen hat und dann D anspielt. D kann das Anspiel rechts oder links wählen, dann spielen sich erst B oder C den Ball quer zu. D hinterläuft den angespielten Spieler und erhält den Ball von dem dritten Spieler C oder B zurück. B und C können nach dem Passspiel die Positionen wechseln. D spielt E an. Nach mehreren Durchgängen sollten B und C ausgewechselt werden.

Dreierkreisel

Die drei Spieler stehen als Dreieck und es wird über den dritten Spieler kombiniert. A spielt B in der Spitze des Dreiecks an, der den Ball weiterspielt zu C, A läuft nach dem Pass auf B sofort diagonal los und erhält von C den Pass in die Tiefe. B dreht sich und läuft auf die freie Seite und bekommt das Zuspiel von A. C rückt nach dem Pass auf A in die Spitze des Dreiecks auf die alte Position von B. Nun wird in Gegenrichtung gespielt. B spielt den Pass zu C, der zu A spielt. B geht diagonal und erhält den Pass in die Tiefe von A. C geht in den freien Raum und wird von B angespielt. A steht nun in der Spitze. Die Kombinationsform bleibt am Ort in Form einer Würfelfünf.

Die Übungsform kann auch mit einem Torschuss beendet werden. Dann müssen nur Ersatzbälle vorhanden sein oder der Torwart bringt den Ball ins Spiel zum rechten oder linken Spieler des Dreiecks, damit ein zügiger Ablauf als Endlosform erhalten bleibt.

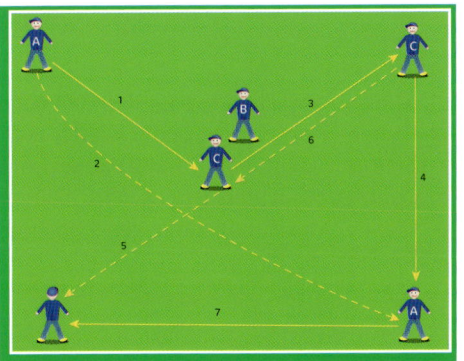
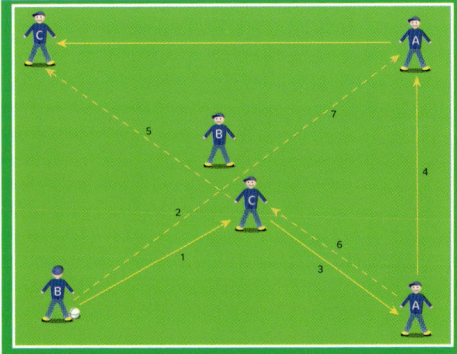

Spiel mit Doppelpass

Die taktische Lösung, beim Doppelpass über den dritten Mann zu spielen, soll den Druck des Verteidigers gegen den Angreifer mindern. A spielt den gedeckten B an, der den Ball zu C weiterleitet. Damit ist erst einmal der Doppelpass unterbrochen und verzögert. A läuft ohne „Auftrag" in den freien Raum und sein Gegenspieler lässt in der Konzentration nach, weil keine Gefahr droht. A weiß natürlich aus dem Training, wie der Ablauf sein wird und nutzt die Verzögerung über C in hohem Tempo aus und erhält den Pass in den Lauf, um mit einer Flanke oder Torschuss abzuschließen.

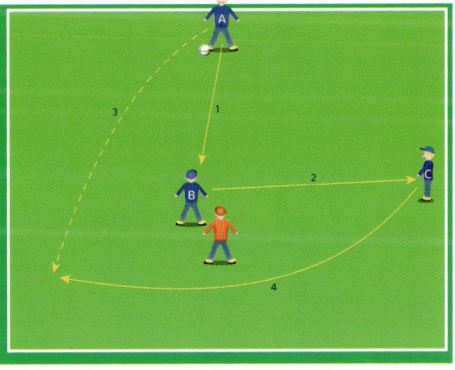

4 Kombinationsspiel

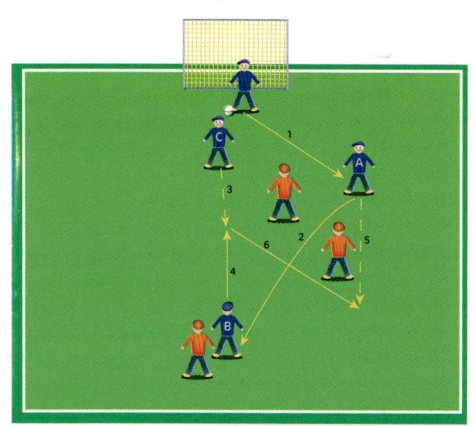

Aus der Abwehr
Ein Spieler A spielt den Ball von der Außenposition diagonal in die Mitte zu B. Spieler B passt den Ball zu einem dritten Spieler C zurück, der das Spiel vor sich hat. Er bedient wiederum den ersten Passgeber A, der sich in der Zwischenzeit in seiner Position verändert und Raum gewonnen hat. Das Spiel über einen dritten Spieler ist auch gut mit dem Hinterlaufen zu verbinden.

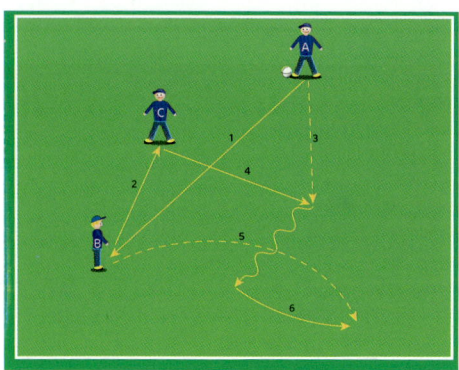

Spiel am Flügel
Ein Spieler A am Flügel spielt den Ball nach innen zu B, der spielt zu C, der wiederum A anspielt und dann von B hinterlaufen wird und den Pass in den Lauf erhält mit der Möglichkeit der Flanke oder des Torschusses.

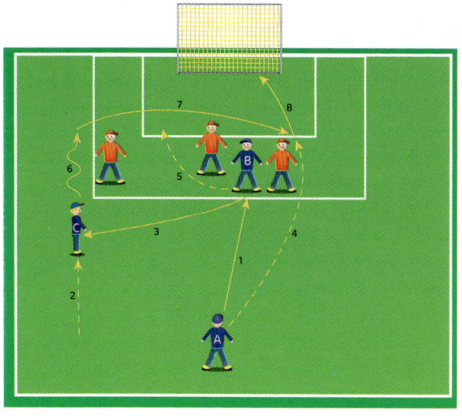

Spiel mit der Spitze
Ein Spieler A spielt aus dem Mittelfeld den Ball tief auf die Sturmspitze B. Dieser leitet den Ball weiter nach außen zu C. Dann läuft C mit dem Ball. Seine Flanke soll den Spieler A aus dem Mittelfeld erreichen, der inzwischen im Strafraum ist.

Endlosformen

Endlosformen als Kontinuum oder Rundlauf ermöglichen hohe Wiederholungszahlen. Insbesondere das Passspiel und die Ballmitnahme sowie der Doppelpass oder das Hinterlaufen sind über Endlosformen trainierbar. Das können reine Übungsformen oder auch Spielformen sein. Dabei ist es für die Spieler wichtig, sich die Kombinationsmuster zu merken. Diese Formen sind nur dann sinnvoll, wenn sie im Wettspiel wieder erkannt werden und Anwendung finden. Dazu verlangen die Übungs- und

Spielformen Basisarbeit in der Technik mit Genauigkeit, Härte, flachem Zuspiel und eine hohe Qualität des Passpiels, das durch die leichte Verarbeitung bestimmt wird. Natürlich gehören dazu auch die Beidfüßigkeit oder das Passen mit der Innen- oder Außenseite je nach Spielsituation. In der Taktik sind zusätzlich die Auftaktbewegungen mit Tempo- und Richtungswechseln und die Beschleunigung in der Ballmitnahme und Ballkontrolle von Bedeutung. Die Kommunikation auf der Ebene von „dreh" oder „klatsch" kann ergänzt werden durch identische oder gegenläufige Pass- und Laufwege. Der konditionelle Zugewinn ist für die Spieler sehr spielnah. Es gibt je nach Spielerzahl kurze und wichtige Pausen, aber es sollte keine Schlangenbildung entstehen.

Für den Trainer haben die Endlosformen den Vorteil, dass die Spieler ständig an ihm vorbei kommen und angesprochen werden können. Dazu zählt die Ermunterung und Motivation genauso wie die Korrektur mit wenigen Worten.

Praxisformen

In der Praxis sollen die Übungs- und Spielformen alle Spieler in Bewegung halten. Es sollte nicht den fixierten Anspieler geben, der nach kurzer Zeit lustlos die Bälle spielt. Er ist meistens durch ein Anspiel mit Rückpass aus seiner Position auszulösen und kann kontinuierlich ersetzt werden. Die dauerhafte Bewegung lässt sich über die Anzahl der Spieler und Bälle und die räumlichen Abstände leicht umsetzen.

Turmspiele

Bei den Turmspielen befinden sich Spieler im Außenbereich einer Spielform, die neutral oder einer Mannschaft zugeordnet ist. Die Idee ist es, die innere Spielform, beispielsweise 2:2, mit 4 Spielern im Außenbereich zu unterstützen. Es ergibt sich eine Überzahl 6:2. Aufgrund dieser Überzahl ist es möglich, das Passspiel und die Laufwege der Innenspieler gezielt zu trainieren. Die äußeren Spieler können Auflagen erhalten, z. B. nur mit einem Ballkontakt zu spielen und im Außenbereich nicht untereinander zu spielen. Die Gruppengrößen sind variabel z. B. mit 4 gegen 4 und 4 Neutralen oder 4:4 mit 4+4 also 8 Neutralen aus zwei Mannschaften.

Als eine Bereicherung kann der Wechsel des Innenspielers mit Ball zum Außenspieler der gleichen Mannschaft gesehen werden, der dann mit Ball ins Spielfeld dribbelt. Dadurch kommt es zu neuen, überraschenden kreativen Aktionen und zur Beschleunigung der Spielform. Damit ist die Spielrichtung immer neu vorgegeben und es kann von einer Seite zur anderen gespielt werden. Das andere Team spielt dann nach der Balleroberung mit den beiden freien Seiten der quadratischen Spielfläche. Zur Verbesserung des Kombinationsspiels sind die Turmspiele in Gleichzahl und Über- und Unterzahl unverzichtbar.

Spielform 2:2+4
Die Spielidee ist ein schnelles Kombinationsspiel, das durch die Außenspieler unterstützt wird. Nach einer Belastungszeit können die Spieler und Aufgaben gewechselt werden.
Als Variante können die zwei Außenspieler der eigenen Mannschaft durch Passspiel eingewechselt werden.
Die Anzahl der Ballkontakte wird je nach Leistungsstand verändert.

4 Kombinationsspiel

Spielform 4:4+4

Bei dieser Spielform ergeben sich durch die größere Anzahl der Spieler im Innenbereich weitere taktische Spielmöglichkeiten wie Doppelpass oder Hinterlaufen. Nach einer Belastungszeit können die Spieler und Aufgaben gewechselt werden.
Als Variante können die je zwei Außenspieler der eigenen Mannschaft durch Passspiel eingewechselt werden.
Die Anzahl der Ballkontakte wird je nach Leistungsstand verändert.

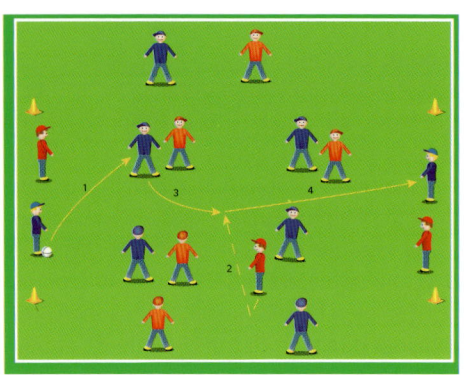

4+4:4+4 als Spielform

In dem Spielfeld wird 4:4 gespielt und jede Mannschaft hat außen 4 weitere Spieler.
Zuerst darf mit allen neutralen Spielern außen gespielt werden. Als Variante wird nur mit den 4 eigenen Mitspielern gespielt, die auch durch Passspiel eingewechselt werden können. Die Anzahl der Ballkontakte sollte dem Leistungsstand angepasst werden. Eine zusätzliche Variante kann die Veränderung der Spielfeldgröße und Form sein. Vom Quadrat zum länglichen Rechteck ergeben sich für die Spieler unterschiedliche räumliche Wahrnehmungen, die andere Spiellösungen erfordern. Nach einer Belastungszeit von 4 Minuten können die Außenspieler alle nach innen wechseln.

Spielverlagerung und Umschaltfähigkeit

Die Elemente Spielverlagerung und Umschaltfähigkeit haben im Fußball eine große taktische Bedeutung und können Einfluss auf die Spielgestaltung und den Spielausgang nehmen. Ausgangspunkt ist die Einordnung der Spielsituation und die dadurch bedingte Spiellösung. Die Spielverlagerung kann in der Breite und Tiefe stattfinden und den Gegner sehr beschäftigen. Die Spielverlagerung verlangt eine offene Spielstellung zur Wahrnehmung und Lösung der Spielsituation.

Die Umschaltfähigkeit wird in erster Linie auf den Wechsel zwischen Angriff und Abwehr und umgekehrt bezogen. Sie unterstützt die Handlungsweise der Spielverlagerung und ist sehr beeinflusst vom Zeitfaktor. Dabei geht es darum schnell die Situation zu erfassen und die Unordnung im Spiel auszunutzen.

Zum Training von Spielverlagerung und Umschaltfähigkeit eignen sich einmal reine Überzahlspiele wie 2:1, 3:1, 4:2, 5:3, 6:4 und 7:5 oder kombinierte Formen mit neutralen Spielern wie 1:1+1, 2:2+1, 3:3+2, 4:4+2 oder 5:5+2. Die neutralen Spieler spielen immer mit der Ball haltenden Mannschaft. Weitere Möglichkeiten zur Spielverlagerung und Umschaltfähigkeit sind 4:2+2, 6:3+3 oder 8:4+4.

Schwerpunkte sind die Verbindung von Ballsicherung und Ballbesitz sowie die Spielverlagerung und Umschaltfähigkeit nach einer Balleroberung. Alle Spielformen lassen sich in festen Räumen mit Linientoren oder gezielt mit Toren spielen.

2:2+1

In einem begrenzten Feld wird 2 gegen 2 mit einem neutralen Spieler gespielt.
Dieser spielt mit der Mannschaft im Ballbesitz und hat die Funktion eines „Notarztes", der ständig für eine Anspielmöglichkeit sorgen sollte und möglichst fehlerlos agiert. Ziel ist ein kreatives Spiel mit Doppelpass und Hinterlaufen. Die Vorgaben können bis zum direkten Spiel gehen. Es kann auf 2 oder 4 kleine Tore gespielt werden.

4:4+2 auf Tore

In dieser komplexen Spielform können die Spielverlagerung und die Umschaltfähigkeit umgesetzt werden. Die beiden neutralen Spieler sollen diese Spielweise unterstützen. Das gilt für die Spieleröffnung als Sechser, beim Ballgewinn und dem gezielten Spielaufbau in die Tiefe und beim Angriffsabschluss mit dem variablen Spiel über außen durch die Mitte. Das Passspiel in die Schnittstellen der Abwehr sollte umgesetzt werden.

4:4+2

Auch hier haben die beiden neutralen Spieler in dem begrenzten Spielfeld den Auftrag, die Mannschaft im Ballbesitz zu unterstützen. Dabei ergibt sich sehr häufig das Passspiel durch die Mitte, um das Spiel zu verlagern.
Als Variante kann mit 2 oder 4 kleinen Toren gespielt werden. Dann hat die ballführende Mannschaft die Aufgabe, das Spiel mithilfe der Neutralen als Sechser zu eröffnen und den Angriff in Überzahl abzuschließen. Bei Ballgewinn des Gegners wird in gleicher Weise gespielt mit schnellem Umschalten.

6:3+3

Es wird in zwei benachbarten Feldern gespielt. Die Mannschaft A am Ball spielt 6:3 und die 3 restlichen Spieler von B warten in dem anderen Spielfeld. Wird der Ball von den 3 Verteidigern gegen die 6 Spieler erobert, wird der Ball sofort lang zu den wartenden 3 Spielern gespielt. Von A kommen 3 Verteidiger dazu und es wird wieder 6:3 gespielt. Die Auflagen können bis zum direkten Spiel gehen. Gleiche Spielweise mit 4:2+2 und 8:4+4.

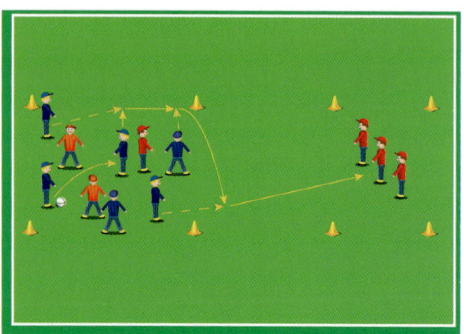

Praxisformen

Spielform 3:1

Die Übungs- und Spielform gehört zu den traditionellen Trainingselementen im Fußball. Auf der Basis 3 Spieler gegen 1 als Laufspiel werden taktische und technische Grundlagen umgesetzt. Aus der Dreiecksbildung sollen sich für den Ballhalter immer zwei Anspielmöglichkeiten durch das Spiel ohne Ball der Mitspieler ergeben. Grundbedingung ist es, nach dem Pass zum Mitspieler nicht abzuschalten, sondern durch erneutes Anbieten Spielbereitschaft zu zeigen. Diese Art des „Schweinchenspiels" in Überzahl muss von allen Spielern beherrscht werden. Ziel ist es, mehr Passsicherheit und Ruhe am Ball durch die Überzahl und das Spiel ohne Ball zu erlangen. In den Spielformen sollten sich diese Kriterien bestätigen und die Wettkampfruhe des Spielers am Ball zeigen.

Für die Praxis wird eine methodische Reihe des 3:1 entwickelt. Allgemeine Vorgaben können sein: Anzahl der Ballkontakte, Beidfüßigkeit, offene Spielstellung, Verhalten des Verteidigers, Passweg ist Laufweg. Steht der Verteidiger zentral, dann hat man außen Zeit, geht der Verteidiger energisch zum Ballhalter, ist Wettkampfruhe gefragt. Das kurze, schnelle und gegenläufige Passspiel ist gefordert.

Praxisformen

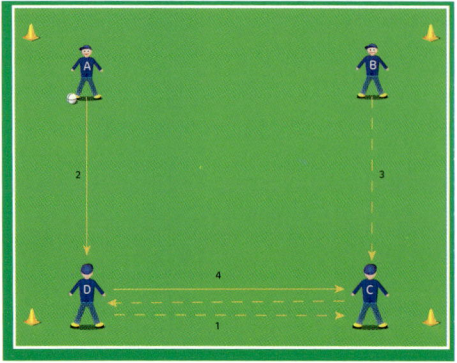

3:0

Es wird ein Viereck aufgebaut und die drei Ecken werden von drei Spielern A, B und C besetzt. A spielt auf die freie Ecke D und C erläuft den Ball, C dreht sich und spielt auf die freie Position zu B, B dreht sich ebenso und spielt A auf dem freien Platz an.
Der Pass wird immer gegen den Lauf auf die freie Position gespielt als Spiel ohne Ball.

3:0 mit Zone

In einem Viereck wird 3:0 gespielt und in der Mitte ist ein Tor, Dreieck oder kleines Quadrat als Tabubereich. Die 3 Spieler A, B und C sollen sich so bewegen, dass sie immer anspielbar sind und sich nicht im Deckungsschatten des Tabubereiches befinden. Der Ball darf nicht durch Zonen gespielt werden. Es muss freier Blickkontakt zum Ball gegeben sein.

3:1 als Basis

Die drei Spieler mit Ball sollen sich so verhalten, dass der Spieler A am Ball immer die beiden Anspielmöglichkeiten B und C hat. Die Mitspieler müssen sich rechts und links vom Ballhalter befinden. Dabei kann die T-Position des Ballhalters mit ausgebreiteten Armen ein Hinweis für die Position der Mitspieler sein in offener Spielstellung.
Wenn der Ball zwischen zwei Spielern A und B kurz gespielt wird, dann muss C jeweils zu der Ballseite wechseln und anspielbereit sein. Bei der Balleroberung wechselt der Verteidiger nach außen und der Spieler mit dem Ballverlust nach innen.

3:1 mit Zonentor

Wie beim 3:0 kommt zu den Zonen nun ein Verteidiger. Beim Zonentor darf der Abwehrspieler nicht durch das 2–3 Meter große Tor durchlaufen. Die Angreifer sollen so spielen und sich ohne Ball bewegen, dass sie ein Tor durch Ausspielen erzielen.
Wird die Übung mit einem Quadrat oder Dreieck als Zone gespielt, können auch Tore erzielt werden, wenn der Ball über zwei Linien zum Mitspieler gespielt wird. Sonst muss außen herum gepasst werden.

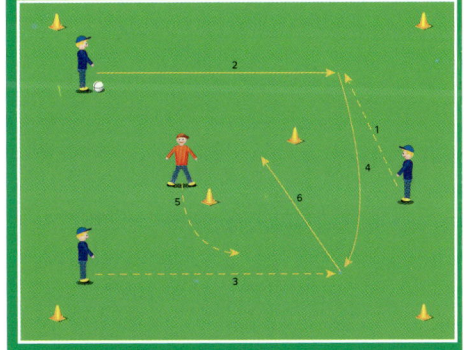

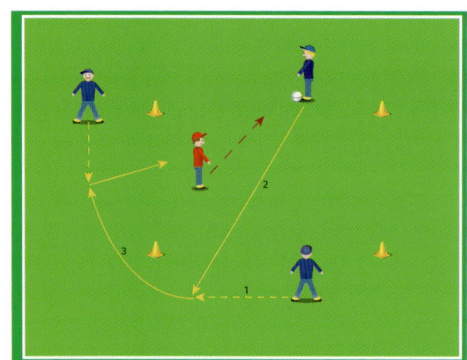

3:1 auf zwei Tore

Es werden zwei 2 Meter große Tore im Abstand von 10–15 Metern aufgebaut und es wird 3:1 im Wechsel gespielt. Es wird auf ein Tor gespielt und der Angriff abgeschlossen. Dann wird der Spieler, der dem anderen Tor am nächsten steht, Abwehrspieler und die anderen 3 Spieler bilden den Angriff. Als Variante kann mit offenen Toren gespielt werden. Dadurch kann sich von den Angreifern schnell ein Spieler in die Tiefe bewegen und das Anspiel fordern.

3:1 mit Raumgewinn

Die Gruppe soll sich über das Spiel 3:1 nach vorne bewegen und Raum gewinnen.
Dabei stehen außen tief zwei Spieler B und C und der dritte Angreifer wird zum Anspieler A im Rückraum. Der Anspieler pendelt immer zwischen B und C. Die Spieler können untereinander die Positionen wechseln, ohne den Spielrhythmus zu unterbrechen. Die Anzahl der Ballkontakte kann verändert werden.

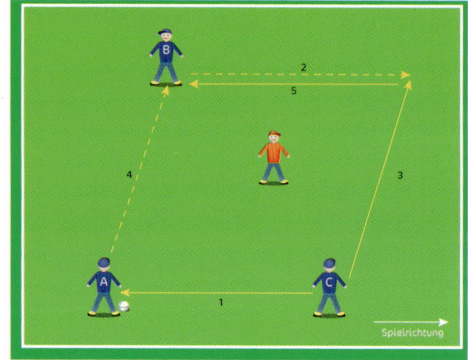

3:1 mit langem Wechsel

Im Feld A wird 3:1 gespielt. Im Abstand von 10–15 Metern steht ein weiterer Spieler, der mit einem Pass zur Spielverlagerung angespielt wird. Nun wechseln die anderen Spieler von Feld A in Feld B und bilden wieder ein 3:1. Der Passgeber bleibt in Feld A und wird zum Wechsel angespielt.

3:1 mit langem Wechsel und Gegenspieler

Als Variante wird zu der vorhergehenden Spielform in den Feldern je ein kleines, offenes Tor aufgestellt. Von Feld A mit 3:1 werden zwei wartende Spieler in Feld B angespielt. Diese spielen 1:1 gegeneinander mit der Möglichkeit, ein Tor zu erzielen. Der Ballbesitzer kann das Spiel auch verzögern, bis die 2 Wechselspieler B und C von Feld A zur Hilfe kommen. Es wird nun 3:1 gespielt mit dem Ziel, ein Tor zu machen. Der Passgeber und der Verteidiger bleiben in Feld A und warten auf das Anspiel.

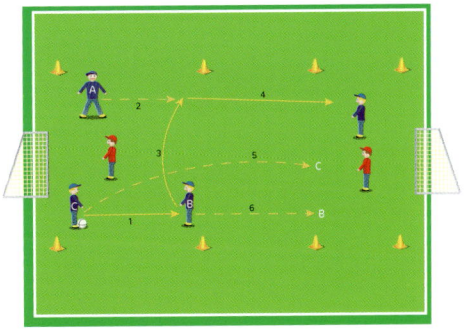

3:1 mit Hinterlaufen und Doppelpass

Es werden zwei Tore mit 2 Metern Größe im Abstand von 10–15 Metern aufgebaut und es wird 3:1 im Wechsel gespielt. Es wird auf ein Tor gespielt und der Angriff abgeschlossen. Dabei sollen die taktischen Elemente Hinterlaufen und Doppelpass als Spiellösung eingesetzt werden. Dann wird der Spieler, der dem anderen Tor am nächsten steht, Abwehrspieler und die anderen 3 Spieler bilden den Angriff. Als Variante kann mit offenen Toren gespielt werden. Dadurch kann sich von den Angreifern schnell ein Spieler sich in die Tiefe bewegen und das Anspiel fordern.

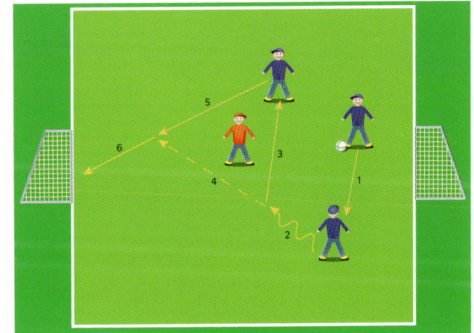

3:1 mit Positionswechsel

Es wird in einem Feld 3:1 frei gespielt und es können die Positionen gewechselt werden, ohne den Spielrhythmus zu unterbrechen oder dass auf einer Position zwei Spieler stehen. Es können auch die taktischen Elemente Hinterlaufen, Doppelpass und Ballübernahme als Spiellösung eingebaut werden. Langes Laufen mit Ball oder Dribblings sind nicht möglich.

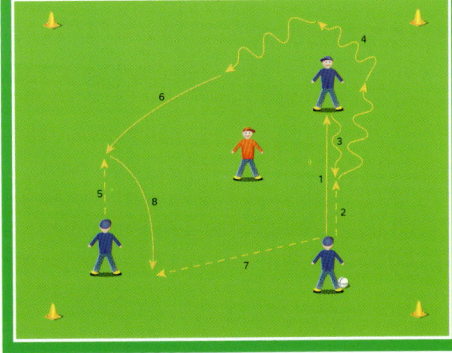

» 4 Kombinationsspiel

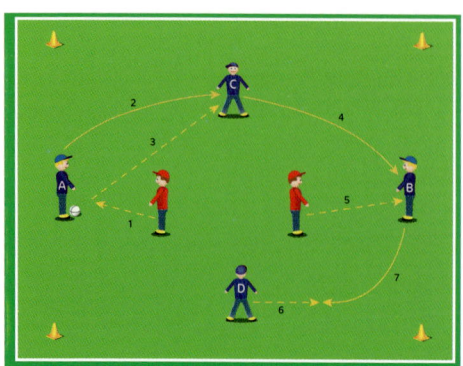

2 x 3:1 in einem Feld

Es wird mit 6 Spielern gespielt. 4 außen und zwei Verteidiger innen, die jeder einer Gruppe und Seite zugeordnet sind. So entstehen aus einer geteilten Raute zwei Dreiecke mit je zwei Spielern auf der Schnittstelle. Die Spieler A und B spielen jeweils mit dem Spieler C oder D als 3:1. Gespielt wird mit einem Ball. Ziel ist ein schneller Wechsel zwischen den beiden Dreiergruppierungen. Gefordert ist die offene Spielstellung.

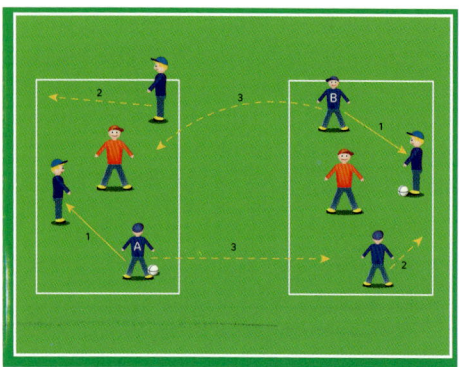

2 x 3:1 in zwei Feldern

Es wird in zwei benachbarten Feldern jeweils 3:1 gespielt. Die Idee ist es, in der ersten Phase die Bälle zwischen den Gruppen zu tauschen, ohne dass das Spiel unterbrochen wird.
In der zweiten Phase sollen die Spieler nach Zuruf die Felder wechseln, ohne dass das Spiel angehalten wird und sich die 3:1-Formen in den Feldern auflösen.
Spieler A und B wechseln das Feld.

3 x 3:1 in vier benachbarten Feldern

Es wird mit 9 Spielern gespielt, die sich als drei Gruppen mit je 3 Spielern zeigen und farblich unterscheiden. Die Felder A, B, C und D sind besetzt und in der Mitte Position E stehen die Verteidiger.
Die Mannschaft im Feld A ist blau, im Ballbesitz und spielt 3 gegen 1 Roten als Verteidiger. Die beiden restlichen Roten warten in Position E. Es muss in der Mannschaft eine bestimmte Zahl (3–5) Pässe gespielt werden. Erst dann kann der Ball zum Wechsel in das Feld B, C oder D gespielt werden. Dort steht jeweils ein Spieler von der Mannschaft orange. Spielt A in Feld B, dann kommen die übrigen 2 Spieler von orange zum Ballhalter und spielen 3:1 rot, der frisch aus der Position E kommt.
Wenn der Verteidiger rot den Ball erobert, wechselt die Aufgabenstellung. Die 3 Roten spielen im eroberten Feld 3:1 und zwar gegen den Spieler der Mannschaft mit dem Ballverlust. Beispiel: Die Blauen verlieren in Feld A den Ball, dann werden sie zu Verteidigern. Ein blauer Spieler im Feld A gegen die roten 3:1 und die beiden weiteren Blauen sind in der Position E wartend. Die Spieler von orange bleiben in den Feldern B, C und D. Es soll

schnell die 3:1-Situation bei Wechsel oder Ballverlust hergestellt werden. Da sind Kopf und Fuß der Spieler gefragt.
Die Anzahl der Ballkontakte kann vorgegeben werden.

Praxisformen

Spielform 4:2
Auch das 4:2 ist ein Laufspiel und gehört zu den traditionellen Trainingselementen im Fußball. In Erweiterung zum 3:1 ermöglicht der vierte Spieler das Spiel durch das „offene Fenster" in die Tiefe und durch die Gasse der beiden Abwehrspieler.
In der Grundaufstellung haben wir 4 Angreifer und zwei Verteidiger.
Diese Art des „Schweinchenspiels" in Überzahl muss von allen Spielern beherrscht werden. Ziel ist es, mehr Passsicherheit und Ruhe am Ball durch die Überzahl und das Spiel ohne Ball zu erlangen. In den Spielformen sollten sich diese Kriterien bestätigen und die Wettkampfruhe und den Überblick des Spielers am Ball zeigen.
Für die Praxis wird eine methodische Reihe des 4:2 entwickelt. Allgemeine Vorgaben können sein: Anzahl der Ballkontakte, Beidfüßigkeit, offene Spielstellung, Verhalten der Verteidiger, Passweg ist Laufweg. Stehen die Verteidiger zentral, dann außen spielen und gehen die Verteidiger nach außen gegen den Ball, dann ist die Diagonale oder Tiefe durch das „offen Fenster" zu spielen. Das kurze, schnelle und gegenläufige Passspiel ist gefordert.

4:0
Die 4 Außenspieler spielen sich den Ball zu und der Passgeber geht seinem Pass nach, um wieder anspielbereit zu sein. Die zweite Hilfe kommt von der jeweils anderen Seite und es bieten sich dem Ballhalter Abspielmöglichkeiten. Wird der Ball diagonal gespielt, müssen die benachbarten Spieler helfen, den Ball zu sichern. Der Ballhalter kann die T-Position einnehmen, um damit den Mitspielern ihren Laufweg anzudeuten und Hilfsbereitschaft zu zeigen. Gefordert ist die Dreiecksbildung.

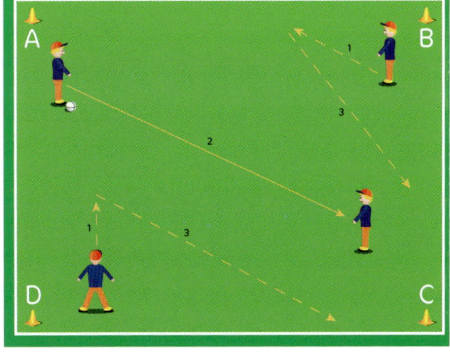

Als Variante sollen die Spieler die gedachten Linien des Vierecks als Orientierung zum besseren Spielverständnis nutzen und ablaufen.

4:2 als Basis

Auch hier gilt, dass der Ballhalter A zwei Anspielmöglichkeiten rechts B und links C durch die Mitspieler erhält. Mit dem Verhalten der Abwehrspieler öffnet sich häufig das Spielfenster und der Pass durch die Gasse zum vierten Mitspieler D wird möglich. Die Abwehrspieler können auf gleicher Höhe im Raum oder als Tandem gestaffelt angreifen. Zur Ballsicherung gilt: Bleiben die Verteidiger innen, dann wird außen herum gespielt. Greifen die Verteidiger nach außen an, muss das Passspiel der Situation angepasst werden. Häufig verstellen die Verteidiger den Passweg durch die Gasse. Dann sind die Außenspieler gezwungen, das Passspiel der Spielsituation anzupassen, bis sich das Bild verändert und ein anderer Passweg sich eröffnet. Bei der Balleroberung wechselt ein Verteidiger nach außen und der Spieler mit dem Ballverlust nach innen.

Als Variante des Wechsels kann in Paaren gespielt werden und mit dem Ballverlust wechseln die Paare ein und aus.

4:2 auf ein zentrales Tor

In einem begrenzten Raum wird 4:2 auf ein mittig stehendes, offenes Tor gespielt.
Es wird in Paaren gespielt A und B gegen C als Verteidiger. Die Abwehrspieler dürfen nicht durch das Tor laufen, um zu verteidigen. Die Angreifer sollen durch das Spiel ohne Ball Anspielmöglichkeiten eröffnen und den Ball so in der Überzahl kombinieren, dass einfache Tore erzielt werden können. Die Anzahl der Ballkontakte kann verändert werden. Gefordert ist die Dreiecksbildung.

4:2 auf zwei zentrale Tore

Es werden im Zentrum zwei kleine, offene Tore aufgebaut. Die Verteidiger dürfen nicht durch die Tore laufen. Die Veränderung zu dem großen Tor ist das Fenster zwischen den Toren, durch den der Pass in die Gasse gespielt werden sollte. Bei der Balleroberung wird auch in Paaren gewechselt.

4:2 auf gegenüberstehende Tore

Es wird auf 2 kleine, offene Tore gespielt, die sich auf dem Spielfeld gegenüber stehen. Wenn nun A und B auf das Tor spielen, verteidigt Paar C. Nach Tor oder Balleroberung wechselt die Spielrichtung. C und B spielen gegen A in der Verteidigung. Die Spitze soll mit dem Wechsel schnell besetzt werden, um das Spiel in die Tiefe zu ermöglichen.
Als Variante kann das Spiel auch mit Torhütern gespielt werden mit einem schnellen Torabschluss. Dazu kommen dann taktische Lösungen wie Hinterlaufen und Doppelpass.

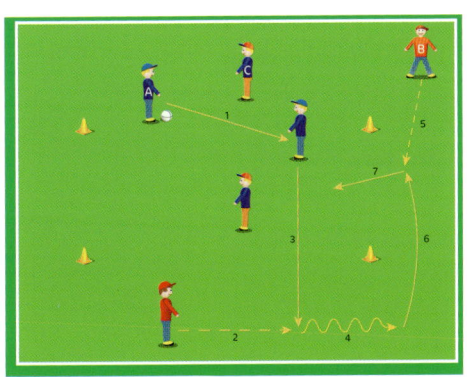 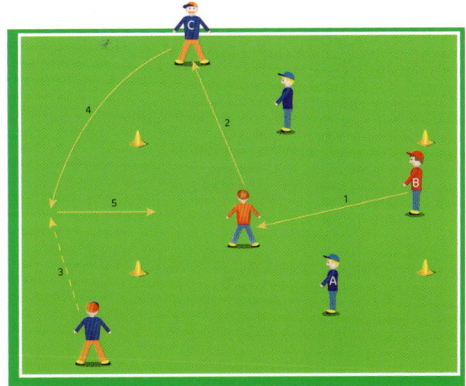

4:2 + 1 mit einem langen Wechsel

Es wird in einem Feld 4:2 gespielt und im Abstand von 20 Metern steht ein weiterer Spieler. Mit einem Pass wird A angespielt. Alle Spieler wechseln in das andere Feld, nur der Passgeber bleibt als Anspieler zurück. Die letzten beiden Spieler bilden die Abwehr.

4:2 + 2 mit einem langen Wechsel und Toren

Es wird in einem Feld A 4:2 gespielt und gegenüber stehen zwei Spieler in Feld B, die den Pass erwarten. Diese werden dann zu Angreifer mit Ball und Verteidiger und spielen auf ein kleines Tor. Die vier Außenspieler kommen von Feld A in das Feld B.
Die Spieler, die zuletzt drüben sind, werden Verteidiger. Die beiden Innenspieler von Feld A werden zum Paar 1 gegen 1. In Feld B wird 4:2 gespielt.

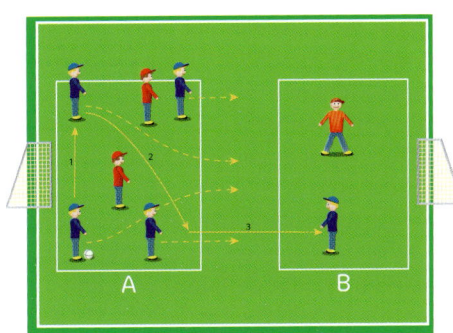 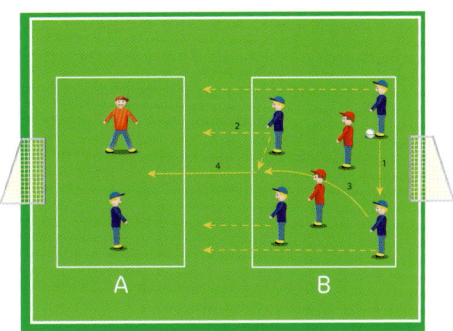

4:2 im Wechsel von Abwehr und Angriff mit Toren

Gespielt wird mit 8 Spielern auf zwei Tore mit Torhütern. Wir trainieren mit dem 4:2 einmal die Spieleröffnung und zum anderen in der Überzahl den Angriffsabschluss.

Vor dem Tor A eröffnen 4 Angreifer gegen 2 Abwehrspieler von B, die die Spieleröffnung stören sollen. Die 4 Angreifer lösen mit Hilfe des bekannten Kombinationsspiels 4:2 die Spieleröffnung. Schafft es Team A über die markierte Mittellinie zu spielen, wird der Angriff von A gegen die 2 restlichen Spieler von B als 4:2 fortgesetzt bis zum Abschluss durch Torerfolg oder Ballverlust. Dann wechselt die Aufgabe und Team B eröffnet mit 4 Spielern gegen 2 Abwehrspieler von A mit 4:2. Wird der Ball von den Verteidigern (rot) erobert, werden die Mitspieler in B angespielt, und es wird das Spiel mit 4:2 eröffnet.

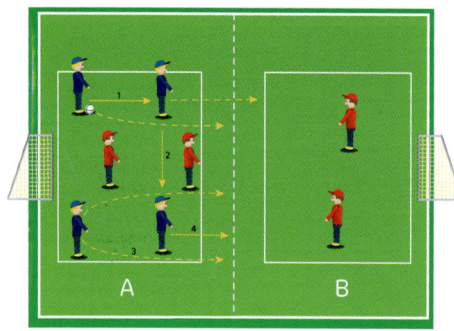
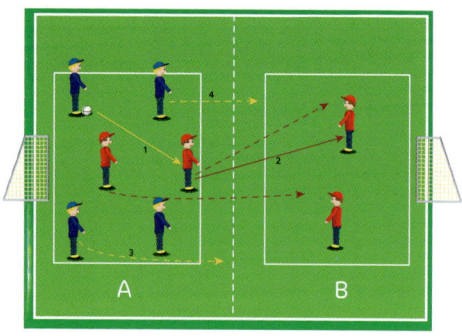

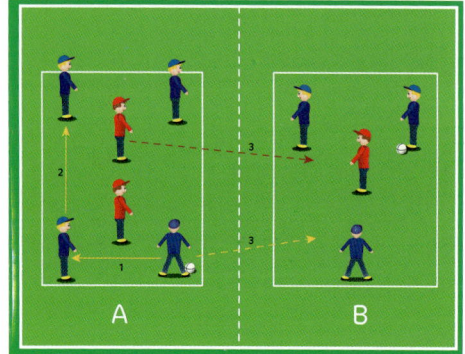

4:2 und 3:1 im Wechsel

Es werden in zwei benachbarten Feldern beide Spielformen 4:2 und 3:1 gespielt. Jede Gruppe hat einen Ball. Nun können die Spieler beider Gruppen die Spielfelder wechseln ohne dass die Spiele unterbrochen werden. Wechseln zwei Spieler vom 4:2 zum 3:1 in Feld B, wird dort 4:2 gespielt und 3:1 in Feld A. Ziel ist die Verbesserung der Aufmerksamkeit und Konzentration sowie der Wahrnehmung und Orientierung.

Fußballwelle vom 2:2:2 über 3:3:3 zum 4:4:4

Ziel und Sinn der Fußballwelle ist ein abwechslungsreiches Kombinationsspiel mit Dribbling oder Vorgabe der Ballkontaktzahl in einer organisierten und überschaubaren Form. Die Spielformen sind zielgerichtet mit schnellem Torabschluss. Es soll zielstrebig und beschleunigend in die Tiefe gespielt werden. Alle Mannschaften durchlaufen denselben Übungsablauf bis zur komplexen Spielform. Die Mannschaften müssen lernen, mit schnellen Veränderungen während der Spielreihe umzugehen. Eigene Korrekturen sind dabei genauso wichtig wie selbständige Entscheidungen, Spielwitz und Kreativität bei der Durchführung der Fußballwelle. Für alle Gruppierungen, ob 2:2:2 und 3:3:3 oder 4:4:4, laufen die methodischen Schritte in gleicher Weise ab. Mit zunehmender Anzahl der Spieler erhöhen sich die Spielvarianten.

Es gibt jeweils drei Gruppen A, B und C, die im Wechsel gegeneinander mit besonderen Aufgaben spielen. Es kann auf 1 oder 2 kleine Tore oder große Tore mit und ohne Torhütern gespielt werden.

Spielwelle 2:2:2

Zuerst greift A gegen B an: 2 gegen 0 Verteidiger, 2 gegen 1 und dann 2 gegen 2. Danach spielt dann B in gleicher Weise gegen C und dann wieder C gegen A usw. Die zahlenmäßige Überlegenheit zu Beginn der Spielform soll mit Positionswechseln das Kombinationsspiel verstärken zum Beispiel dank Hinterlaufen und Doppelpass. Vorgaben sind dabei zwei oder mehr Ballkontakte und das Dribbling ohne langes Laufen

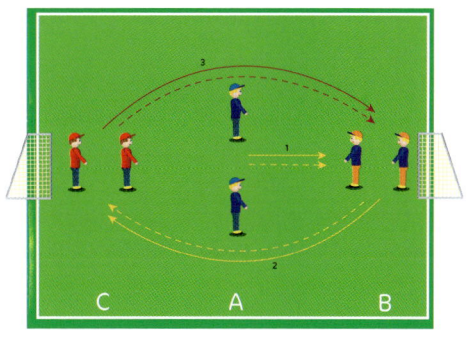

mit Ball. Ein Angreifer sollte variabel die Flügel und die Spitze (Tiefe) besetzen. Sind die jeweiligen Verteidiger ausgespielt, wechselt sofort die Spielrichtung, die Angreifer wechseln in die Abwehr und die Warteposition, die Abwehr wechselt in den Angriff und spielt gegen die dritte Mannschaft.

Spielwelle 3:3:3

Zuerst greift A gegen B an: 3 gegen 0 Verteidiger, 3 gegen 1, 3 gegen 2 und dann 3 Angreifer gegen 3 Gegenspieler von B. Danach spielt dann B in gleicher Weise gegen C und dann wieder C gegen A usw. Die zahlenmäßige Überlegenheit zu Beginn der Spielform soll mit Positionswechseln das Kombinationsspiel verstärken. Neben Hinterlaufen und Doppelpass ist jetzt auch das Spiel über den dritten Mann möglich.

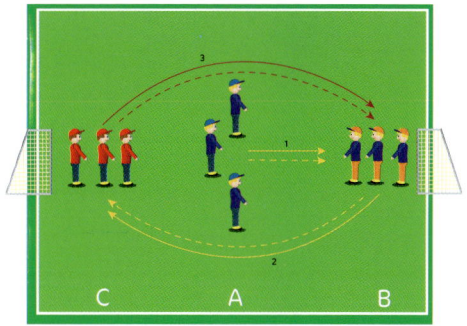

Vorgaben sind dabei direktes Spiel oder zwei oder mehr Ballkontakte, allerdings ohne Dribbling und langes Laufen mit Ball. Die Angreifer müssen die Flügel (Breite) und die Spitze (Tiefe) besetzen. Sind die jeweiligen Verteidiger ausgespielt, wechselt sofort die Spielrichtung. Die Angreifer wechseln in die Abwehr und die Warteposition, die Abwehr wechselt in den Angriff und spielt gegen die dritte Mannschaft.

Spielwelle 4:4:4

Zuerst greift A gegen B an: 4 gegen 0 Verteidiger, 4 gegen 1, 4 gegen 2, 4 gegen 3 und dann 4 gegen 4 Gegenspieler von B. Danach spielt dann B in gleicher Weise gegen C und dann wieder C gegen A usw. Die zahlenmäßige Überlegenheit zu Beginn der Spielform soll mit Positionswechseln das Kombinationsspiel verstärken. Alle taktischen Varianten sind jetzt aus 2:2:2 und 3:3:3 möglich. Vorgaben sind dabei direktes Spiel oder zwei oder mehr Ballkontakte,

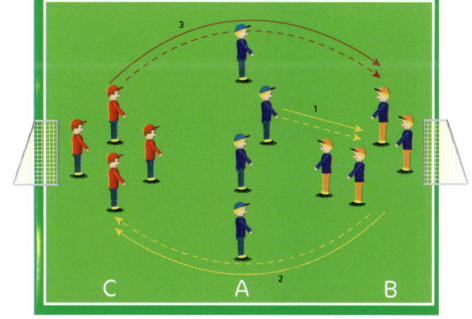

allerdings ohne Dribbling und langes Laufen mit Ball. Die Angreifer müssen die Flügel (Breite) und die Spitze (Tiefe) besetzen. Sind die jeweiligen Verteidiger ausgespielt, wechselt sofort die Spielrichtung. Die Angreifer wechseln in die Abwehr und die Warteposition, die Abwehr wechselt in den Angriff und spielt gegen die dritte Mannschaft.

Eine besondere Herausforderung ist: Die Verteidiger dürfen bei der Balleroberung über die Mittellinie kontern. Die Angreifer haben wiederum die Möglichkeit, bei Rückeroberung des Balls vor der Mittellinie nochmals anzugreifen. Dabei müssen die Verteidiger beim Kontern schnell ihre Positionen in der Spitze und an den Flügeln einnehmen. Dieses gilt für die Angreifer bei einer eventuellen Rückeroberung des Balles in gleichem Maße. Das schnelle Umschalten nach der Balleroberung ist gefragt. Eine weitere Variante ist, wie im Basketball, mit einer Zeitvorgabe zu spielen, in der der Angriff abgeschlossen sein muss (6–8 Sekunden). Gelingt das nicht, kommt die abwehrende Mannschaft in Ballbesitz.

Die Fußballwelle ist gleichermaßen eine Schulung für alle Mannschaftsteile. Je ausgeglichener die Zahl der Angreifer und der Abwehrspieler ist, umso bedeutsamer wird das Dribbling. Aus einem gewonnenen Dribbling ergeben sich eine Überzahl und der Wechsel zum schnellen Kombinationsspiel. Bei den Verteidigern stehen das ballorientierte Verhalten im Raum und das Zustellen der Passwege im Vordergrund.
Umschaltfähigkeit und Spielbeschleunigung werden bedeutsam und die variablen anspruchsvollen Spielformen führen zu intelligenten Lösungen und verbessertem Spiel in Abwehr, Mittelfeld und Angriff.

Entscheidungstraining in allen Mannschaftsteilen

Das Wort Entscheidungstraining beinhaltet die Entschlossenheit der Spieler, in den unterschiedlichsten Spielsituationen erfolgreich zu handeln. Es geht darum, in Kleingruppen und in allen Mannschaftsteilen die Spielsituation schnell zu erfassen und auszuspielen.
» In der Abwehr geht es um Balleroberung und Ballsicherung. Die Entscheidung muss so geartet sein, dass der Ballbesitz gewahrt ist und das Herausspielen des Balles in das Mittelfeld so erfolgt, dass die Spielfortsetzung gegeben ist.
» Aus der Sicht des Mittelfeldes liegt die Entscheidung einmal darin, die Angriffsspieler gekonnt in den angebotenen Positionen anzuspielen, und zum anderen die Spielsituationen bis zum möglichen Torabschluss auszuspielen.
» Für die Angreifer steht die Entscheidungsfindung immer mit Handlungsschnelligkeit in Verbindung und mit dem direkten Torabschluss oder einer Ausspielsituation im Strafraum. Daraus kann sich ein Zuspiel zu einem besser postierten Mitspieler ergeben, der dann zum Torabschluss kommt.

Praxisformen

Wir wählen Übungs- und Spielformen vom 1:1 bis zum 8:8, in dem alle Mannschaftsteile vertreten sind und alle Bereiche den gleichen Auftrag erhalten, die Entscheidung schnell zu suchen mit dem möglichen Torabschluss.
Das Dreifelderspiel ist dazu eine geeignete Spielform, weil wir in allen Teilen Angreifer und Verteidiger haben, die den Ballbesitz erschweren und Anspiele verhindern wollen. Bei Ballverlusten ist die Umschaltschnelligkeit gefragt, um zügig seine Vorteile als Angreifer gegen einen ungeordneten Gegner auszunutzen.
Eine weitere Trainingsmöglichkeit besteht darin, in Kleingruppen auf eng gestellte Tore (Abstand 30–40 Meter) zu spielen und möglichst schnell das Spiel mit einem Torschuss abzuschließen.

Spiel auf kurz gestellte Tore

1:1

Der Spieler mit Ball (A) steht außen und der Spieler ohne Ball (B) steht innen und wird von A angespielt. B spielt den aufgerückten Spieler A wieder an und es kommt zum Ausspielen des 1:1.

Als Variante stehen sich zwei Gruppen A und B neben den Toren gegenüber. A läuft mit Ball los und versucht B als Verteidiger auszuspielen. Sollte B den Ball erobern, kann er selbst zum Torerfolg gelangen.
Weiterhin kann der Ball von A auf B gepasst werden und B wird zum Angreifer gegen A. Als nächstes schlägt B im Wechsel einen Pass auf A und der wird zum Angreifer.
Eine weitere Möglichkeit ist es, wenn die Torhüter den Ball durch Einrollen oder Abwurf ins Spiel bringen.
Auch dabei kann durch den Ballverlust der Verteidiger zum Angreifer werden.

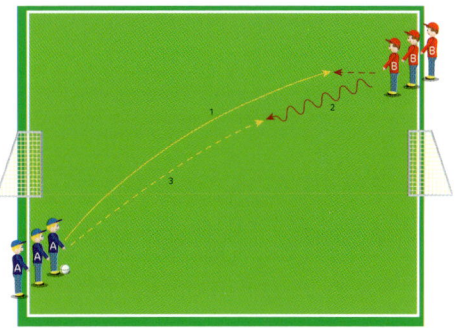

2:2

Die Gruppen A und B stehen außen neben den Toren. Der Ball kann durch einen Pass der Spieler gegenseitig ins Spiel gebracht werden oder durch die Torhüter mit Ausrollen oder Abwurf.
Zudem ist es möglich, den Torwart in das Spiel mit einem Rückpass einzubinden und dann den Abschluss zu suchen. Die Paare sollten den schnellen, kreativen Torabschluss suchen in Verbindung mit Dribbling

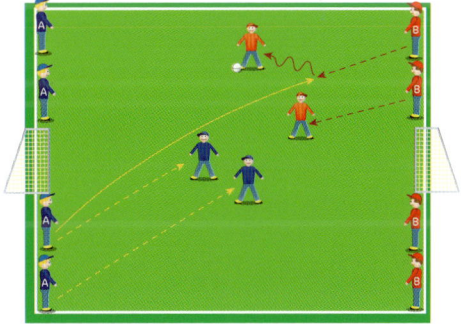

oder Kombinationsspiel. Die Angreifer sollten nicht in gleicher Höhe angreifen, sondern gestaffelt die Tiefe besetzen. Auch hier besteht die Möglichkeit, bei der Balleroberung selbst zum Torerfolg zu kommen.

3:3 und 4:4

Mit zunehmender Spielerzahl wird das Angriffsspiel komplexer. Ziel ist es auch hier, schnell den möglichen Torerfolg zu suchen. Der Ablauf ist wie beim 2 gegen 2. Allerdings ergeben sich durch die größere Zahl der Spieler erweiterte Kombinationsmöglichkeiten. Dabei ist ein gewonnenes Dribbling von Bedeutung. Je größer die Spielerzahl ist, um so mehr muss das Angriffsspiel in Breite und Tiefe gestaffelt werden.

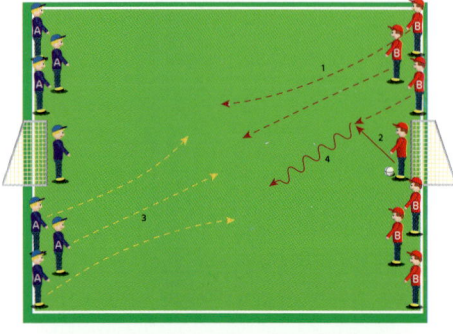

Es wird 3:3 mit Torwart gespielt. Die Tore sind eng gestellt (30–40 Meter), um den schnellen Torabschluss und die Umschaltfähigkeit zu unterstützen.

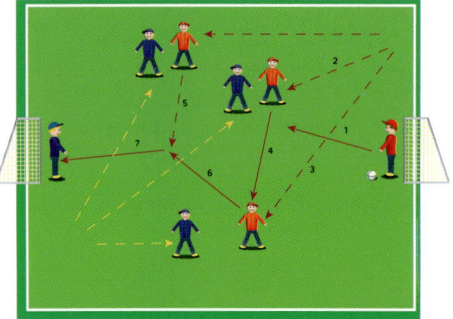

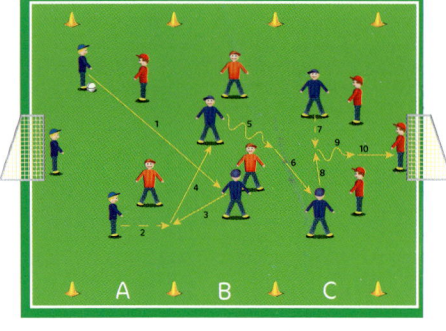

Dreifelderspiel

2:2 und 2:2 und 2:2 mit Torhütern: Es wird mit 3 x 2:2 gespielt mit den Mannschaften rot und blau in allen Feldern. Die Felder sind jeweils 10–15 Meter lang, wobei die Felder schlanker oder breiter gewählt werden können. Je nach Aufgabenstellung soll eher in die Tiefe (Angriff) oder in die Breite (Ballsicherung) gespielt werden. Bei der Spieleröffnung in den Feldern A und C sollen die Torhüter mitspielen und den Felderwechsel erleichtern. Der Spieler, der den Pass von Feld A in Feld B spielt, kann die Angreifergruppe in B unterstützen, um möglichst ohne Ballverlust das eigene Team in Feld C anzuspielen und den Torabschluss zu ermöglichen. Wird der Ball vom Torwart in das andere Feld B gespielt, kann durch einen Rückpass ein weiterer Spieler aus Feld A integriert werden. Bei Ballverlust hat die die Mannschaft mit Ball die freie Spielrichtung, um zum Torabschluss zu kommen und im Ballbesitz zu bleiben.

3:3 und 3:3 und 3:3

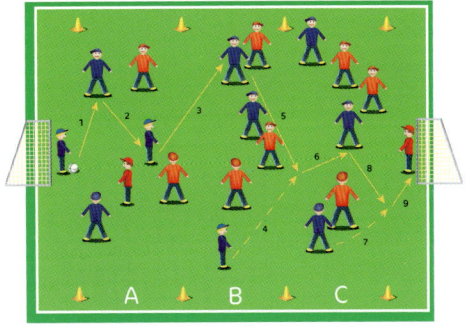

Bei der großen Anzahl von Spielern muss gewährleistet werden, dass es zu einem schnellen, zügigen Spiel kommt. Die Gruppen könnten zwischenzeitlich andere Aufgaben erhalten wie freies Kombinationsspiel, 4 gegen 2 oder Balljonglieren. Das gilt vor allem, wenn der Ball in Feld A ist für Feld C oder umgekehrt. Diese Maßnahme entfällt, wenn es den Mannschaften in den Feldern A und C erlaubt ist, das Feld B als Mittelfeld mit einem hohen oder flachen Pass als Spielverlagerung zu überbrücken. Zusätzlich können in beiden Spielformen mit Basis der 2 oder Basis der 3 Spieler je Mannschaft neutrale Spieler als Verstärker für die angreifende oder abwehrende Mannschaft eingesetzt werden. Der schnelle Wechsel der Spielrichtung erlaubt kein Abschalten der Spieler in den drei Feldern.

5 Spielmodell 4 gegen 4

Das Spielmodell 4 gegen 4 wird mit 8 Spielern als Basismodell gespielt. Es ist für modernes, zeitgemäßes Training und Spiel besonders gut geeignet, um Technik und Taktik des Fußballspiels in Kleingruppen zu vermitteln. Der organisatorische Rahmen ist sehr überschaubar für Trainer und Spieler. Das Ziel ist die Verbesserung der Aufmerksamkeit und Konzentration.

Die beiden Begriffe Aufmerksamkeit und Konzentration sind für das Spiel zu unterscheiden. Die Konzentration betrifft immer die Spielsituation in Ballnähe, die Aufmerksamkeit ist der entfernte Bereich ohne Ball. Wird der Ball zum Beispiel verlagert, wechseln auch Aufmerksamkeit und Konzentration. Konzentration ist vergleichbar mit einem sehr kurzen Intervall mit höchstem Leistungsanspruch für Abwehr und Angriff. Die Aufmerksamkeit ist vergleichbar mit der Ausdauer und ist über eine lange Zeit zu erhalten. Der schnelle Wechsel im Spiel setzt eine entsprechende mentale und kognitive Bereitschaft der Spieler voraus.

müssen sehr unterschiedliche Aufgaben in Abwehr und Angriff umgesetzt werden, um möglichst fehlerfrei zu spielen. Das wiederum ist eine Herausforderung an die Aufmerksamkeit und Konzentration der Spieler und ihre Umstellungsfähigkeit.

Kleinfeldspiele hatten im Straßenfußball schon immer ihre Bedeutung. Die Forderungen der Vereine und Verbände nach Spielen je nach Altersstufe oder Einzugsgebiet 7:7 oder 9:9 greifen diese Überlegungen auf. Kleine Gruppen bieten den Spielern viele Ballkontakte und Erfolgserlebnisse durch erzielte Tore oder Torraumszenen. Dennoch erscheint mir aus eigener Beobachtung die Überlegung zu einfach: Spielt in Kleingruppen und wir haben gute Fußballer.

Das Spielmodell 4:4 kann den Spielern viele inhaltliche Ansätze und Herausforderungen bieten. Es setzt voraus, dass man die Blockbildung 4:4 auflöst. Daraus können eine Vielzahl von bekannten Übungs- und Spielformen abgeleitet werden, die alle einen individuellen Schwerpunkt haben. Das Spielmodell 4:4 bietet also in der Differenzierung mehr. So kann in einer überschaubaren Organisationsform variantenreich trainiert werden.

Spielmodell Basisaufstellung

Mithilfe des Aufgabenwechsels soll es den Spielern gelingen, sich schnell einer veränderten Spielform anzupassen. Deutlich wird das an dem Beispiel 2 gegen 2 auf zwei Tore mit dem Wechsel zum 3:1 auf zwei Tore. In diesen beiden Spielformen

Grundmodell zum 4 gegen 4

Alle Spielformen haben für die Abwehr und den Angriff besondere Schwerpunkte und Inhalte, die der Trainer mit der Mannschaft vorher erarbeiten muss. In der Gruppe wechselt ständig das Gegeneinander und Miteinander. Dabei kann als Faustregel für die Dauer der Belastung immer die Hälfte aller beteiligten Spieler in Minuten gelten.

Bei 2 gegen 2 und 3 gegen 1 wäre die Belastungszeit 2 Minuten und würde als extensives Intervall einzuordnen sein.

Die Pausengestaltung ist aktiv mit technischen Übungen als lohnende Pause zu gestalten und entspricht der Hälfte der Belastungszeit. Die kleinen Tore können zum Passspiel, Fußballtennis und Kopfballspiel genutzt werden. Zusätzlich lassen sich körperstabilisierende Übungen einbauen.

Die Basisaufstellung der 8 Spieler ergibt 4 Paare mit 4 kleinen Toren (2 Meter) und 4 Bällen auf einem Feld 20–30 x 20–30 Meter, das aber der Alters- und Leistungsgruppe angepasst werden sollte.

Die Spielformen beginnen beim 1:1 auf jeweils ein offenes Tor mit 4 Paaren bis zum 4:4 mit dem Ziel der Spielverlagerung im Angriff und der Raumdeckung in der Abwehr, gespielt wird auf 4 Tore. Dazwischen ergeben sich eine Vielzahl von Spielmöglichkeiten wie 2:2 auf 2 Tore oder 3:1, 3:2 und 2:1, 3:3 + 2, 4:2 + 2, 5:3 oder 6:2.

Hierbei wird deutlich, dass dem Trainer freie Hand gegeben ist Varianten zu spielen, die allerdings den Spielern bekannt sein sollten, um die unterschiedlichen Schwerpunkte und Zielsetzungen im Spiel zu zeigen.

Zum 1:1
Diese Form wird auf ein offenes Tor gespielt und hat die höchste Belastung im Fußball. Deshalb ist es wichtig, die Spielzeit von 1 Minute nicht zu überschreiten, neben der Belastung auch Inhalte wie das Dribbling des Ballhalters mit Finten im Auge zu behalten und gleichzeitig dabei das Abwehrverhalten zu schulen. Es kann gerne dreimal 1:1 gespielt werden, aber nicht 3 Minuten am Stück 1:1. Das wäre ein grober Verstoß gegen die Trainingssteuerung und führte zum unnötigen Verschleiß der Spieler.

Zum 2:2
Hierbei gibt es neben dem Dribbling auch die Möglichkeit der Kombination. Gespielt wird auf 2 Tore. Doppelpass, Hinterlaufen oder Ballübernahme sollten bekannt sein und angewendet werden, damit die Spielentwicklung voranschreitet. Dazu ist die Staffelung im Angriffsspiel zu beachten. Für das Abwehrverhalten entsteht die Frage der Raum- oder Manndeckung und bei Balleroberung ergibt sich der schnelle Konter oder ein systematischer Spielaufbau.
Aus 2:2 kann 3:1 werden.

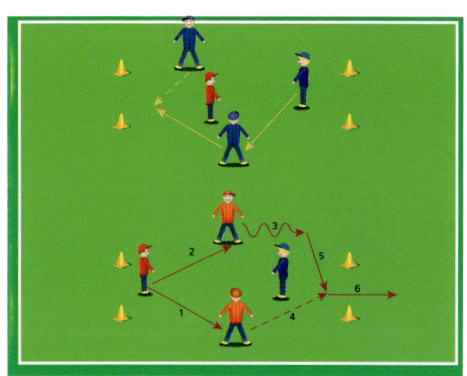

Zum 3:1

Gespielt wird auf 2 Tore im Wechsel und der letzte Spieler ist jeweils der Abwehrspieler. Das Ausnutzen der Überzahl durch geschicktes Freilaufen steht im Angriff im Vordergrund. Der Abwehrspieler soll seine Chance im Raum haben.
Aus 3:1 kann 2:2 werden.

Zum 3:3

Gespielt wird auf 2 oder 4 Tore. Der Angriff sollte variantenreich mit Dribbling und Kombination ausgeführt werden. Doppelpass, Hinterlaufen oder Ballübernahme sollten bekannt sein und Anwendung finden, damit die Spielentwicklung voranschreitet. Für das Abwehrverhalten entsteht die Frage der Raum- oder Manndeckung und bei Balleroberung ergibt sich der schnelle Konter mit der Besetzung der Spitze für das Spiel in die Tiefe oder ein systematischer Spielaufbau.
Jede Mannschaft hat einen Wechselspieler. Aus 3:3 kann 4:2 werden.
Als Variante kann 3:3+2 oder 1+3:3+1 gespielt werden.

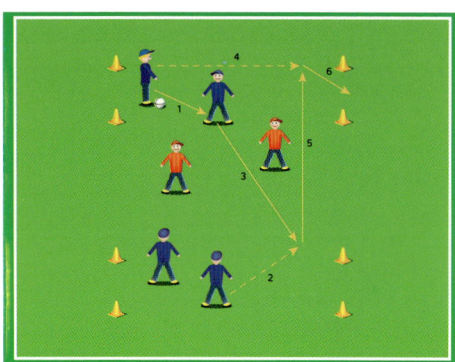

Zum 4:2

Wie beim 3:1 wird auf 2 Tore im Wechsel gespielt und die beiden letzten Spieler sind jeweils die Abwehrspieler. Das Ausnutzen der Überzahl durch geschicktes Freilaufen und Spiel ohne Ball steht im Angriff im Vordergrund. Die Abwehrspieler verteidigen im Raum. Die Gruppe hat zwei Wechselspieler. Aus 4:2 kann 3:3 werden.
Als Variante kann 4:2 mit 2+2:2+2 gespielt werden.

Zum 4:4

Das Spielfeld wird erweitert auf 4 Tore, zwei für die Abwehr und zwei für den Angriff. Ein Schwerpunkt ist dabei die Spielverlagerung. Die Angreifer versuchen, die Schwachpunkte in der Abwehr zu nutzen und durch Spielverlagerung eine Überzahl herzustellen. Die Abwehr soll durch Kommunikation und Wahrnehmung diese Überzahl durch Verschieben verhindern. Die Abwehr spielt mit Vierer- oder Dreierkette die Raumdeckung. Elemente wie Doppelpass und Hinterlaufen sollen das Angriffsspiel kreativ bereichern. Aus 4:4 kann als Aufgabenwechsel 5:3 werden.

Zum 5:3

Das Spiel 5:3 auf 4 Tore stellt für die Fünfergruppe die Herausforderung des Kombinationsspiels im Angriff dar (Spiel mit 1 oder 2 Ballkontakten). Die Abwehr soll in Raumdeckung agieren und bei Balleroberung vor allem das Dribbling im Angriff einsetzen. Aus 5:3 kann 4:4 werden.

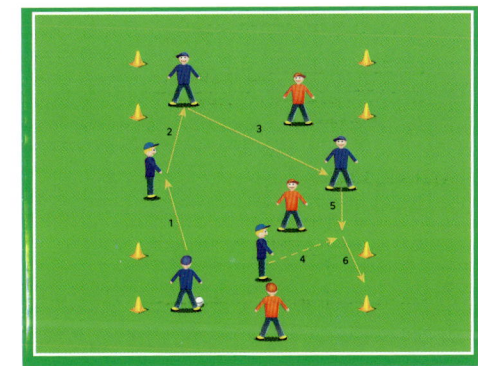

Zum 6:2

Bekannt ist im Fußball das Aufwärmspiel 5:2. Hier wird nun 6:2 mit einem oder zwei Ballkontakten in Kreisform gespielt. Die 2 Abwehrspieler teilen sich die Arbeit. Einer greift den Ballhalter an und der andere spekuliert im Raum. Bei Balleroberung wird jeweils der Spieler in der Abwehr ausgewechselt.

Erweitertes Spielmodell 4 gegen 4

Da bei den Spielformen wie 3:3 zwei Spieler noch frei sind, könnten wir auch 3:3+2 mit neutralen Spielern spielen oder 1+3:3+1 mit zwei Anspielern außen spielen.
Eine Variante ist 6:2 zu spielen. Dabei spielt ein Spieler der 6 in der Mitte zentral als „Drehscheibe" und es kommt zu 5+1:2

Das Spielmodell 4:4 soll aufzeigen, dass die Trainer mehr Mut zur Gestaltung des Trainings haben sollten. Bekanntes mit neuen Inhalten zu verknüpfen, könnte ein weiterer Ansatz sein, um neue Ziele in der Spielentwicklung zu erreichen. Ein weiterer Schritt wäre es, die Spielerzahl als Basis 3:3 oder Basis 4:4 zu nehmen, was sich besonders bei großen Spielgruppen anbieten würde.
Zudem können in dem Spielmodell jederzeit die Torhüter integriert werden.
Es wird 3:3+2 auf 4 Tore gspielt. Die beiden Neutralen verstärken das Angriffsspiel zum 5 gegen 3. Nach Balleroberung oder Tor ist schnelles Umschalten gefordert und die Staffelung in Tiefe und Breite.

6 Abwehr, Mittelfeld, Angriff

Torwart: Halten und Spielen

Der Torwart hat sich in seiner Spielweise sehr verändert. Daraus resultieren solche Begriffe wie Torspieler oder der Tor- und Feldspieler im Gegensatz zum Torsteher, Torhüter und Torwart. Damit soll unterstrichen werden, dass seine vorrangige Aufgabe immer noch darin besteht, Tore zu verhindern und Bälle zu halten. Andererseits hat er aber viel mehr Einfluss auf die Spielgestaltung in und aus der Abwehr. Zeitgemäße Torhüter sind auch gute Feldspieler, denen man auch unter Druck einen Ball zurückspielen kann, den diese meistens sehr sicher verarbeiten und an einen Mitspieler weiterleiten. Dazu sind die Torwarte als letzter Mann verpflichtet, die Vorderleute in der Mannschaft zu coachen und anzusprechen. „Alles was der Torwart redet, muss er nicht halten".

Dieses veränderte Aufgabenfeld des Torhüters in Defensive (Spiellenkung) und Offensive (Spielbeschleunigung) verlangt auch ein gesondertes Training, dass regelmäßig und langfristig mit einem Torwarttrainer stattfinden muss.

Wesentliche Merkmale einer erfolgreichen Spielweise sind die Verarbeitung von Rückpässen als „Libero" und die Spieleröffnung mit verschiedenen Techniken.

Diese Merkmale müssen in das Training einfließen und gehören zum normalen Aufwärmprogramm des Torwarts vor den Spielen. Die Torhüter müssen auch psychisch-mental und physisch gut ausgebildet werden, um den hohen körperlichen Belastungen in den Zweikämpfen standzuhalten. Wenn der Torwart einen Fehler macht, ist die Folge häufig ein Tor. Der Torwart braucht zusätzlich ein gesundes Selbstbewusstsein, psychische Stärke und eine positive Ausstrahlung. Seine Trainingsschwerpunkte der Technik und Taktik in der Basis sind:

» Fangen, Ableiten und Fausten in allen Lagen,
» die beidseitige Falltechnik,
» Fliegen ohne Verletzung,
» Beidfüßigkeit nach Rückspiel,
» Winkelverkürzung im 1 gegen 1,
» Reaktions- und Antizipationsvermögen,
» Stellungsspiel und Orientierung,
» Kommunikation mit den Mitspielern
» Wahrnehmung und Lösung der Spielsituation,
» Zusammenspiel mit Abwehr, Mittelfeld und Angriff,
» Spieleröffnung mit gezieltem Aktionen und variablen Techniken,
» Abstoß, Abschlag oder Abwurf angepasst an die Spielsituation.

In den unteren Altersstufen sind gute Feldspieler oft auch erfolgreiche Torhüter.

Die Endgröße beim Torwart entscheidet häufig über den Verlauf der Karriere. Ein gezieltes Konditionstraining ist mit zunehmendem Alter und Leistung in seiner ganzen Breite unverzichtbar, um den hohen und vielfältigen Anforderungen des Torwartspiels gerecht werden zu können. Dazu zählen dann die physischen Aspekte wie Sprungkraft, Wendigkeit, Reaktionsvermögen und Sprintfähigkeit und im psychischen Bereich das Spiel unter Druck mit Zeit, Raum und Gegner.

Die Wettkampfruhe ist die größte Stärke eines Torwarts. Er sollte immer erst eine Aktion beenden, bevor er eine zweite beginnt, um Fehler zu vermeiden.

Torwartpraxis

Die genannten Bereiche sind in der Praxis mit unterschiedlichen Ballmaterialien vom Tennisball bis zum Medizinball, veränderten Geschwindigkeiten und Distanzen zu trainieren. Der Torwart sollte immer klare Vorgaben für die Aufgabe, den Umfang in Zeit oder Wiederholungen erhalten. Einsetzbare Trainingsmittel sind Weichbodenmatten,

Prallwände, Sandgruben oder Beachfelder und Ballstafetten mit zwei oder mehr Bällen (Ballmaschinen) und unterschiedlichen Aufgaben als Doppelbelastung. Nur ein geordnetes Torschusstraining lässt sich mit einem Torwarttraining verbinden. Das Training in kleinen Torwartgruppen ist sehr abwechslungsreich und bietet den Torhütern einen konkurrierenden Lernprozess.

Natürlich gehört der Torwart zur Mannschaft. So sind auch solche Ansätze zu verstehen, dass die Mannschaft den Torhüter trainiert.

Das gesonderte Training für den Torhüter hängt von der Leistungsklasse und dem Alter ab. Eine zu frühe Spezialisierung auf dieser Position ohne ergänzende Maßnahmen könnte zu einer unerwünschten Einseitigkeit führen.

Das Torwarttraining muss sich auf die drei Bereiche Hand, Fuß und Kopf verteilen und diese Ziele beinhalten: mit der Hand halten, mit dem Fuß spielen, mit dem Kopf Druck standhalten.
Zu berücksichtigen ist auch im Training die altersgemäße Torgröße.

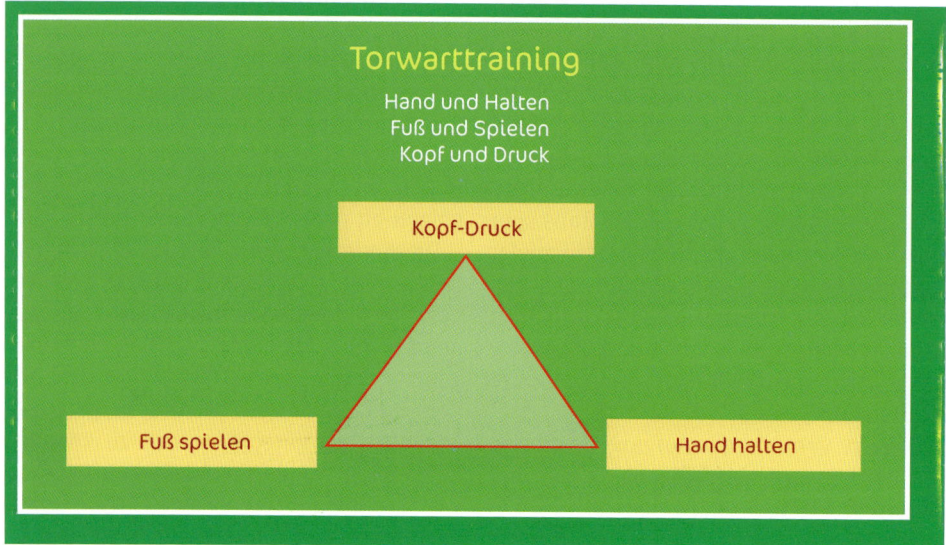

Faktoren des Torwartspiels

Fangen

Das Fangen zählt zu den wichtigsten Elementen des Torwartspiels in den verschiedenen Ebenen flach, halbhoch und hoch. Dabei bilden die Hände ein Herz mit den Daumen zueinander in halbrunder Form, die dem Ball entgegen gestreckt werden. Dann wird der Ball an den Körper gezogen und gesichert. Diese Technik ist auch im Flug oder beim Hechten anzuwenden. Partnerweise Bälle zuwerfen und zuspielen mit unterschiedlichen Techniken und Abständen. Es kann mit zwei Bällen gleichzeitig und unterschiedlichen Materialien trainiert werden.

Aufnehmen

Das Aufnehmen flacher und halbhoher Bälle führt immer zu der typischen Torwartposition, sich über die Knie nach vorne zu werfen und den Ball zu sichern. Diese Position gibt dem Torwart große Sicherheit. Dabei steht der Torwart mit den Füßen schulterbreit in halbhoher Hocke, auf den Fußballen leicht nach vorne gebeugt, die Arme seitlich in Bereitschaft und mit einer deutlichen Körperspannung zum Sprung nach vorne. Der Ablauf ist aus dem Kniestand, tiefe Hocke und dann halbhoch.

Hechten

Das Hechten nach dem Ball ist die wahre Freude des Torwartspieles. Nicht so sehr als Schauelement, sondern als zweckmäßige Lösung den Ball zu halten. Dabei sind die Landung und das Abrollen ohne Verletzung wichtig. Das Fallen über die seitliche Achse muss der Torwart erlernen. Anregungen zur Falltechnik kann man bei den Sportarten Judo und Ringen erhalten.

Fausten und Ableiten

In Verbindung mit dem Torwartspiel sind die Bälle nicht immer festzuhalten.
Der Torwart muss sich in Bruchteilen von Sekunden entscheiden, ob er den Ball mit der flachen Hand oder mit der Faust abwehrt.
- » Flugeigenschaften und die Geschwindigkeit der Bälle erschweren die Abwehrarbeit und die Entscheidung des Torwarts.
- » Die flache Hand ist als Fläche größer, aber die Wucht der Schüsse führt häufig zu einem zu kurzen Abklatschen des Balles vor die Füße des Gegners.
- » Die Faust ist kleiner und etwas kürzer, aber der Ball wird von der harten Faust weiter vom Tor weggeboxt. Dadurch könnte die Torgefahr beseitigt sein.
- » Das Abwehren mit einer Faust bringt mehr Reichweite z. B. bei Flanken.
- » Harte Schüsse werden mit beiden Fäusten abgewehrt.

Doppel- oder Mehrfachaktionen

Gemeint sind zwei oder mehr Aktionen hintereinander geschaltet. Z. B. flacher Torschuss, hohe Flanke und das 1:1. Durch die steigende Belastung sollte mit einer Torwartgruppe trainiert werden.
- » Zwei Bälle als Flanken flach und hoch oder von rechts und links im Wechsel
- » Feldspielern der Mannschaft schießen oder flanken
- » Schuss- und Wurfbatterien in kurzer Folge
- » Stangen umlaufen, Hürden überspringen oder durchkrabbeln

Abwurf, Abschlag und Abstoß

Diese drei Elemente muss der Torwart in der Technik beherrschen.
- » Zielgenauigkeit und die Entfernung berücksichtigen
- » Zielfelder in unterschiedlichen Distanzen, Positionen und Farben
- » Die Eröffnung sollte nach der Ballsicherung offensiv sein.
- » Der Torwart sollte dynamisch bis an die Strafraumgrenze mit dem Ball sprinten und dann die Eröffnung wählen, die den Ball zum eigenen Mitspieler bringt.

Stellungsspiel und Winkelverkürzung beim 1:1

- » Der Torwart markiert sich die Mitte des Tores als Orientierung.
- » Es wird ein Gummiseil an die Pfosten gespannt und um den Torwart, der sich mit dem Seil bewegt bis die Winkel so sind, das ein Torerfolg unwahrscheinlich wird.
- » Griff zum Pfosten und dann das Tor gegen den Angreifer verlassen, ohne die kurze oder lange Ecke aufzumachen.
- » Der Torwart muss bei der 1:1-Situation in seiner typischen Position verweilen und lange stehen bleiben, um vielleicht angeschossen zu werden.
- » Berücksichtigen, ob der Spieler Rechts- oder Linksfuß ist.

Reaktionsvermögen und Wahrnehmung

» Zuwerfen von zwei Bällen gleichzeitig zum Partner
» Zuwerfen von zwei Bällen im Wechsel, jeder Partner hat zwei Bälle
» im Wechsel flach und hoch zugespielte Bälle
» anzeigen oder ansprechen von Richtungen mit Schuss oder Wurf des Balles
» Der Torwart steht mit dem Rücken zum Werfer und auf Kommando dreht er sich mit dem Zuwurf von zwei Bällen in kurzer Folge.
» Der Torwart steht mit dem Gesicht zur Wand und der Ball wird gegen die Wand gespielt und der Torwart soll ihn fangen.
» Der Torwart steht mit dem Gesicht zum Werfer, der den Ball gegen die Wand spielt, und der Torwart muss sich drehen und den Ball fangen.
» Eine Kleingruppe spielt vor dem Torwart im Strafraum und jeder kann aus jeder Position schießen. Der Torwart muss die Veränderungen wahrnehmen und reagieren.
» Diese Übungen können auch im Sand oder auf Matten gemacht werden, was die Reaktionszeit und Belastung des Torwarts verändert.

Spieleröffnung und Spielaufbau

Grundsätzlich ist zwischen der Spieleröffnung über den Torwart und dem Spielaufbau nach Ballgewinn irgendwo auf dem Spielfeld zu unterscheiden.

Im Fußball ist die Spieleröffnung in den meisten Fällen unproblematisch, weil die Gegner sich in die eigene Hälfte oder an den Kreis zurückziehen. Nur durch den Spielstand ändern sich die taktischen Voraussetzungen. Die Gegner setzen durch Forechecking oder Pressing die in der Abwehr stehende Mannschaft frühzeitig unter Druck und erschweren so die Spieleröffnung. Der Anspruch „spielend aus der Abwehr zu kommen" wird erheblich erschwert. Häufig sind Ballverluste die Folge, viele davon völlig unnötig, weil den Spielern keine Lösungen bekannt sind. Ein probates Mittel vieler Fußballmannschaften ist dann der lange Ball, der zwar oft weit fliegt, aber auch all zu oft auf leichte Art und Weise beim Gegner landet. Für den Spielaufbau gilt Ähnliches, doch der Zeitpunkt und die Position des Ballgewinns auf dem Spielfeld bestimmen in hohem Maße die Handlungsfähigkeit der Spieler. Es ist wichtig, aus den unterschiedlichsten Positionen der Balleroberung sofort umzuschalten, die Spielsituation einzuordnen und danach die Spiel fortführende Entscheidung als Spielaufbau zu treffen. Behilflich kann dabei der „Spielzyklus" sein, der diesen immer wiederkehrenden Ablauf im Fußballspiel wiedergibt und erläutert. Spieleröffnung und Spielaufbau sind Mittel der Spielgestaltung. Es ist wichtig für das Spiel, die beiden Begriffe Spieleröffnung und Spielaufbau getrennt zu sehen und Lösungen im theoretischen und praktischen Bereich anzubieten. Im Verlaufe von Training und Wettkampf verschmelzen diese beiden Spielvorgaben und es sollten sich Automatismen mit Spielwitz gepaart als Lösungen anbieten.

Spieleröffnung

In den meisten Fällen erfolgt im Fußball die Spieleröffnung über den Torwart. Der Ball ist im Toraus und wird als Abstoß oder im Kinderbereich durch den Abschlag aus der Hand ins Spiel gebracht. Dabei ist erst einmal jeder Spieler aufgefordert, zu helfen und den Ball in den eigenen Reihen zu halten. Das bedeutet, dass die Mitspieler sich in Breite und Tiefe staffeln müssen. So öffnen sie Räume für ein Anspiel und signalisieren damit auch ihre Bereitschaft zum Mitspielen.

Besondere Bedeutung erhalten dabei die Außenpositionen. Durch die Breite am Flügel entsteht gleichzeitig die Alternative in der Mitte als Spiel in die Tiefe.

Diese Handlungsweise der Spieler ist unabhängig vom Spielsystem.

Basis der Spieleröffnung

Die Spieleröffnung verlangt von den Mitspielern Positionstreue. Diese nutzt der Torwart bei Abstoß, Abwurf, Abschlag oder Rückpass. Das aktive Verhalten der eigenen Mannschaft ist dabei bedeutsam, um Anspielmöglichkeiten zu schaffen.

Ohne diese Bereitschaft kommt es oft zu unnötigen Ballverlusten in der Spieleröffnung. Dazu passen die Aussagen verschiedener Fußballtrainer:

„Es hat uns Mühe gekostet das Spiel zu kontrollieren" (Felix Magath). „Die Mannschaft ist technisch perfekt, hat aber zu viele Ballverluste" (Klaus Augenthaler). „Das Team hat eklatante Schwächen in der Abwehr, in der Spieleröffnung, ist unkonzentriert im Spielaufbau und im Angriff kläglich" (Marcell Koller).

Die Spieleröffnung kann in erheblichem Maße durch den Gegner erschwert werden, wenn dieser früh stört. In der Situation ergeben sich zwei Möglichkeiten: Einmal können die Spieler durch Positionswechsel Raum für ein Anspiel schaffen und zum anderen kann der Torwart einen langen Ball als überraschende Spieleröffnung spielen. Als Dropkick auf hochgewachsene Stürmer, die dann die Bälle für mitgelaufene Mitspieler per Kopf gezielt in den freien Raum als Konter verlängern.

Kriterien der Spieleröffnung

Bestimmte Überlegungen im taktischen Bereich können die Spieleröffnung erleichtern. Das Mittel der Überzahl 2:1 oder sogar 3:1 als Dreiecke in Ballnähe bieten dem Ballhalter mehrere Anspielmöglichkeiten. Eine dauerhafte Bereitschaft muss bei allen Spielern in Ballnähe gegeben sein. Dazu zählt auch der überraschende Rückpass oder das erneute Einbeziehen eines Mitspielers. Keine Ballverluste durch Überraschung und überhastetes Handeln! Das Spiel in Tiefe und Breite ist unabhängig vom Spielsystem zu bevorzugen.

Alle Spieler sollten in der Lage sein, Gassenpositionen zu erarbeiten und sich gekonnt aus dem Deckungsschatten zu bewegen. Vereinfacht wird die Eröffnung durch eine gute Technik am Ball z. B. die Beidfüßigkeit.

Die Veränderung von Zeit und Raum verlangt von den Spielern eine schnellere Wahrnehmung und bessere Orientierung und die entsprechende Einordnung der Spielsituation, aus der sich die nachfolgende Spielhandlung ergibt. Wenn der Ball auf dem Weg zum Mitspieler ist, muss sich der annehmende Spieler bereits um eine Weiterleitung bemüht haben. Die Spieler müssen den Passweg als Orientierungszeitraum nutzen. Nicht annehmen, schauen und spielen hintereinander, sondern die drei Elemente vorausschauend zu verschmelzen ist die richtige Aufgabe.

Durch das Selbstverständnis der Positionstreue bleiben alle Räume besetzt, das ermöglicht auch, das „MAMA-PAPA-Prinzip" zu spielen (Mitte-Außen-Mitte-Außen oder Pass-Außen-Pass-Außen).

Spielaufbau

Der Spielaufbau erfolgt immer in fließenden Spielsituationen irgendwo auf dem Spielfeld. Dem Spielaufbau geht eine Balleroberung oder ein Fehlpass des Gegners voraus. Besonders wertvoll sind diese Balleroberungen oder Fehlpässe in der Vorwärtsbewegung des Gegners. Dann ist die gegnerische Abwehr geöffnet und ungeordnet. Nun ist es naheliegend, als Ballbesitzer nach schnellem Überblick und Wahrnehmung der Gesamtsituation den schnellen Pass als Konter in die Tiefe zu spielen oder einen systematischen Spielaufbau zu bevorzugen, der in keinen Fall einen Ballverlust mit sich bringen darf, um damit nicht erneut den Gegner im Vorteil zu sehen.

Basis des Spielaufbaus

Findet die Spieleröffnung über die Außenpositionen statt, ergibt sich der fließende Übergang zum Spielaufbau. Dann ist die Präsenz aller Spieler in den Mannschaftsteilen Mittelfeld und Angriff gefragt. Die Bereitschaft in Ballnähe und auf der Ballseite ist die wichtigste Voraussetzung. Eine Schlüsselrolle nehmen die Spieler mit den Nummern 6 und 8 des Mittelfeldes ein, „die Sechser". Sie sind auch die Spieler, die für das Element der Spielverlagerung verantwortlich sind. In der Entwicklung des eigenen Spiels müssen alle Spieler die Verlagerung vorantreiben und zur „Drehscheibe" werden.

Diese taktischen Spielzüge verlangen eine gute Wahrnehmung sowie situatives Handeln und Entscheiden der Spieler. Besonders wirkungsvoll ist das Spiel gegen die Laufrichtung der Angreifer und in der Folge gegen die Abwehr des Gegners. Diese Spielweise setzt eine hohe Laufbereitschaft der Spieler voraus. Es müssen mehr Automatismen mit Spielwitz im Vordergrund stehen und weniger Statik. Gefragt ist ein kreatives, schnelles Kurzpassspiel und keine „Schrecksekunde", weil man wieder angespielt wird.

In der Folge ist die Position der Balleroberung entscheidend dafür, wie das Spiel aufzubauen ist.

Kriterien des Spielaufbaus

Der schon angesprochene Bereich der Wahrnehmung bezieht sich auch auf die Orientierung. Die Orientierung in Ballnähe bringt verschiedene Lösungen mit sich. Hier werden Tempo- und Richtungswechsel mit Handlungsschnelligkeit vereint. Auch der Rückpass als klatschendes Element ist als Spielaufbau zu sehen, weil der Ballhalter in diesem Augenblick das Spiel vor sich hat. Ballnähe bedeutet häufig auch Ballung. Ballungen schaffen wiederum auf dem Spielfeld freie Räume. Diese Freiräume müssen von den Spielern gesehen werden, um das Spiel in diese freien Räume zu verlagern. Dazu bedarf es großer Laufbereitschaft der Spieler im aeroben Bereich durch Antizipation der Spielsituation, traben, laufen, ohne zu sprinten.

Der Ausspruch „Wer zu wenig läuft, muss zu viel sprinten" erhält in diesem Zusammenhang seine Bestätigung, weil der Spieler durch Sprinten nachtaktieren muss, um wieder am Spiel teilnehmen zu können.

Ein weiteres Mittel für den Spielaufbau ist die Kommunikation. Die Regel muss dabei heißen „Hintermann coacht Vordermann".

Immer wieder spielen Mannschaften in der völlig überholten Manndeckung. Solche Gegner sind wie geschaffen, um mit Hilfe der „Mann bindenden Raum öffnenden Aktion" erfolgreich zu spielen. Ob am Flügel oder durch die Mitte, wenn der Gegenspieler seinem Mitspieler folgt, wird automatisch Raum frei für neue Spielaktionen.

Was ein Team im Spielaufbau um jeden Preis vermeiden muss, sind unnötige Ballverluste. Ballverluste der eigenen Mannschaft in der Vorwärtsbewegung bieten dem Gegner beste Konterchancen gegen eine ungeordnete Abwehr.

An dieser Stelle müssen auch die Spielauffassung und die Deutung einer Spielsituation angesprochen werden. Die Spieler müssen sich in Taktik und Strategie einer mannschaftlichen Überlegung unterordnen, ohne auf die Individualität der Spieler zu verzichten. Deshalb sollte das Abspiel immer Spiel fortführend ohne Ballverlust sein.

Lösungen für das Training

Grundsätzlich sollte das Training Prinzipien zu dem Thema Spieleröffnung und Spielaufbau enthalten. Der Trainer muss den Spielern das entsprechende Trainingsangebot bieten und Wert darauf legen, dass die Spieler die Spielvorstellung umsetzen.

Dabei sind Wiederholungen aller Art wichtig, ohne Langeweile zu haben. Die Spieler müssen in der Balleroberung schnelle, von

Wettkampfruhe geprägte Entscheidungen treffen, um einen gezielten Spielaufbau zu ermöglichen.

Eine Lösungshilfe ist „Kopf hoch", um das Umfeld wahrzunehmen und Ballungen zu umspielen. Dazu sind Ballverluste aus ruhenden Bällen (Standardsituationen) zu vermeiden.

Mitentscheidend für die Entwicklung einer Mannschaft ist die bessere technische und taktische Ausbildung der Abwehrspieler, um mit der Spielentwicklung Schritt zu halten.

Eine außergewöhnlich große Schwierigkeit stellt für die meisten Spieler der Wechsel vom Training zum Wettkampf dar. Im Training finden sie geordnete Spielsituationen und ein bekanntes Umfeld vor, im Wettkampf hingegen ist alles ungeordnet und häufig unbekannt. Unter diesen Umständen spielt die Wiedererkennungsleistung eine große Rolle.

Der „Spielzyklus" kann Spieler leiten, Automatismen des Spielablaufs zu verinnerlichen. Dieser immer wiederkehrende Spielablauf gibt eine Spielordnung vor, die der Spieler im Training und Spiel anwenden sollte. Dabei ist eine schnelle Umschaltfähigkeit im Wechsel von Ballbesitz und Balleroberung von Bedeutung. Der Ablauf des Spielzyklus ist Stören des Gegners mit Ball, die Balleroberung, die Ballsicherung, der Spielaufbau, der Angriffsabschluss, die Besetzung der Positionen und dann wieder das Stören des ballbesitzenden Gegners.

Praxisformen Spieleröffnung

Es wird Wert darauf gelegt, dass die Spielformen alle Herausforderungen zum Wettkampf bieten. Dazu zählen die Berücksichtigung der Veränderung von Zeit und Raum, die Komplexität, die Variabilität sowie die Wahrnehmung und Orientierung.

Spieleröffnung über den Torwart

Es werden lange Bälle auf den Torwart gespielt und dieser rollt den Ball auf die sich außen anbietenden Verteidiger. Diese kombinieren den Ball jeweils rechts oder links zu einem kleinen Tor. Danach mit einem, zwei oder mehreren Gegenspielern, die die Spieleröffnung erschweren sollen. Die Zielstellung bleibt gleich. Dann werden zwei Mittelfeldspieler eingebunden, die Nr. 6 und die Nr. 8. Die beiden Aufbauspieler unterstützen die Viererabwehrkette. Sie bilden jeweils rechts und links Dreiecke mit

dem Innen- und Außenverteidiger. Erhält einer der beiden den Ball, dann muss er den Mitspieler anspielen im Sinne der Spielverlagerung, so dass auf der entgegengesetzten Seite weiter gespielt wird. Kommt der Ball dann nach außen auf den Flügel, zieht der Spieler mit Ball nach innen und wird außen hinterlaufen. Der hinterlaufende Spieler wird bedient und gelangt in den Rücken der Abwehr. Abschluss Torschuss, Flanke oder Rückpass für Torschuss.

3:1 in zwei Feldern

In dieser Spielform sollen die Spieler lernen, ihr eigenes 3:1 zu spielen und die benachbarte Gruppe zu beobachten. Ziel ist es, den Spielrhythmus nicht zu unterbrechen und dabei mit den Spielern der anderen Gruppe die Positionen zu wechseln (vgl. Abb. S. 104 Mitte).

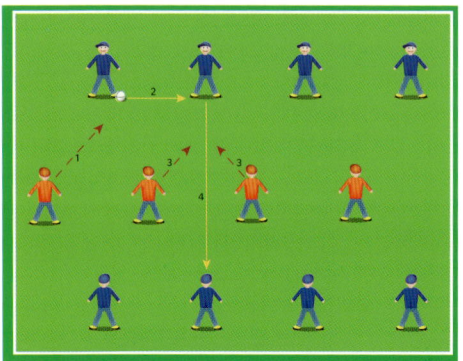

Mit 4+4:4 zur Spieleröffnung

In dieser komplexen Übungsform soll das sichere Passspiel zur Spieleröffnung in Tiefe und Breite trainiert werden. Zwischen den beiden Viererketten stehen 2–4 Abwehrspieler, die den Pass von der einen Gruppe zur anderen unterbinden sollen. Es wird so lange das schnelle Passspiel in die Breite gespielt, bis sich eine Gasse oder ein offenes Fenster für den Pass ergibt. Als Übungsvariante kann 3+3:2 gespielt werden.

Mit 4+4:4+4 zur Spieleröffnung

Zur komplexen Spielform müssen vier Viererketten und die Torhüter eingesetzt werden. Es stehen dann in Reihenfolge Abwehr–Angriff–Abwehr–Angriff und die beiden Torwarte. Es kommt zu einem schnellen, wechselnden Kombinationsspiel mit Tiefe und Breite zur Spieleröffnung. Als Spielformvariante kann 3+3:3+3 gespielt werden.

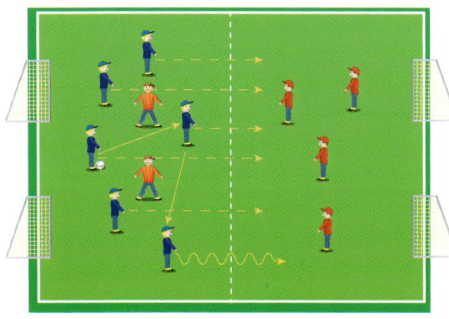

Spiel 6:6 mit zwei Angreifern bis zur Mittellinie

Die Mannschaft A spielt in der eigenen Hälfte und wird von 2 Spielern der Mannschaft B gestört. Überspielt die Mannschaft A mit 6 Spielern die Mittellinie, stehen ihr 4 abwehrende Spieler von B gegenüber, die wiederum die beiden seitlich postierten kleinen Tore verteidigen. Die Spieler 4 und 6 dürfen nicht in die eigene Hälfte.

Erobert B den Ball, dann müssen 4 Spieler von A in die eigene Spielfeldhälfte zurück und 2 Spieler von A versuchen, den Aufbau zu stören. Die 6 Spieler von B versuchen, in die andere Hälfte zu gelangen und spielen dann wieder gegen 4 abwehrende Spieler von A.

Alternativen sind dabei, das Spiel erschwerend mit 6 gegen 3 aufzubauen und dann 6 gegen 3 anzugreifen. Andere Spielerzahlen sind jeweils in Angriff und Abwehr möglich. Die Hinzunahme von Torleuten ist gegeben.

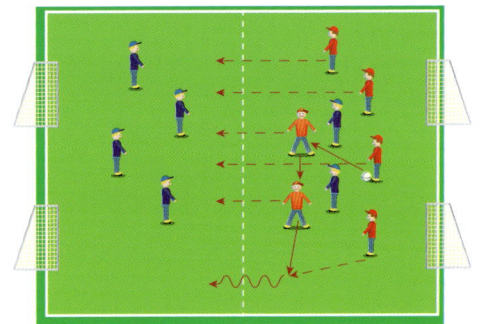

Praxisformen Spielaufbau

8:2 mit zwei Bällen
Gespielt wird in einem begrenzten Raum 8 gegen 2 mit zwei Bällen und der Vorgabe der Ballkontakte. Ziel ist es, variabel zu kombinieren, das Umfeld wahrzunehmen und Dopplungen von 2 Bällen auf einen Spieler zu verhindern.

Wagenrad 8:3
In dieser komplexen, kreisförmigen Spielform soll die Dreiecksbildung helfen, den Ball in der Überzahl der 8 Spieler zu halten. Einer der 8 steht zentral in der Mitte als Achse und stellt eine Spitze des Dreiecks. Durch die 3 verteidigenden Spieler ergibt sich oft der Pass durch die Gasse auf den zentralen Mittelspieler, der mit dem Anspiel das Spiel verlagern sollte. Ziel dieser Trainingsform ist das sichere Kombinationsspiel für die Spieleröffnung und den Spielaufbau. Eine besondere Herausforderung ist das Spiel mit einem Ballkontakt.

Turmspiele mit neutraler Überzahl

Turmspiel 2+2 gegen 2+2

Die Turmspieler oder Neutralen stehen am Rande des quadratischen Spielfeldes. Sie werden von beiden Parteien in das Spiel mit einbezogen. Wird ein Spieler der eigenen Mannschaft angespielt, dann wechseln die beiden beteiligten Spieler die Positionen. Dadurch ergeben sich viele wettkampfnahe Varianten im Kombinationsspiel. Die Mannschaftsgrößen sind variabel und es können auch Torhüter eingesetzt werden.

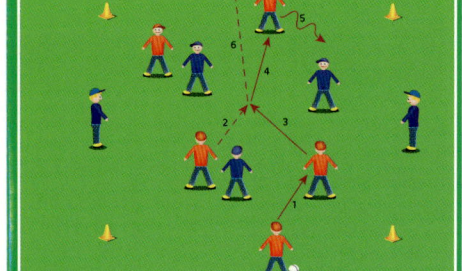

Turmspiel 2+3 gegen 3+2

Turmspiel 2+4 gegen 4+2

Überzahlspiel 8:4+4 mit zwei Feldern oder 6:3+3

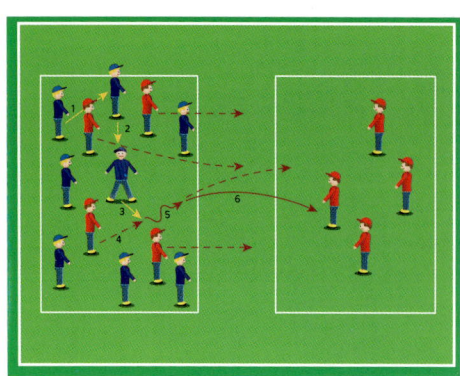

Diese komplexe Spielform hat als Ziel, die Spielverlagerung und dank der großen Überzahl den Ballbesitz zu wahren. Gespielt wird in zwei benachbarten Feldern mit etwa 30 x 30 Metern. Dort wird in einem Feld mit 8 Spielern von Mannschaft A gegen 4 Spieler von B gespielt. Im anderen Feld stehen noch weitere 4 Spieler von B. Erobern nun die 4 Abwehrspieler von B gegen die 8 Ballhalter von A den Ball, dann spielen sie den Ball schnell in das andere Feld zu ihren Mitspielern. Alle Spieler von B (insgesamt 8) wechseln in das eigene Feld und von A kommen 4 Abwehrspieler in dem Feld hinzu.

Eröffnung und Spielaufbau mit neutralen Zonen außen

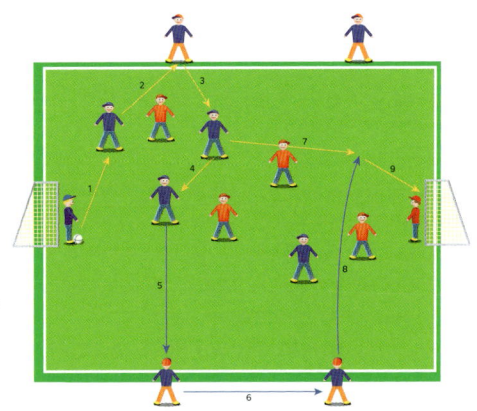

Diese anspruchsvolle Trainings- und Spielform verbindet Spieleröffnung und Spielaufbau. Zwei Mannschaften mit je 4 Spielern und dem Torwart sowie 4 Neutralen spielen in einem 20 x 40 Meter großen Feld. Neben dem Feld gibt es in Längsrichtung rechts und links einen neutralen Korridor. Dort befinden sich je zwei Spieler der Neutralen; in jeder Spielfeldhälfte einer. Mannschaft A eröffnet das Spiel über den Torwart nach links zu N1. Dann muss sie innerhalb der eigenen Hälfte das Spiel nach rechts zu dem zweiten Neutralen N2 in der eigenen Hälfte verlagern. Der Neutrale N2 spielt auf der linken Seite weiter in die andere Hälfte zu dem Neutralen N3. Der zieht nach innen und wird von einem Spieler der Mannschaft A hinterlaufen. Dieser kommt zur Flanke oder zum Torschuss. Nach Angriffsabschluss eröffnet der Torwart von B das Spiel in der eigenen Hälfte über N4 nach außen.

Spiele mit Raumblockaden

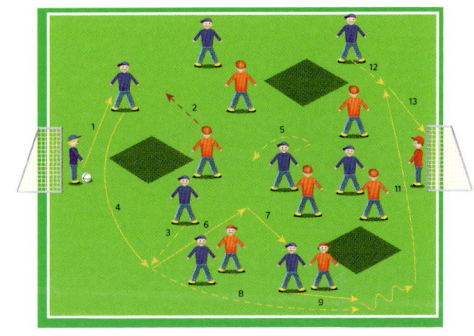

Zum Abschluss des Trainings kann dann in zwei Mannschaften z. B. 8 gegen 8 gespielt werden. Gespielt wird nach dem Ablauf der Übung mit neutralen Zonen im Außenbereich und mit Raumblockaden oder Tabuzonen auf dem Spielfeld. Diese können verschiedene Formen haben, z. B. Rechtecke oder Dreiecke, und an unterschiedlichen Stellen des Spielfeldes positioniert und mit Hütchen markiert werden. Die Raumbarrieren sollen den Spielern helfen, das Spiel so zu gestalten, dass die Spieleröffnung und der Spielaufbau erleichtert werden. Von den Spielern wird verlangt, die sich verändernden Situationen wahrzunehmen und eine spielfortführende Handlung vorzunehmen. Dabei ist die Aufforderung „Kopf hoch" ein wesentlicher Bestandteil für die Spielfortsetzung.

Eishockeyspiel

Durch die Anordnung der Tore entsteht eine Art Eishockeyspiel. Die Tore sind so aufgestellt, dass die Öffnungen nach außen zeigen. Die Mannschaften sind somit gezwungen, über die Außenbereiche an den Toren vorbei zu spielen. Dabei können verschieden Auflagen zum Torerfolg führen. Tore mit dem Kopf oder als Volleyschuss oder eine bestimmte Anzahl von Pässen entspricht einem Torerfolg. Je nach Mannschaftsgröße sollten die Tore nicht weiter als 20–30 Meter auseinander stehen. Auch die Vorgabe der Ballkontakte ist je nach Leistungsniveau eine Herausforderung für die Spieler. Natürlich können auch Torleute eingesetzt werden.

Das Thema Spieleröffnung und Spielaufbau passt zu den aktuellen Forderungen im Fußball. Diese sind u. a. Raumdeckung, 3er- oder 4er-Abwehrkette, ballorientiertes Verhalten, Forechecking, Pressing und schnelles Spiel in die Tiefe. Aber alle genannten Elemente des zeitgemäßen Fußballspiels fordern die Basisarbeit in den Bereichen der Technik und Taktik im Sinne eines verbesserten Kombinationsspieles. Von den Spielern müssen wir fordern, dass sie ihr konditionelles Potential gezielter einsetzen. Einerseits sollten sie darüber die ständige Anspielbarkeit in Ballnähe herstellen, anderseits sollten sie positionstreu spielen. Dann würde auch ein Nachtaktieren wegfallen. Das Sozialverhalten im Mannschaftsverbund bietet genügend Freiraum für den einzelnen Spieler. Was wir bei den taktischen Lösungen nicht dauerhaft brauchen können, sind sog. Egoshooter. Das Bestimmen des Spielrhythmus ist von großer Bedeutung in dem veränderten Verhältnis von Raum und Zeit im Fußball. Unverändert sind seit Jahrzehnten die Ausmaße der Fußballplätze. Trotzdem hat man oft den Eindruck, als seien die Plätze kleiner geworden. Dies basiert auf dem Verhalten der Spieler, die freien Räume auf dem Spielfeld nicht zu sehen. Wahrnehmung und Orientierung meint, auch das Auge zu trainieren. Das soll durch das praktische Angebot unterstrichen werden. Dabei ist klar, dass die Bereiche Spieleröffnung und Spielaufbau in den Trainingsformen und im Wettkampf verschmelzen.
Hilfen bieten sowohl der „Spielzyklus" als auch das „MAMA"-„PAPA"-Prinzip.

Abwehr: Attraktiv Verteidigen

Wenn junge Fußballer nach ihrer Lieblingsposition befragt werden, dann steht der Abwehrspieler meistens an letzter Stelle oder wird gar nicht genannt, obwohl eine alte Fußballerweisheit sagt, die Stürmer schießen die Tore, aber die Abwehr gewinnt die Spiele. So gesehen gehört die Anerkennung bei Erfolg in gleicher Weise der Abwehr und die Spieler sollten genauso im Mittelpunkt stehen.

Damit sich die Einstellung der Spieler zur Abwehrarbeit verändert, muss das Abwehren vom Trainer attraktiv an die Spieler heran getragen werden. So müssen sich für moderne Abwehrspieler innen oder außen Möglichkeiten ergeben, an dem offensiven Spiel nach vorne teilnehmen zu können. Dies wiederum setzt eine vielfältige Ausbildung der Spieler in der Defensive und Offensive voraus. Der Spieler muss seine Technik und Taktik in den Abwehrpositionen verbessern und gleichzeitig sein Spiel in der Vorwärtsbewegung erweitern. Dazu bedarf es je nach Spielsituation der Absicherung durch einen Mitspieler.

Es muss allen Spielern Spaß machen, durch gutes Verteidigen in Defensive und Offensive zum Erfolg beizutragen.

Sicherheit durch das 1 gegen 1

Die moderne Abwehrarbeit zeichnet sich durch Individualität und Gruppenarbeit aus. Dazu kommen Basiskenntnisse der Abwehr:

» Besetzen der inneren Linie,
» tornah stehen,
» Tempoaufnahme und Wendigkeit
» Stellungsspiel mit seitlicher Position,
» den Gegner mit Ball stellen, kein Foulspiel
» Rechts- oder Linksfuß beachten,
» ist der Gegenspieler klein oder groß,
» greift er innen oder außen an,
» Orientierung und Antizipation
» Basiselemente des 1 gegen 1 in der Technik und Taktik.

Farbenviereck zum Abwehren

Das Viereck hat 4 Farben und ist 5 x 5 Meter groß. Ein Spieler A mit Ball nennt die Farben, die der Verteidiger B anzulaufen hat mit dem Blick zum Ballhalter C. Wenn die Positionen z. B. blau und weiß berührt wurden, kommt der Pass.

Danach spielen wir mit einem Angreifer und Verteidiger, die beide zu den Farben blau und gelb laufen müssen und dann kommt der Pass. Der Verteidiger versucht, vor dem Angreifer an den Ball zu kommen.

Als Variante kann auf der anderen Seite des Vierecks auch ein Anspieler stehen. Sollte sich überraschenderweise der Angreifer durchsetzen, kann er diesen anspielen und es wird die gleiche Übung mit wechselnden Aufgaben der Spieler durchgeführt.

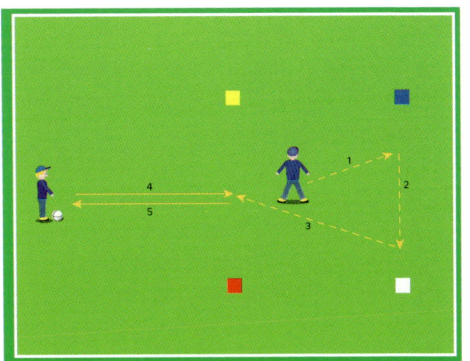
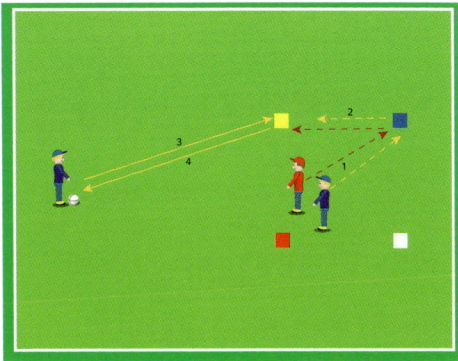
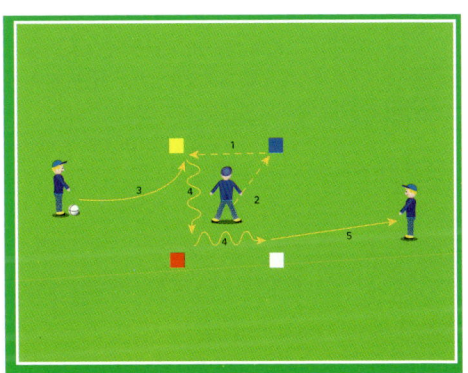
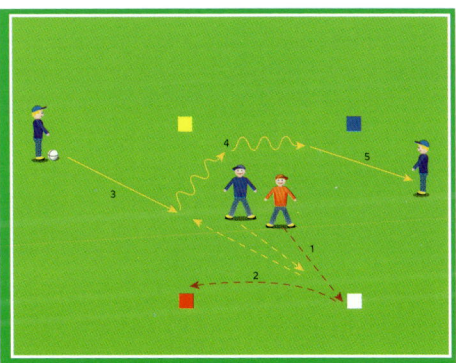

Verteidigen sollte Freude machen und sollte deshalb den Spielern als attraktive Herausforderung näher gebracht werden, „sich zu wehren". Das Verteidigen muss den Gegner vor Probleme stellen und sollte möglichst ohne Foulspiel auskommen. Ziel ist es, jeglichen gegnerischen Torerfolg zu verhindern. Eine erfolgreiche Abwehr muss die Torgefahr frühzeitig erkennen und unterbinden und braucht dazu immer die Unterstützung aus dem eigenen Mittelfeld und dem Angriff, um Gegenspieler am Ball zu doppeln. Letztlich erwarten wir von den Abwehrspielern auch einen Anteil zur Spielgestaltung im Sinne der Spieleröffnung und des Spielaufbaus mit sicherem Passspiel und das Eindringen in die gegnerische Hälfte. Mit Druck auf die gegnerische Abwehr, als Flanke, Pass auf die Spitze oder Torschuss.

Raumdeckung mit der Viererkette

Das 1 gegen 1 in der Raumdeckung

In der Raumdeckung haben wir als Basis das 1 gegen 1, das jeder Spieler beherrschen sollte. Das Verhalten in der Raumdeckung setzt die allgemeinen Kenntnisse des Verteidigens voraus. Dazu zählt die innere Linie zwischen Angreifer und eigenem Tor, die Tempoaufnahme gegen schnelle Dribbler, das Anbieten einer Seite, die Wendigkeit und eine körperliche Robustheit. Höchste Priorität bei der Abwehrarbeit hat das Spielen ohne Foul, besonders in Tornähe. Diese Grundsätze muss jeder Abwehrspieler verinnerlichen und anwenden. Damit hat der Spieler die Voraussetzungen individuell, gruppen- und mannschaftstaktisch in der Defensive zu spielen. Vorrangiges Ziel ist die Torverhinderung. Dazu ist fortlaufend im Verbund mit den Mitspielern und in der spezifischen Position zu trainieren, um Automatismen zu entwickeln. Für das Training müssen am Wettkampf orientierte Übungen und Spielformen in geordneter und ungeordneter Form in Gleichzahl, Über- und Unterzahl angeboten werden.

Der nächste Schritt ist das Verteidigen in der Raumdeckung mit einer Dreier- oder Viererkette.

Einführung der Raumdeckung

Das Spielen in der Raumdeckung ist eine große Herausforderung für die ganze Mannschaft. Die Raumdeckung ist nicht allein eine Sache der Abwehr, sondern aller Mannschaftsteile. Es setzt mannschaftliches Denken und Handeln aller Spieler voraus und ist von Sozialverhalten und einem Miteinander geprägt.

Als Leitbild könnte der Spruch von Ernst Happel herhalten „Bei uns kann jeder machen, was er will, es muss nur im Sinne der Mannschaft sein".

» Raumdeckung braucht die Wahrnehmung und Orientierung, um Spielsituationen zur Balleroberung und Torabwehr richtig einzuordnen.
» Dabei sind das Spielen gegen den Ball und das Verstellen der Passwege die vorrangigen Aufgaben.
» Der Spieler am Ball muss so bedrängt werden, dass er nur noch die zweite Wahl spielen kann oder kehrtmacht und den Angriff abbricht.
» Ein Abspiel unter Bedrängnis führt in der Regel zu einem Ballverlust und somit zum leichten Ballgewinn der abwehrenden Mannschaft.
» Zum besseren Verständnis der Raumdeckung kann ein Schachbrett helfen. Wenn man die schwarzen Felder gegeneinander schiebt, entsteht das Prinzip eines Mähbalkens. Diesen kann im Sinne der Raumdeckung keiner ohne „Verletzung" überwinden.
» Wir nehmen vier schwarze Damesteine und spielen gegen einen weißen Stein, die Fuchsjagd. Die schwarzen Steine können sich nur vorwärts bewegen und der weiße in alle Richtungen. Bei einer guten Raumaufteilung fangen die schwarzen den weißen Stein, so wie bei der Raumdeckung die Abwehr den Angriff erfolgreich stoppt.

Hier werden zwei Lehrwege zu Vermittlung der raum- und ballorientierten Abwehrarbeit vorgestellt. Grundsätzlich muss bei beiden Lehrwegen ein positives Denken für die Raumdeckung bei den Spielern entwickelt werden.

» Dazu zählen einfache Fangspiele, bei denen die Fänger lernen, sich schnell zu organisieren, um dadurch einen Raum oder einen Gegenstand zu verteidigen.
» Die Überwindung der „Chinesischen Mauer" ist unmöglich und soll verdeutlichen, welche Vorteile sich aus der Raumdeckung ergeben. 4 Spieler sollen ohne Arme durch Verschieben einem Angreifer in einem begrenzten Raum den Weg zustellen.

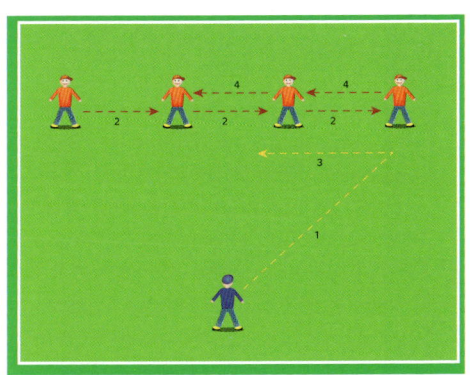

Chinesische Mauer

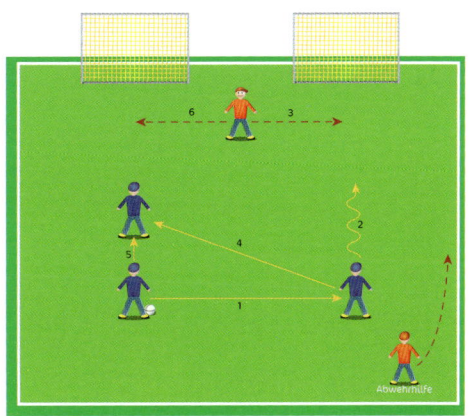

1 Abwehrspieler und 2 Tore

Der Abwehrspieler soll sich im Raum bewegen und das Angriffsspiel verzögern, bis die Abwehrhilfe zum 2:2 kommt.

Viererketten als „Mähbalken"

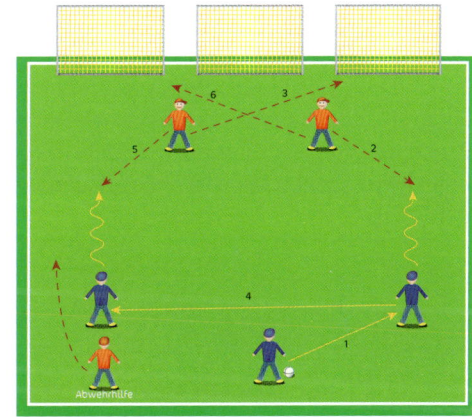

2 Abwehrspieler und 3 Tore

» Im **ersten Lehrweg** spielen wir mit einem Abwehrspieler, der 2 Tore zu verteidigen hat gegen 2 Angreifer. Diese Form steigern wir weiter mit 2 Abwehrspielern, 3 Toren und 3 Angreifern bis zur Endform 4 Abwehrspieler, 5 Tore und 5 Angreifer. Das Prinzip besteht darin, immer ein Tor und einen Angreifer mehr zu haben als Verteidiger. Wenn das verstanden wurde, kann man die Abwehr belohnen, indem man nach einer bestimmten Anzahl von Pässen der Angreifer die Abwehrreihe komplettiert und in Gleichzahl weiter gespielt wird.

Die 2 Abwehrspieler verzögern das Angriffsspiel durch Verschieben und die Arbeit gegen den Ball im Wechsel, bis die Abwehrhilfe zum 3:3 kommt.

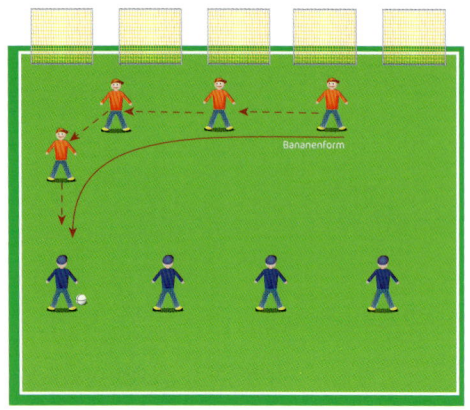

4 Abwehrspieler und 5 Tore

Im Spiel 4:4 verschiebt sich die Abwehr gegen den Gegner mit Ball und lässt das entfernte Tor außer acht. Abwehr in Bananenform.

Greift der Gegner außen an, ergibt sich die Bananenform. Kommt der Gegner durch die Mitte, wird das Abwehrdreieck gestellt. Druck auf den ballführenden Spieler ausüben. Die Mitspieler sichern als „kleine Liberos" ab.

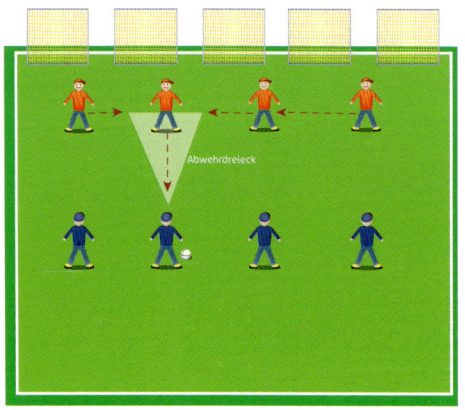

4 Abwehrspieler und 5 Tore

» Eine Variante zu dem beschriebenen Lehrweg ist das Spielen in einem oder mehreren Korridoren, beginnend mit einem Spieler in der Abwehr und zwei Spielern im Angriff, die sich einen Ball zuspielen. Der Abwehrspieler pendelt immer zur Ballseite, um dort den Spieler am Ball zu stören. Nach mehreren Pässen kommt ein zweiter Abwehrspieler hinzu. Nun rückt immer der Abwehrspieler zum Ballhalter heraus und der Mitspieler in der Abwehr verstärkt diagonal seinen Mitspieler als kleiner „Libero" und bildet so einen Teil des Abwehrdreiecks. Der zweite Teil des Abwehrdreiecks ergibt sich aus dem Abwehrspieler in dem benachbarten Korridor als Außenlinie. Das Abwehren im Korridor ist eine Ordnung, die der Abwehr hilft, die Angreifer zu stellen, da diese den Raum nicht verlassen können.

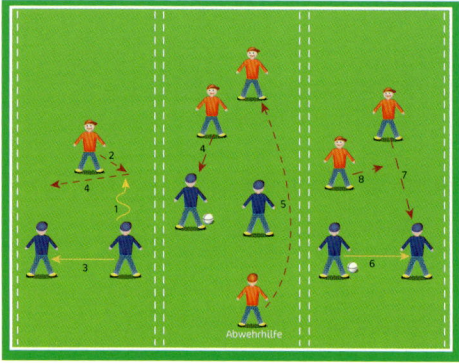

Abwehrspiel 1:2 im Korridor

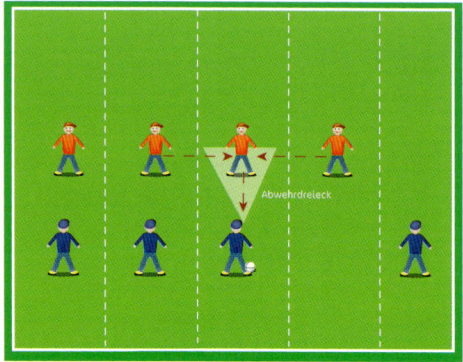

Abwehrspiel 4:4 im Korridor

Praxisformen

Praxis der Raumdeckung

» Der **zweite Lehrweg** beginnt mit Kettenfangen bis zu 4 Personen, dann werden neue Ketten gebildet.

» Danach werden 4er-Gruppen gebildet, die mit einem Bauband oder Gummiseil über eine Breite von 40 Metern verbunden sind. Gleichzeitig stellen wir in einem Abstand von 10 Metern in der Breite 4 Hütchen mit 4 verschiedenen Farben auf. Die Spieler stehen den Farben in einem Abstand von 5–10 Metern gegenüber.

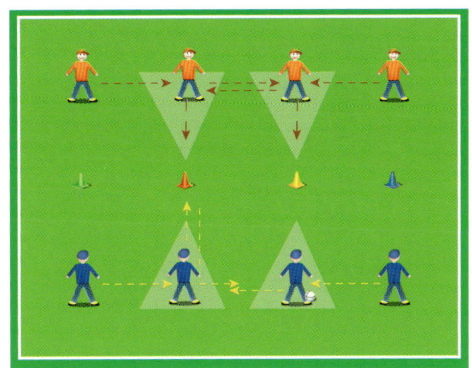

Nun nennt der Trainer jeweils eine Farbe und der gegenüberstehende Spieler läuft zu dem Hütchen, als sei dort ein Gegner mit Ball.
Es bilden sich jetzt zentral die Abwehrdreiecke. Außen bilden die Außenlinie und der innere Spieler das Dreieck.
Ist die Farbe auf den Außenpositionen anzulaufen, ergibt sich eine Bananenform in der Abwehrkette.
Dieses Verschieben zu den Farben wird immer schneller geübt, bis alle die Laufwege

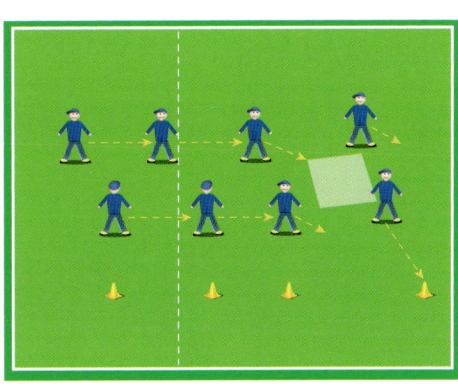

verinnerlicht haben. Durch das Band bleiben die Abstände immer erhalten.
Der nächste Schritt wäre, diese Übung mit zwei 4er-Ketten hintereinander zu üben. Derselbe Ablauf macht nun deutlich, dass Tiefe und Breite durch die Ketten besetzt werden. Im Außenbereich ergibt sich neben den Dreiecken nun auch die Abwehrraute.

» Es spielen 4 Spieler mit einem Ball die Farbpositionen an und die gegenüberstehenden 4 Abwehrspieler der Kette laufen ohne Band immer zu der angespielten Farbe.

» Ein Innenverteidiger der Abwehr übernimmt lautstark das Kommando des Verschiebens zum Ball. Diese Aufgabe kann gewechselt werden.

» Nun werden 5 kleine Tore aufgestellt im Abstand von 8–10 Metern in der Breite. 4 Verteidiger spielen gegen 4 Angreifer und verteidigen die 5 Tore.
Damit wird das seitliche Einrücken geübt. So steht der äußerste Spieler auf Höhe des vierten Tores. Das fünfte Tor wird vernachlässigt, als wäre dort ein gegnerischer Spieler, der aber keine Torgefahr darstellt.

Würde der Ball von den Angreifern auf die andere Seite verlagert, müsste sich spiegelbildlich dasselbe Bild ergeben: Bananenform und äußerer Bereich unbesetzt.

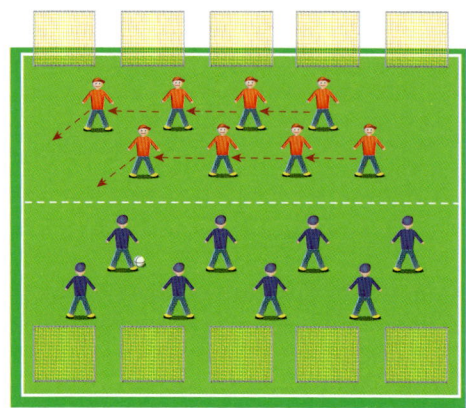

» Als Nächstes bauen wir ein Spielfeld mit jeweils 5 gegenüberliegenden Hütchentoren auf beiden Seiten. Der Abstand der Tore ist in der Breite 6–8 Meter und die beiden Torreihen haben einen Abstand von etwa 20 Meter in der Tiefe.
» Nun spielen 4 Angreifer gegen 4 Abwehrspieler. Nach Balleroberung folgt jeweils der Wechsel.

Als Ziel wird ausgegeben, keine Tore zuzulassen.

» Nächster Schritt ist das Spielen 8 gegen 8 mit jeweils 2 Viererketten auf 5 Tore. Der Abstand der beiden Torreihen wird auf 30 Meter erhöht.

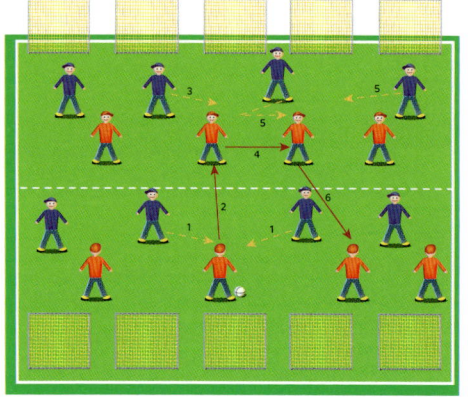

» Wir wollen das Verschieben der beiden Viererketten im Verbund üben. Es wird zusätzlich eine Mittellinie markiert, über die kein Abwehrspieler zum Verteidigen darf, um nicht die Kette zu sprengen.
» Die angreifenden 8 Spieler spielen ebenfalls in zwei Viererketten und kombinieren den Ball untereinander. Die Abwehr schiebt in Richtung Ball, ohne den Verbund aufzulösen.
» Als Nächstes stellen wir nun 4 Angreifer zwischen die beiden Viererabwehrketten.

Jeder Spieler in der Abwehr hat einen Angreifer gegenüber, der seine Position wechseln darf im Gegensatz zu den Abwehrspielern, die positionstreu den momentanen Gegenspieler mit Ball stören und wieder in ihre Position zurückkehren.

» Das Verfolgen des direkten Gegenspielers darf nie so weit erfolgen, dass der Abwehrverbund gesprengt wird.
» Das Bild eines Kettenhundes passt gut dazu. Der Hund (Abwehrspieler) kann nicht weiter als seine Kette. Er verbellt die Gefahr (Angreifer) und kehrt in seine Ausgangsposition zurück. Ist der Ball bei den Angreifern auf den Außenpositionen, kommt es zu einem deutlichen Einrücken der Abwehr auf der Gegenseite Richtung Ball.
» Die Ordnung der Abwehrdreiecke und Rauten muss erhalten bleiben.
» Als Hilfe dient, dass der Hintermann den Vordermann coacht.
» Zum besseren Verständnis spielen nun 11 Spieler im 4:4:2-System ohne Gegenspieler aber mit Torwart und müssen bestimmte Markierungen anlaufen, als sei dort der Gegner mit Ball.

» Es werden 6–8 Stangen mit unterschiedlichen Zahlen oder Farben aufgestellt, die rund um die Hälfte eines Spielfeldes verteilt sind.

Diese müssen nach Kommando des Trainers angelaufen werden.

» Beim Kommando „Stopp" bleiben alle Spieler stehen und es wird überprüft, ob die Abwehrreihen, Dreiecke und Rauten richtig stehen.
» Als Nächstes spielen nun zwei Mannschaften gegeneinander in der Raumdeckung im 4:4:2-System zuerst ohne Torhüter.
» Das Spielfeld nimmt zwei Drittel des Platzes ein und es werden für jede Mannschaft 5 Hütchentore auf der gesamten Breite des Feldes aufgestellt.
Ziel ist es, dass sich beim Spiel 10 gegen 10 alle Spieler bewegen und sich die Abwehr deutlich gegen den Ball verschiebt und die Räume eng macht. Die Anzahl der Tore wird nun auf drei reduziert (außen, Mitte und außen).
» Die Innenverteidiger coachen die Vorderleute und übernehmen die Verantwortung für das defensive Verhalten. Ziel der Abwehr ist es wieder, ohne Gegentor zu spielen.
» Als Variante kann sich die abwehrende Mannschaft in die eigene Hälfte zurückziehen und spielt nun gezielt gegen Ball und Gegner.
» Als letzter Schritt dieser Ausbildungsreihe zur Raumdeckung bietet sich die Fuchsjagd an. Die Ball besitzende Mannschaft wird nun von den Verteidigern über das Feld verfolgt. Ziel ist es, möglichst schnell an den Ball zu kommen.

Es wird wieder im 4:4:2-System gespielt, und der Trainer wirft oder schießt den Ball beliebig zu den Angreifern und schon beginnt die Fuchsjagd. Bei Jugendlichen würden wir als Anreiz das Spielfeld verkleinern und der Abwehr eine Zeitvorgabe oder Belohnung zur Eroberung des Balles vorgeben.

Die Fuchsjagd ist eine Übungsform in Richtung Forechecking oder Pressing, weil alle Spieler beteiligt sind.

Mittelfeld: Kreative Gestaltung

Das Mittelfeld ist das kreative Bindeglied zwischen Abwehr und Angriff und zeichnet sich durch eine große Individualität in den Bereichen Technik und Taktik aus. Deshalb sollte aus der Abwehr das Mittelfeld nicht mit langen Bällen überspielt werden, sondern möglichst angespielt werden. Mittelfeldspieler sollten unberechenbar sein durch schnelle, wendige, beidfüßige Spielaktionen unter Gegner- und Zeitdruck. Ihr Spiel wird taktisch geleitet von der Wahrnehmung und Orientierung, dem Erkennen freier Räume, dem Wechsel des Spielrhythmus, der Spielbeschleunigung, dem Konterspiel und eventuell auch vom Spielstand. Mittelfeldspieler zeichnet Handlungsschnelligkeit und eine hohe Wettkampfruhe am Ball aus.

Eine Abwehr ist so gefestigt, wie das Mittelfeld nach hinten arbeitet. Auch das Angriffsspiel ist geprägt durch die Mittelfeldspieler, die finale Pässe in die Schnittstellen der gegnerischen Abwehr, die offenen Fenster, auf die Spitzen spielen. Ein effektives Mittelfeldspiel zeichnet sich auch durch eigene Torgefährlichkeit aus. Eine hohe Laufbereitschaft im größten Teil des Spielfeldes, dem Mittelfeld, zu zeigen, ist auch eine Charaktersache im Sinne der Mannschaft.

Mittelfeldspieler müssen:
» sehr handlungsschnell in der Ballverarbeitung sein,
» Spielsituationen richtig einordnen und umsetzen,
» den Spielrhythmus der Mannschaft bestimmen können durch Antreiben oder Verschleppen je nach Spielstand,
» Spielsituationen antizipieren können.

Mittelfeldspieler sollten den Ballbesitz und das Spiel in die Tiefe bevorzugen. Das Spiel in die Breite beispielsweise über kurze Pässe als Spielverlagerung soll den Gegner in der Abwehrarbeit beschäftigen und die Abstände zwischen den Abwehrspielern vergrößern, um dann den überraschenden Pass durch das offene Fenster in die Tiefe zu spielen.

Eine besondere Stärke von Mittelfeldspielern ist die Umschaltfähigkeit und Staffelung in Tiefe und Breite, ohne die Ordnung aufzugeben. Dabei sind bereits in der Rückwärtsbewegung alle Aktionen gegen den Ball und Gegner zu richten und die Räume eng zu machen. In der Vorwärtsbewegung bei Ballbesitz braucht man dagegen die gesamte Breite des Spielfeldes und dazu:
» zügige Ballstafetten nach Möglichkeit mit direktem Spiel
» Anspielangebote durch Spiel ohne Ball herstellen in Tiefe und Breite
» die Spielverlagerung „Drehscheibe" als taktisches Mittel
» antizyklisches Spiel im Mittelfeld gegen den Lauf der gegnerischen Abwehrarbeit
» das „MAMA- und PAPA-Prinzip", Mitte-Außen... und Pass-Außen ...zur Verbesserung des Flügelspieles
» das Spiel auf die Spitzen, die Angebote erarbeiten
» das Spiel über die Außenpositionen, die Positionstreue zeigen
» das Spiel durch die geöffneten Gassen oder Fenster als diagonale und vertikale Spielangebote
» uhrwerkartigen Spielfluss entwickeln über mehrere Stationen bis zum Torabschluss
» Torgefährlichkeit des Mittelfeldes aus dem Spiel und bei Standards
» verdecktes taktisches Spiel über den dritten Mann
» das Herausarbeiten von Torchancen
» der Torabschluss mit dem möglichen Torerfolg

Die Klasse eines Mittelfeldes zeichnet sich durch den Transport des Balles von der Abwehr ins Mittelfeld und vom Mittelfeld in den Angriff durch alle Mannschaftsteile aus.

Gegen robuste Mannschaften muss das schnelle Passspiel im Sinne eines „Katz und Maus"-Spieles dominieren. Dazu müssen Übungs- und Spielformen im Training angeboten werden, die diese Wettkampfnähe und Wettkampfruhe berücksichtigen, fördern und fordern.

Spielverlagerung „Drehscheibe"

Die Spielverlagerung ist ein beliebtes Schlagwort im Fußball. Die Spielverlagerung ist ein taktisches Mittel, welches in allen Mannschaftsteilen und auf dem gesamten Spielfeld Bedeutung hat und angewendet werden kann. Die Spielverlagerung sollte immer mit einer Anschlusshandlung verbunden sein.

Abwehr	–	über den Torwart
Mittelfeld	–	als Spielaufbau
Angriff	–	am Flügel

Voraussetzungen für die Spielverlagerung sind: Positionstreue, Flügelbesetzung, Einbindung der Flügelspieler.

Nur durch das Selbstverständnis, dass alle Positionen treu eingehalten oder durch Positionswechsel zweier Spieler besetzt bleiben, lässt sich das Spiel verlagern. Die Positionstreue bezieht sich besonders auf die Außenbereiche. Ohne Flügelbesetzung kann man das Spiel nicht nach außen verlagern. Ein weiterer Schritt, der häufig außer Acht gelassen wird, ist im Anschluss an das Spiel nach außen die jeweilige Anbindung des Spielers am Flügel. Denn nur durch diese Anbindung sind dann in Folge der Verlagerung weitere taktische Spielzüge möglich. Dazu gehören Doppelpass, Hinterlaufen und Ballübernahme. Die Bedeutung teilmannschaftlicher Leistungen wird hier besonders herausgestellt.

Die Spieler müssen zur Umsetzung der Spielverlagerung die Spielsituation erkennen, einordnen und ausführen.

Dazu sind die technische und taktische Ausführung genauso zu berücksichtigen wie die zeitlich-räumliche Vorgabe und das Verhalten von Mit- und Gegenspielern. Hilfen ergeben sich für den Spieler durch Auge und Ohr in Form von Sehen und Hören.

Drehscheibe

Der jeweilige Spieler mit Ball muss für sich verinnerlichen, dass er sich auf einer Drehscheibe oder einem Drehteller befindet und davon möglichst Gebrauch machen sollte, „Spiel drehen oder gehen", nur kein Spielstopp. Dabei kann nicht nur in die Breite, sondern auch in die Tiefe verlagert werden. Besonders effektiv wird das Verlagern, wenn es gegen die Laufrichtung der Verteidiger durchgeführt wird. Schon die jüngeren Jahrgänge müssen im Training mit dem Begriff der Spielverlagerung und angepassten Übungsbeispielen vertraut gemacht werden. Dazu zählen:
- » komplexe Formen, die ständig verändert werden
- » Verengung und Erweiterung des Spielraumes
- » Veränderung der Anzahl der Spieler, der Tore und der Bälle
- » Vorgabe von Ballkontakten als Pflicht
- » Erhöhung des Spieltempos
- » Tabuzonen

Die „Drehscheibe"

Als Beispiel der „Drehscheibe" kann der Mittelkreis des Spielfeldes gesehen werden. Wenn ein Spieler dort angespielt wird, dreht er das Spiel in die Richtung, die eine kreative und offensive Spielfortführung ohne Ballverlust ermöglicht. Es ist anzustreben, dass alle Spieler die Position des Drehpunktes einnehmen und „spielen" können und somit die taktischen Vorteile der Drehscheibe verstanden haben. Das Spiel in die Breite erzeugt mit Geduld Raum für das Spiel in die Tiefe mit dem Ziel des Angriff- oder Torabschlusses.

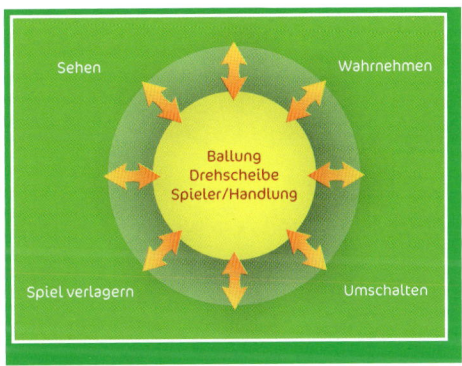

Faktoren der Drehscheibe

Praxisformen

Die Spielverlagerung müssen die Spieler als taktisches Mittel und als Lösung bei Ballungen und bedrängten Spielsituationen früh kennenlernen und anwenden.

Bei den Torspielen sollen die Angreifer das Spiel mit Priorität häufig verlagern. Entsprechend muss sich auch die Abwehr der Angreiferzahl anpassen, um ein Tor zu verhindern, die Überzahl der Gegner auszugleichen und den Ball zu erobern. Wenn sich nun vor einem Tor die Ballung durch die Spieler ergibt und kein Durchkommen zum Tor möglich ist, sollte das Mittel der

Spielverlagerung von den Angreifern zum anderen Tor eingesetzt werden. Für alle Spielformen gilt 10 Pässe gleich ein Tor oder Punkt und die Begrenzung der Ballkontakte.

Zur Spielverlagerung muss man sich vorstellen, dass das normale Spielfeld in mehrere große Felder (Raster) geteilt ist. Die Größen sind vergleichbar mit einer Dreifachhalle. Kleinere Spielfelder im Training werden in kleinere Raster geteilt. Das heißt für die Spielverlagerung, dass der Ball nicht von rechts nach links oder umgekehrt mit einem Pass über das große Spielfeld mit langer Distanz gespielt wird, sondern bewusst von Teil zu Teil. Das Spielgeschehen wird verlagert, um mögliche Ballungen zu umspielen. Der Ballhalter übernimmt die Funktion der Drehscheibe und sucht sich einen Mitspieler zum Anspielen. Dieser wird dann zu der neuen Drehscheibe. Auch der Mittelkreis des Spielfeldes ist ein zentraler Ort einer Drehscheibenposition, um das Spiel zu lenken und zu leiten, und muss daher immer besetzt sein.

Der lang andauernde Ballbesitz macht selbstbewusst und zermürbt den Gegner in seiner Laufarbeit und Spielordnung. Langer Ballbesitz ist auch ein Mittel, den Gegner in seiner Konzentration zu schwächen.

Besondere Hilfen bei der Spielverlagerung sind neutrale Anspieler im Training, die den Auftrag erhalten, zentral oder im Außenbereich zu verstärken und „Drehscheibe" zu sein. Bei Ballbesitz haben alle Spieler der Gruppe den Auftrag, immer wieder mit Geduld gegen die Laufrichtung der Gegner zu spielen, bis sich der Weg zum Tor mit dem Pass in die Tiefe öffnet.

Rasterspielfeld

Mit dem Abspiel des Torwarts 1 in das Rasterfeld A nähern sich alle Spieler dem Ballhalter aus den umliegenden Feldern. Das Abspiel 2 in das Rasterfeld B erzielt denselben Effekt, indem sich die Spieler aus den umliegenden Feldern nähern. Diese Spielweise erfordert viel Übersicht, um im Ballbesitz zu bleiben und den Gegner zu beschäftigen und laufen zu lassen. Neben der Breite ist das Spiel in die Tiefe zu suchen und die frei werdenden Räume zu nutzen. So wie sich der Gegner zum Ball orientiert, sollten es auch die Mitspieler tun und Anspiele ermöglichen.

Rasterspielfeld

Parteispiele 8:2 und 6:2

Die Spiele 8:2 und 6:2 werden in einem begrenzten Raum und mit 2 Bällen gespielt. Dabei ist zu entscheiden, mit wie vielen Ballkontakten die Gruppe spielen darf. Beginnend mit 3 und dann runter auf 2 oder 1 Ballkontakt. Ziel ist es, die beiden Bälle zu beobachten. Es sollten möglichst keine Doppelanspiele mit zwei Bällen zu einem Spieler stattfinden.

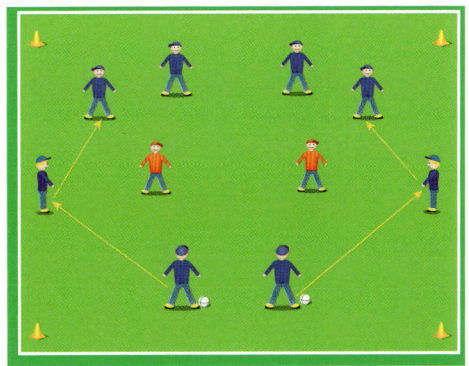

Spiel 4:4 auf 4 Tore

Eine besondere Herausforderung als Basiselement für die Spielverlagerung ist das Spiel 4:4 auf 4 Tore (jeweils 2 Tore in Angriff und Abwehr). Als Varianten können die Tore anders gestellt werden, z. B. diagonal gegenüber oder in den Ecken des Spielfeldes. Dazu können auf dem Spielfeld kleine Tabuzonen eingerichtet werden, die zu umspielen sind.
Die Spieler mit Ball sollen schnell und überlegt in ihr Spiel das Element der Spielverlagerung in Tiefe und Breite einbauen. Die Angreifer spielen vor einem Tor gegen 4 Verteidiger. Dann erfolgt der Wechsel vor das andere Tor. Gleichzeitig beginnt das Verschieben der Angreifer und der Verteidiger.

1+3:3+1

Mannschaft blau spielt mit einem Anspieler außen und 3 Mitspielern innen gegen 3 Spieler von rot, die ebenfalls einen Spieler außen haben. Die Mannschaften können mit beiden Außen spielen. Bei der eigenen Mannschaft erfolgt der Spielerwechsel von außen nach innen mit Ball. Der Passgeber geht auf die Außenposition. Ziel ist es, zwischen den Anspielern ständig zu verlagern und möglichst gegen den Lauf der Verteidiger zu spielen.

4:2+2 mit Felderwechsel

In einem Feld mit 10 x 10 Meter Größe wird 4:2 gespielt. Bei Balleroberung durch die 2 Verteidiger spielen diese den Ball sofort in das benachbarte Feld und es wird nun umgekehrt 4:2 gespielt. Ziel ist es, nach der Balleroberung den Ball durch die Spielverlagerung zu sichern und die Spielsituation zu lösen. Als Variante wird mit Torabschluss und Torhütern gespielt.

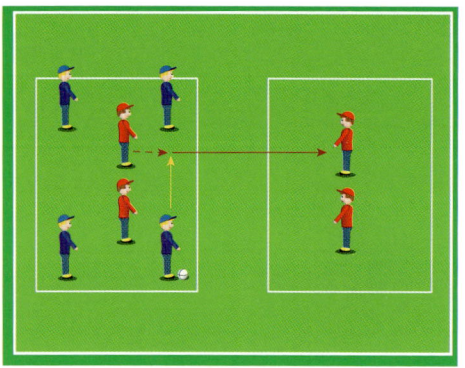
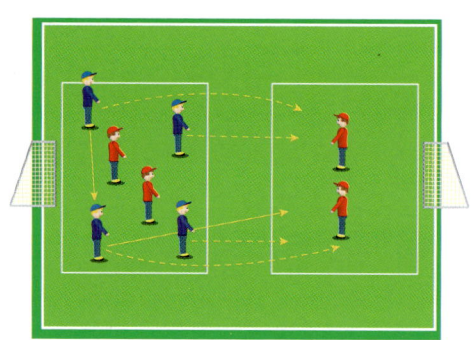

4:4 mit 4 Toren auf Linie

Eine weitere Möglichkeit ist, 4:4 mit 4 offenen Toren mit je 2 Metern auf einer Linie über eine Breite von 20–30 Metern zu spielen. Die Tore können von vorne und von hinten erzielt werden, die Abwehrspieler dürfen zum Verteidigen nicht durch die Tore laufen. Ziel der Ballhalter ist es, das Spiel um die 4 Tore und durch die offenen Räume zwischen den Toren (Fenster) ständig zu verlagern, bis sich ein freies Tor zum Abschluss ergibt.

Eishockeyspiel

Die Tore stehen gegeneinander mit oder ohne Abstand mit der offenen Seite nach außen und man kann durch Verlagern vor beiden Toren spielen und Tore erzielen. Das bedeutet für die Mannschaft mit Ball, die Veränderungen der Spielerpositionen wahrzunehmen und entsprechend zu reagieren. Dabei ist es häufig besser, dem eigenen Auge zu folgen und nicht dem Zuruf des Mitspielers, um den Pass ohne Ballverlust zu spielen.

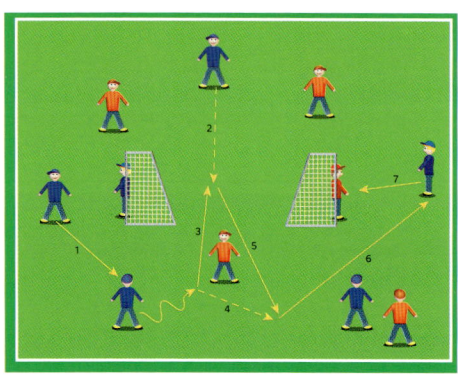

Spielform 2+4 gegen 4+2

Es spielen 2 Mannschaften 2 + 4:4 + 2 mit 2 Torleuten. Dabei sind die 2 Verstärker pro Mannschaft jeweils an den Toraußenlinien postiert. Sie bieten sich dort für die eigene angreifende Mannschaft an. Als Variante kann nach dem Anspiel mit dem Neutralen in der Position ein Wechsel erfolgen; Spiel mit 2 Ballkontakten oder freies Spiel.
Als Varianten bieten sich für die Mitspieler auch die seitlichen Positionen als Spiel in die Breite an oder die Mitspieler werden neben dem Tor des Gegners postiert. Damit wird das Spiel in die Tiefe forciert.

Spiel 2x3:3 mit 2 Neutralen im freien Raum

Auf jedes Tor spielen 2 Mannschaften jeweils 3:3 plus Torwart und Ball. Dazu spielen zentral zwischen den beiden Gruppen in einem Korridor die 2 neutralen Verstärker, die sich selbstständig in das Spiel bei beiden Mannschaften einschalten sollen. Dabei wird die ballhaltende Mannschaft unterstützt. Die Neutralen sollen ständig zwischen den Gruppen wechseln und beide Spiele im Auge behalten. Die Neutralen können auch farblich einer Mannschaft zugeordnet werden und so einen Positionswechsel nach dem Anspiel vornehmen. Der Passgeber wird Neutraler und der Neutrale wechselt in die Mannschaft.

Wagenrad „Drehscheibe"

Bei vielen Mannschaften bis in den Spitzenbereich ist zu beobachten, dass sie gefällig kombinieren und sich aus dem Laufverhalten der Spieler ungewollt wie beim Handball ein Außenkreis ergibt. Unbesetzt ist die Mitte, so dass zwischen den außen stehenden Spielern keine Verbindung besteht. Im übertragenden Sinn haben wir ein Wagenrad mit Speichen und in der Mitte die Achse. Diese Achse müsste durch einen Spieler ausgefüllt werden, der dann das Verbindungsglied zu allen Spielern darstellt. Die äußeren Spieler können nun über den Mittelspieler miteinander spielen und das Spiel drehen. Alle Spieler sollten die Achsenposition als „Drehscheibe" gespielt und verstanden haben, um das MAMA- und PAPA-Prinzip umzusetzen. Eine gute Trainingshilfe ist dabei der Mittelkreis als Außenkreis und dazu die Besetzung dezentraler Positionen.

Spielformen des Wagenrades

Es spielen 3:1+1 in der zentralen, mittigen Achsenposition
Es spielen 4:2+1
Es spielen 5:2+1
Es spielen 6:2+1
Es spielen 7:3+1
Es spielen 8:4+1 oder
es spielen 8:4+2.

4:2+1, 7:3+1 und 8:4+2

Aus vielseitigen Spielformen des Wagenrades als Basis der Drehscheibe wurden diese drei Beispiele exemplarisch ausgewählt. Die Spieler +1 oder +2 bewegen sich mittig in der „Achsenposition" und bieten sich durch geschicktes Freilaufen auf den offenen Fensterpositionen an und leiten nach dem Anspiel den Ball weiter, um das Spiel zu drehen, oder spielen wieder dort hin, wo der Ball her kam. Es kann die Anzahl der Ballkontakte vorgegeben werden und eine bestimmte Zahl von Pässen ist ein Punkt.

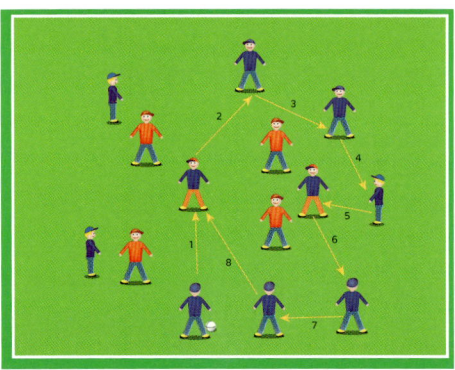

Alle Spielformen werden als Wagenrad in einem begrenzten Feld gespielt. Die Anzahl der Spieler in Angriff und Abwehr sind veränderbar. Der Spieler „+1" („+2") steht als Verstärker auf der Achsenposition, also mittig und soll durch die Gasse anspielbar sein. Er hält sich hinter den Verteidigern auf, ermöglicht so das Spiel in die Tiefe und übernimmt die „Drehscheibenfunktion". Die Verteidiger müssen immer gegen den Ball spielen und dürfen den Spieler in der Mitte nicht decken. Die Anzahl der Ballkontakte kann vorgegeben und die Zahl der Spieler in der Achsenposition verändert werden.

Grundsätzlich verläuft das Zusammenspiel der Spielverlagerung mehr im flachen Kurzpassspiel und sollte unnötige Ballverluste durch lange Pässe ausschließen. Aus Gründen mangelnder Spielausdauer und Geduld wird häufig völlig überraschend ein langer hoher Pass gespielt, der oft mit dem Ballverlust verbunden ist.

In der spielerischen Weiterentwicklung der Mannschaft müssen besonders die Abwehrspieler in der Umschaltfähigkeit und Spielverlagerung trainiert werden. Die Abwehrspieler sollten die Räume für die Angreifer zustellen und bei der Balleroberung die Ballsicherung beachten. Die Zielsetzung ist, die Abwehr häufiger spielend zu verlassen, um so einen Angriff aufzubauen.

Zusammenfassend kann man feststellen, dass die Spieler versuchen sollten, das Spiel so oft wie möglich zu drehen und Spielerballungen als Aufforderung zur Spielverlagerung zu erkennen, ohne die Zielstrebigkeit zum Tor zu verlieren.

Wer mehr sieht, findet bessere Lösungen.

Umschaltfähigkeit und Spielbeschleunigung

„Das Spiel ist der beste Lehrmeister". Dieser Anspruch hat etwas Wahres, beinhaltet aber die zahlenmäßig größte und komplexeste Form, die das Fußballspiel kennt, nämlich 11:11. Die Umschaltfähigkeit und Spielbeschleunigung sollen am Beispiel komplexer Spielformen in Kleingruppen 3:3 oder 4:4 trainiert werden. Das Spiel und die Trainingsformen setzen allerdings im technischen und taktischen Bereich Kenntnisse und Fähigkeiten voraus. Ohne Basis der Grundlagen ist ein solcher Schritt in komplexe Spielformen fast zum Scheitern verurteilt. Außerdem bleibt die Spielfreude durch zu viele Fehler in der Gruppe aus.

Die Umschaltfähigkeit zeigt sich in der Ausführung einer zielgerichteten, situationsgerechten und möglichst ohne Zeitverzug getätigten Handlung, als Reaktion auf sich verändernde Spielaktionen und Spielsituationen unter Zeitdruck. Die Spielbeschleunigung mit Ball ist sinnvoll, um sich dem Gegenspieler mit der Ballmitnahme zu entziehen und sich Raum zu verschaffen. Hierbei ist jeweils der Spieler am Ball oder die Gruppe gefordert, die beste Spiellösung als fortführende Handlung zu wählen. Das gilt besonders für kritische, beengte Spielsituationen. Dabei muss die Spielrichtung nicht immer oder ausschließlich nach vorne ausgerichtet sein. Ein häufiger Fehler bei der Umschaltfähigkeit und Spielbeschleunigung ist die mangelnde Wahrnehmung und Einordnung der Spielsituation und der Mitspieler. Hieraus ergeben sich leichte Ballverluste. Diese sind besonders schwerwiegend in der Vorwärtsbewegung, weil der Gegner einen Konter gegen eine ungeordnete Abwehr spielen kann. Da zeigt sich auch, dass das gewählte Spieltempo den technischen und taktischen Möglichkeiten der Spieler angepasst sein muss.

Der Wirkungsgrad der Umschaltfähigkeit und Spielbeschleunigung setzt die Erkennungsleistung des Spielers im nahen und weiten Umfeld voraus. Die Spielweise sollte flach und schnell sein mit kurzen Ballkontaktzeiten.

Praxisformen

4:4 + 4
Bei 4:4+4 soll aus der deutlichen Überzahl schnell kombiniert werden. Es soll flach gespielt werden und die Ballkontaktzeit sollte sehr kurz sein. Das setzt voraus, dass die Gruppe im Ballbesitz sich gut orientiert und gute Anspielmöglichkeiten erkennt.
Gespielt wird immer 8:4 in drei farbig getrennten Gruppen im begrenzten Feld. Es kann auch auf kleine Tore oder mit Torhütern gespielt werden

3:1+1 mit der Spielverlagerung
Beim 3:1+1 geht es um die Spielverlagerung. Der Passgeber oder der Verteidiger bleibt in seinem Feld nach dem Pass zu „N". Dann rücken die anderen Spieler nach und es wird wieder 3:1 gespielt bis zur nächsten Spielverlagerung zu „N" im anderen Feld.

Spiel in Breite und Tiefe

Diese beiden Begriffe verkörpern modernes Spiel. Nur wer in die Tiefe spielt, kann Tore erzielen. Das bedeutet, dass bei Aktionen der Balleroberung die Tiefe sofort besetzt werden muss, damit der Spielaufbau in die Tiefe möglich wird. Wenn die Tiefe durch keinen Spieler taktisch ausgefüllt wird und keine Anspielmöglichkeit besteht, bleibt nur das Spiel in die Breite. Natürlich kann das Spiel in die Breite sinnvoll sein, um die gegnerische Abwehr auseinander zu ziehen. Dadurch ergeben sich freie Räume, in die ein Mitspieler starten sollte und mit denen das Spiel in die Tiefe fordert. Die Spieler müssen sich in solchen Situationen positionstreu verhalten und die gesamte Breite des Spielfeldes nutzen, indem sie bis zur Außenlinie ausweichen („An der Linie kleben"). Durch dieses taktische Verhalten ist es möglich, Pässe in die Tiefe durch die Schnittstellen der gegnerischen Abwehr diagonal zu spielen und so in den Rücken der Verteidiger zu gelangen. Es besteht keine Abseitsgefahr für die Angreifer, weil der geschnittene Pass meistens diagonal gespielt wird und der Spieler vor der Abseitslinie in den freien Raum startet.

Das Spiel in die Breite brauchen wir zur Spieleröffnung, das Spiel in die Tiefe nach einem Ballgewinn als schnellen Spielaufbau und das Dreifelderspiel bietet die Spieleröffnung auf beiden Seiten des Spielfeldes und den Spielaufbau in das mittlere Feld und von dort in das Angriffsdrittel mit dem Torabschluss. Bei Ballverlust werden die Rollen vertauscht.

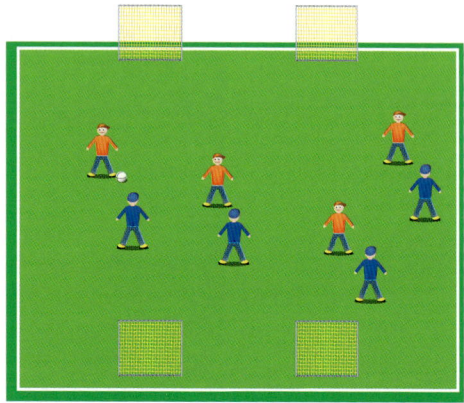

Spiel in die Breite

Spiel in die Tiefe

Für die Trainingspraxis ist festzustellen, dass das Spiel in die Breite breite Spielfelder braucht. Das Spiel in die Tiefe braucht dagegen schlanke Spielfelder, die das Spiel in die Tiefe fordern.

Drei-Felderspiel

Das Spielfeld für das Dreifelderspiel kann in Breite und Tiefe angelegt sein. Auch die Anzahl der Spieler in den einzelnen Feldern kann unterschiedlich sein (hier 3x1:1+1). Dazu können Torhüter eingesetzt werden. Als Spielvorgabe kann die Anzahl der Ballkontakte vorgegeben werden. Rückpässe in das vorherige Spielfeld sind untersagt.

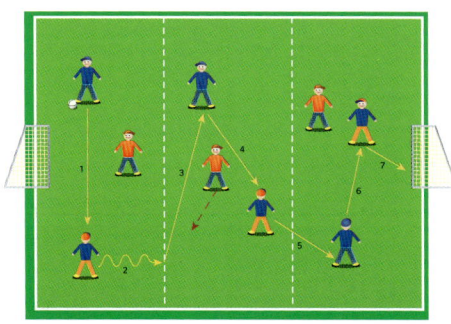

Dreifelderspiel

Mannbindung und Raumöffnung

Die mannbindende und raumöffnende Spielaktion am Flügel oder im Zentrum bringt viel Unruhe in die gegnerische Abwehr. Zieht der Flügelspieler A mit seinem Gegenspieler nach innen, macht er den Raum frei für den nachrückenden Mitspieler B, der von dem Ballhalter C angespielt wird und nun den freien Weg zum Tor hat. Im Zentrum würde der Stürmer den Innenverteidiger herausziehen und eine große Lücke würde in der Abwehr entstehen, die von einem anderen Mitspieler genutzt würde, der angespielt wird und torgefährlich ist. Auch beim Konterspiel nutzen wir die mannbindende und raumöffnende Aktion am Flügel von A und B. Diese ziehen nach innen, machen außen die Räume frei und können sogar im Zentrum kreuzen und erhalten den entsprechenden Pass von C in den freien Raum. C kann sich für A oder B entscheiden.

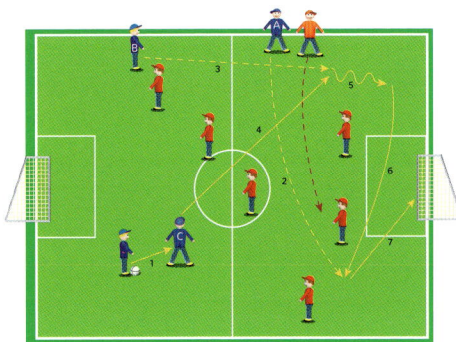

Mannbindung am Flügel

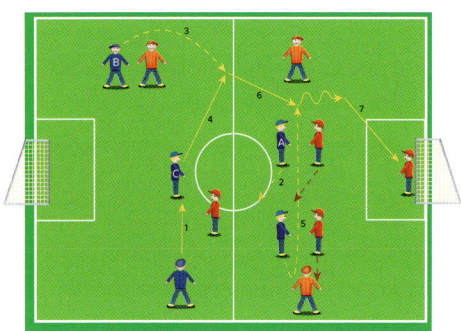

Mannbindung im Zentrum

Konterspiel

Viele Mannschaften verstärken das Abwehrverhalten in der Hoffnung, über das Konterspiel ihre Chancen zum Torerfolg zu erhalten. Mannschaften, die diese Taktik wählen, müssen das Konterspiel trainieren. Alle Spieler des Teams müssen die Abläufe für ein Konterspiel beherrschen. Die abwehrende Mannschaft nutzt dabei gerne das fehlerhafte Verhalten der Angreifer bei Ballverlust in der Vorwärtsbewegung und bei den Standards Ecke und Freistoß, bei denen aus dem Vorteil des Ballbesitzes der Nachteil des Ballverlustes wird. Die abwehrende Mannschaft besetzt die Schlüsselpositionen, die zu einer leichten Balleroberung führen können. Dann muss blitzschnell das Konterspiel aufgezogen werden, das dem Gegner nicht mehr ermöglicht, umzuschalten und in großer Spielerzahl hinter den Ball zu kommen, um den Konterangriff zu verhindern. Ideal zum Konterangriff ist die ungeordnete Abwehr des Gegners. Dazu kommen für das Konterspiel das Ausschwärmen der Spieler in höchstem Tempo in Tiefe und Breite, die Positionstreue, das Kreuzen der Positionen zur Schaffung von freien Räumen, die Zielstrebigkeit und der Torabschluss.

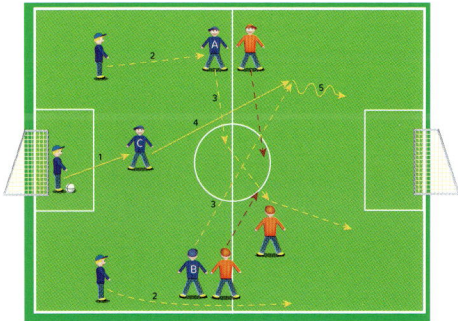

Konterspiel

Von Vorteil ist dabei die Beidfüßigkeit der Spieler, wenn sie sich durch das Kreuzen nicht auf der angestammten Position befinden. Ein Mittel, dem Konter zu begegnen, ist die Abseitsfalle, weil die konternde

Mannschaft in hohem Tempo kommt und eventuell die Spieler den Überblick verlieren. Das Passspiel beim Konter sollte flach, präzise und einfach sein.

Die Konterspieler sollten den Kopf hoch halten, um den besser postierten Mitspieler zu erfassen und anzuspielen.

Angriffsspiel: Zielstrebiges Spiel

Das Angriffsspiel einer Mannschaft lebt von der Vorbereitung aus der Abwehr und dem Mittelfeld. Der Angriffsaufbau braucht die gesamte Spielfläche und darf nicht zu früh durch die Mitte vorgetragen werden. Die Außenpositionen müssen treu besetzt sein und die Spieler haben von außen die Möglichkeit, nach innen einzulaufen und sich in der Tiefe anzubieten. Es heißt für ein variables Angriffsspiel immer Außen vor Mitte.

Angriffshaus
Das Angriffshaus soll deutlich machen, dass das Spiel an der Mittellinie nach außen getragen werden sollte. Die Bereiche A sind bis zur Toraußenlinie durchzuspielen, um so in den Rücken der Abwehr zu gelangen. Dabei sollten Elemente wie Doppelpass oder Hinterlaufen zur Anwendung kommen, die immer mindestens 2 Mitspieler brauchen. Daraus ergibt sich der Weg zum Tor, die Flanke oder der Rückpass. Eine Option zum Flügelspiel bleibt das Spiel durch die Mitte B, wenn der Gegner die Flügelaktionen durch geschicktes Abwehrverhalten unterbindet, öffnen sich entsprechend die Räume in der Spielfeldmitte.

Ist der Ball bei den Stürmern, lautet ihr erster Auftrag, den Torabschluss zu suchen.

In zweiter Linie sollen die Angreifer Bälle halten, um so den nachrückenden Spielern Tormöglichkeiten zu eröffnen oder mit ihnen zusammen zu spielen. Angreifer werden letztendlich an ihren Torerfolgen gemessen. Stürmer können groß oder klein, schnell oder langsam, dribbelstark oder kopfballstark, schussgewaltig oder feinfühlig und robust oder geschmeidig sein. Es gibt die Bezeichnungen Stoßstürmer, Vollstrecker, Knipser, spielender Stürmer, Strafraumspieler und Konterstürmer. Sie haben je nach Spielauffassung, taktischem Spiel und Spielstand, bei Heim- oder Auswärtsspielen ihre besonderen Qualitäten, die es gilt, einzusetzen und zu nutzen. Die Mannschaftsaufstellung berücksichtigt immer besonders die eigenen Stärken und die des Gegners und danach wird dann die Entscheidung getroffen mit einer, zwei oder drei Angreifern zu spielen.

Zum Angriffsspiel gehören:
» Wechselspiel durch die Mitte und über die Flügel,
» Winkelspiel durch diagonale Pässe
» Eröffnung freier Räume,
» Anspielmöglichkeiten erarbeiten,
» Spiel ohne Ball,
» Freilaufen,
» Positionswechsel,
» kurze abbrechende Tempo- und Richtungswechsel,
» Absetzen vom Gegner im Spiel und bei Standards,
» mannbindende und raumöffnende Aktionen,
» Handlungsschnelligkeit auf engstem Raum,
» 1 gegen 1 mit dem Gegner im Rücken,
» Erzielen einer Überzahl,
» Beidfüßigkeit,

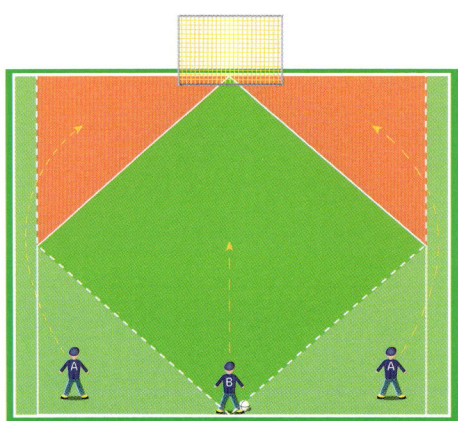

Angriffshaus

» Durchsetzungsvermögen mit dem notwendigen Tordrang,
» Ruhe am Ball und den Blick für die Situation und den Mitspieler

Das Training muss durch Übungs- und Spielformen die Stärken eines Stürmers berücksichtigen und seine Schwächen reduzieren.
Hier sind zum Beispiel zu nennen:
  » die Verbesserung der Schusstechnik, -genauigkeit, -geschwindigkeit und -härte,

» das Abschirmen des Balles in der Vorwärtsbewegung,
» das Lösen im 1 gegen 1 mit dem Rücken zum gegnerischen Tor,
» diagonales Anbieten für einen freien Spielraum

Die Basis beim Torschusstraining sind Endlosformen, die eine hohe Wiederholungszahl bieten. Der Trainer kann Korrekturen geben oder Videoaufzeichnungen machen. Hinzu kommt ein gezieltes Krafttraining zur Verbesserung des Schießens und zur Prävention vor Verletzungen.

Praxisformen

Lösen vom Gegner
In einem Korridor von 10 Meter Breite bewegt sich der Angreifer A mit seinem Gegenspieler B im Rücken. Durch Tempo- und Richtungswechsel soll der Stürmer sich lösen, von C angespielt werden und mit einem Torschuss abschließen.
Dabei ist es wichtig, dass der Stürmer den Ball mit dem Körper abschirmt und sich durchsetzt.

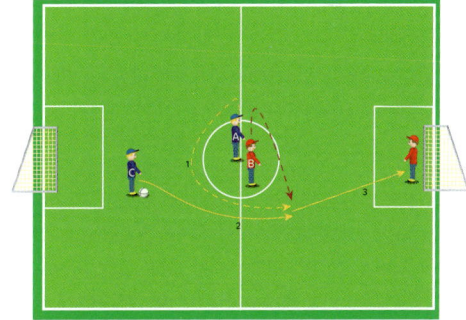

Diagonales Anbieten
Der Angreifer A hat seinen Gegenspieler B wieder im Rücken und versucht, sich mit einer Auftaktbewegung zu befreien. Wichtig ist, dass A sich nicht frontal (stumpf) anbietet, sondern diagonal nach rechts, um sich damit den Raum zu erhalten, in den er sich nach links absetzen will und den Ball erhält. Die Aktion soll mit einem Torschuss enden.

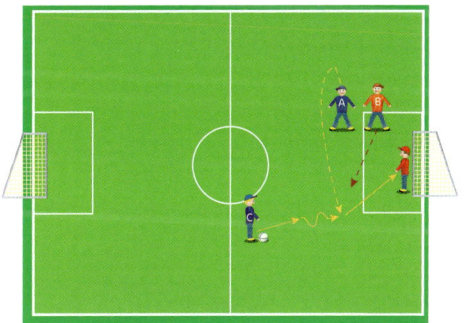

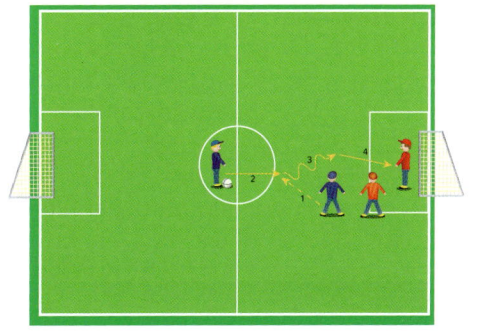

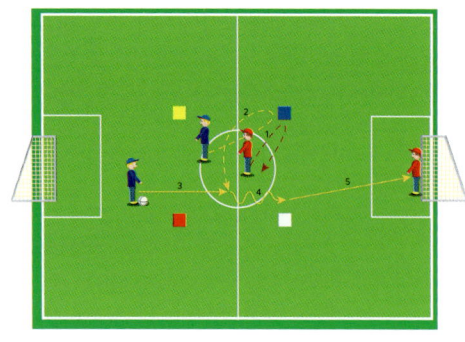

1:1 im Farbenviereck

In einem Viereck mit 4 Farben und einer Größe von 10 x 10 Metern soll sich der Stürmer gegen den Verteidiger im Rücken mit allen technischen und taktischen Mitteln durchsetzen.

Der Anspieler nennt Farbkombinationen, die beide Spieler anlaufen und berühren müssen (z. B. rot und blau) und spielt dann den Pass auf den Stürmer. Dabei hat er zwei Möglichkeiten. Er hat sich so bewegt, dass er den Verteidiger abschütteln konnte und mit dem Anspiel frei zum Torschuss kommt oder er hat den Abwehrspieler im Rücken und passt zum Anspieler zurück, der dann neue Farben nennt.

Vorbereitungsräume und Entscheidungsraum

Der Torschuss als abschließende Handlung hat einen überragenden Stellenwert im Fußballspiel. Dabei hat die Technik in Verbindung mit taktischem Verhalten ein deutliches Übergewicht gegenüber der Physis. Eine besondere Bedeutung erhalten die Vorbereitungsräume vor dem Strafraum und an den Flügeln. Ziel ist es, von dort in den Strafraum einzudringen oder den finalen Pass für einen Mitspieler zu spielen.

Insgesamt werden 90 % aller Tore im Strafraum erzielt. Dies gilt für alle Spielklassen. In dem begrenzten Strafraum als Entscheidungsraum werden die Handlungsräume enger und die Handlungsschnelligkeit sowie das Reaktionsvermögen der Spieler mehr gefordert. Elementare technische Dinge erhalten größere Bedeutung. Dazu zählen z. B. Mitnehmen und Schießen aus der Drehung oder das Köpfen hoher Bälle. Anspruchsvollere Varianten technischen Könnens liegen im Bereich des Mitnehmens von Bällen in der Bewegung oder mit dem Rücken zum Tor mit anschließendem Torschuss. Aus der Spielsituation wird häufig eine Täuschung erforderlich, um sich vom Gegenspieler zu befreien und dann situativ z. B. links oder rechts zu schießen. Erweitert wird dieses technische Niveau durch abbrechende Bewegungen mit Tempo- und Richtungswechseln, Hinzunahme von Finten sowie die Berücksichtigung des Dribblings als individuelle Stärke oder der Kunst des Zusammenspiels auf engstem Raum. Letztlich spielt auch das Gegnerverhalten sowohl technisch als auch körperlich eine nicht zu unterschätzende Rolle und kommt im Zweikampf deutlich zum Ausdruck, um einen Torschuss zu unterbinden.

Durch die geschilderten Spielsituationen verändern sich auch die eigenen Mittel und Möglichkeiten. Die Grenzen technischen Könnens werden bei den Spielern sichtbar durch engere Handlungsräume. Dieses gilt es, durch Training zu verändern und zu verbessern. Aus der Sicht des Schützen gibt es eine letzte Hürde in Form des Torwarts. Dabei erschweren zusätzlich oft psychische Momente die Aufgabe, ein Tor zu erzielen.

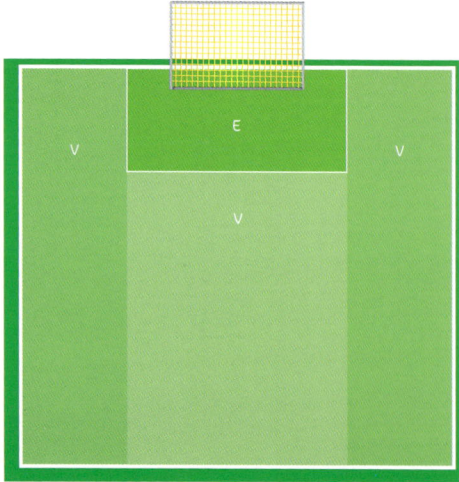

Vorbereitungräume und Entscheidungsraum

Flügelspiel

Begriffe wie Flügelflitzer oder Flügelstürmer verweisen auf die Einzigartigkeit dieser Spieler. Spieler, die auf den Außenpositionen spielen, hatten und haben im Fußball immer eine große Bedeutung. Es liegt auch an ihrer Art Fußball zu spielen, die faszinierend ist. Da sind es die Haken und Finten, die Dribblings auf engstem Raum oder die Dribblings in höchstem Tempo. Spieler im Außenbereich müssen positionstreu an der Linie spielen. Diese Breite hilft ihnen, in die freien Räume mit und ohne Ball zu starten. Neben der Kunst des Dribblings sollten die Außenspieler das Kombinationsspiel beherrschen, um im Zusammenspiel Doppelpässe, Hinterlaufen und Ballübernahmen zu ermöglichen. Ziel der Außenspieler ist es, in den Rücken der gegnerischen Abwehr zu gelangen und in den Strafraum einzudringen. Wenn der Flügelspieler in hohem Tempo mit Ball auf die Abwehr zuläuft, ist er schwer zu stoppen. Er sollte sich bis zum Strafraum bzw. zur Toraußenlinie durchsetzen und dann seine Aktion mit der scharfen Flanke, der flachen Hereingabe als Rückpass oder dem Torschuss beenden. Der Flanke sollte immer der Blick nach innen vorausgehen, um nicht ohne Ziel zu flanken. Wenn der Außen beidfüßig ist, dann ist höchste Gefahr gegeben, wenn er nach innen zieht parallel zum Strafraum, um dann von der rechten Seite mit links oder umgekehrt zu schießen. Schließlich müssen Flügelspieler nicht nur die Offensive unterstützen, sondern haben bei Ballverlust auch Abwehraufgaben zu übernehmen.

Praxisformen

Das Spiel im Außenbereich kann in allen Mannschaftsteilen stattfinden. Für den Angriff ist das Flügelspiel im letzten Drittel des Feldes von großer Bedeutung.

Flankentraining

Spieler A spielt einen Pass auf B in die Mitte und erhält den Ball zurück. Nach kurzer Ballmitnahme wird von der Toraußenlinie die Flanke gezielt herein geschlagen. Wenn die Zeit es erlaubt, kann der Spieler C im Zentrum sich mit dem Flankengeber abstimmen. Im anderen Fall weiß der Flankengeber, dass der Spieler kurz steht und den Ball lang haben will z. B. auf den zweiten Pfosten. Steht Spieler lang dann kommt der Ball kurz auf den ersten Pfosten flach für den Fuß oder hoch für den Kopf. Der Ball sollte so geflankt sein, dass der Torwart wenige Möglichkeiten hat an den Ball zu kommen.

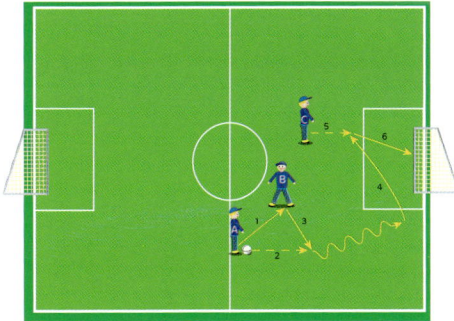
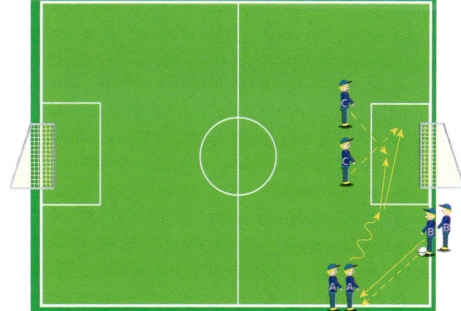

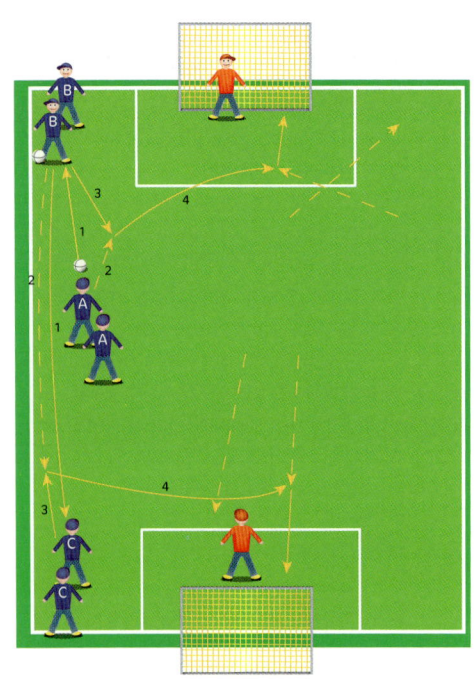

Flanken mit Schnitt

Es werden zwei Tore im Abstand des Strafraumes aufgestellt. Mehrere Flügelspieler und Außenverteidiger sollen Flanken schlagen. Es wird immer im Wechsel geflankt.
A spielt zu B, der spielt zurück und A flankt mit links aus dem Lauf mit viel Zug und Schnitt. Nun spielt B zu C und nach dem Rückpass kommt die Flanke mit rechts und einer Zielvorgabe ins Zentrum. Die Flanken sollten mit Schnitt und Zug geschlagen werden. Im Zentrum sollten dann Spieler postiert werden, die mit den Flanken bedient werden. Es können auch Gegenspieler eingebaut werden.
Alle Spieler rücken jeweils eine Position weiter.

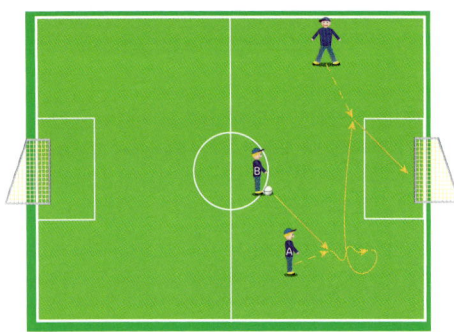

Flankenlauf abbrechen

Der Spieler A wird von B in den Lauf angespielt. A nimmt den Ball in hohem Tempo mit und läuft Richtung Toraußenlinie. Dann täuscht er den Schuss zur Flanke an, bricht den Flankenlauf ab, dreht sich und flankt mit dem anderen Fuß zum Tor. Dadurch erhält der Ball eine andere Flugkurve.
Als Variante kann die Übung mit Gegenspieler trainiert werden, dabei könnte der Spieler verdeckt den Ball mit der Hacke hinter sich und dem Gegner durchspielen und hätte dann den Weg zum Tor frei.

Spiel mit Doppelpass, Hinterlaufen, Übernehmen und dritter Mann

Die wichtigste Voraussetzung ist, dass sich der Flügelspieler von seinem Gegenspieler absetzt und anspielbar ist. Die Mitspieler müssen zum Zusammenspiel bereit sein, um mit den taktischen Elementen erfolgreich spielen und in den Rücken der Abwehr gelangen zu können.

Doppelpass

Spieler A hat sich abgesetzt und wird angespielt. Er geht mit Ball auf den Gegenspieler zu und spielt mit B den Doppelpass.

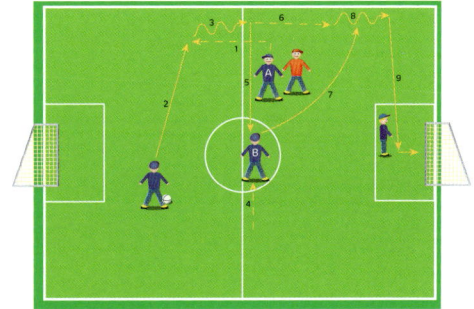

Doppelpass

Hinterlaufen

Spieler A steht außen und wird angespielt. Er zieht mit dem Ball nach innen, um den Gegner zu binden, und wird von B hinterlaufen, der von A bedient wird.

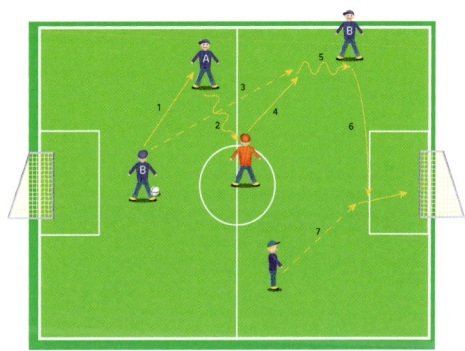

Hinterlaufen

Übernehmen

A wird angespielt und läuft mit dem Ball auf B zu, der übernimmt und kommt am Flügel durch zur Flanke. Oder B wird im Zentrum angespielt und läuft mit Ball auf A zu, der übernimmt und kommt zentral zum Torschuss.

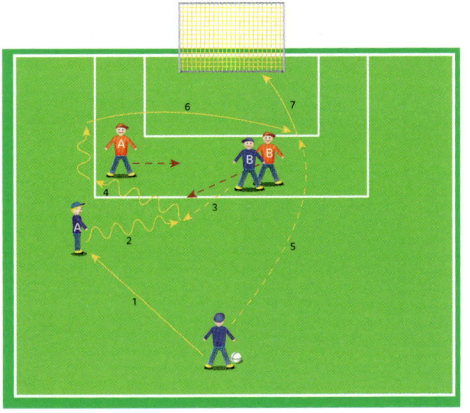

Übernehmen mit Flanke

Übernehmen mit Torschuss

Dritter Mann

Der Spieler A wird angespielt und spielt nach innen auf B, der den Ball weiterleitet auf C, der die Abwehr bindet und nun den Pass diagonal durch die Abwehrreihe spielt auf A, der dann am Flügel durch wäre.

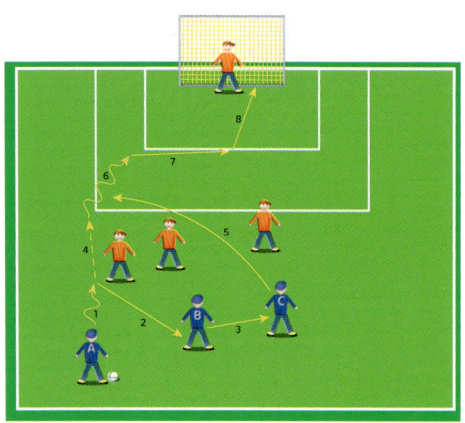

Dritter Mann

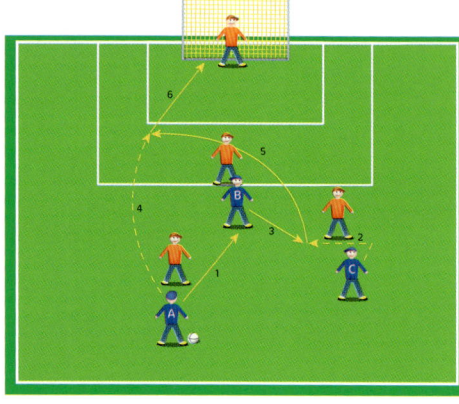

Dritter Mann

Das Flügelspiel mit Mannbindung und Raumöffnung

Das Spiel findet auf der rechten Seite statt. Der Ball wird von dort in die Mitte gespielt. Das ist für den Flügelspieler auf der linken Seite das Signal, seinem Gegenspieler nach innen mit zu ziehen und Raum zu schaffen. So kann der Außenverteidiger sich in das Angriffsspiel einschalten und wird aus dem Mittelfeld angespielt. Dabei kann der Ball so durch die Fenster und Gassen diagonal in den Rücken der Abwehr gespielt werden, dass der Außenspieler einen freien Weg zum Tor oder zur Flanke hat.

Komplexe Spielform für das Flügelspiel

Es spielen zwei Mannschaften und im Außenbereich werden auf beiden Seiten des Feldes freie Zonen markiert, aus denen ohne Gegenspieler geflankt wird. Die freien Zonen sind in A, B und C oder 3 Räume eingeteilt. Mit jedem Raum ergibt sich eine unterschiedliche Position der Flanke.

Von A ist es die Spielverlagerung auf den 2. Pfosten, von B wird auf den 1. Pfosten gespielt und von C kommt es zum Rückpass. Allen Flanken soll ein Torschuss folgen. Es können auf dem Spielfeld vor den Toren Tabuzonen eingerichtet werden, um das Spiel über die Flügel mehr zu fordern.

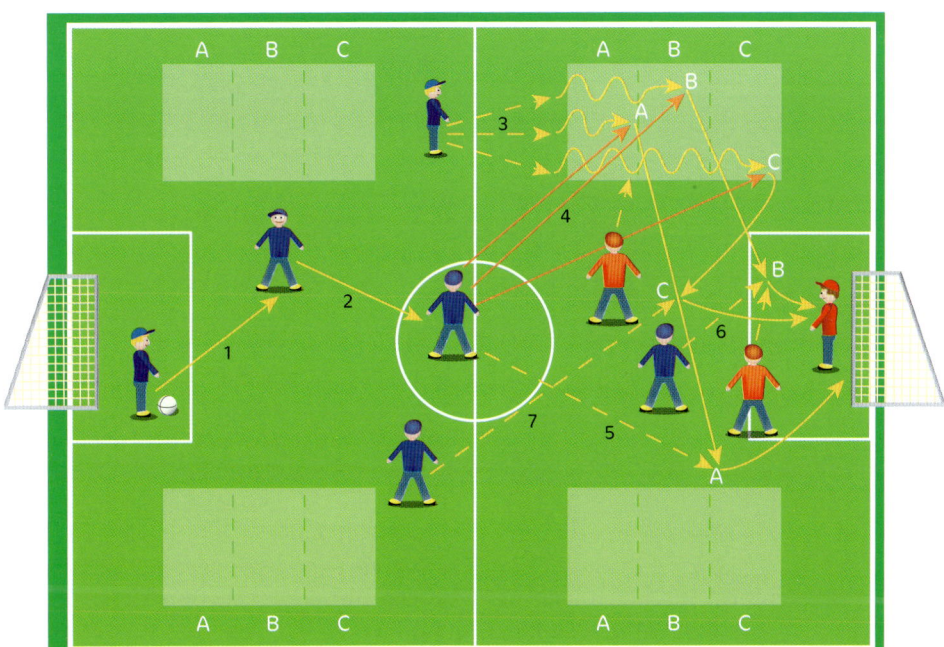

Spiel mit der Spitze

Je nach Spielsystem wird mit einer, zwei oder drei Spitzen gespielt. Zurzeit spielen viele Mannschaften nur mit einem Stürmer. Dieser hat sich variabel zu bewegen und Anspielmöglichkeiten in die Tiefe zu erarbeiten. Das kann an den Flügeln sein oder in der zentralen Position. Dabei ist er fast immer mit dem Rücken zum gegnerischen Tor und hat hinter sich einen oder zwei Gegenspieler. In solchen Situationen zeigt sich dann die Qualität von Stürmern. Einige sind in der Lage, unter höchster Bedrängnis die Ruhe zu bewahren, sich am Ball zu behaupten und dann noch einen Mitspieler in Szene zu setzen oder selbst torgefährlich zu werden.

Für eine einzige Spitze kommt die Unterstützung aus dem Mittelfeld oder aus der Abwehr. Von den Mittelfeldspielern sollte Torgefahr ausgehen, um die Abwehr von der vorderen Spitze abzulenken. Wenn das Mittelfeld dann Bälle auf die zentrale Spitze spielt, hat diese die Möglichkeit des Rückpass oder es selbst zu probieren. Mit dem Rückpass ergibt sich jeweils eine neue Spielsituation und der Spieler mit Ball hat das Spiel wieder vor sich. Wenn die Spitze Bälle fordert, sollte sie sich diagonal bewegen, um das Abseits zu umgehen. Bei Pässen in die Tiefe muss das Ziel sein, mit hohem Tempo in den Strafraum einzudringen.

Praxisformen

Spiel mit der Spitze

Es läuft der Außenspieler nach einer Auftaktbewegung von außen ein auf die Schnittstelle der Abwehr und erhält den Pass in den Raum.

Es zieht der zentrale Stürmer seinen Gegenspieler mit aus dem Abwehrverbund und bricht dann abrupt ab und erhält den Pass in die Schnittstelle des freien Raumes. Spieler laufen von außen ein zur Mitte und erhalten den Pass in die Tiefe.

Der Stürmer bietet sich diagonal an, um sich einen freien Raum zu verschaffen.

Torschusstraining

In der Kleingruppenarbeit sollen technische Grundlagen gelegt werden, die in Verbindung mit dem Torschuss zu praktizieren und zu spielen sind. Angelehnt an den Wettkampf müssen dennoch erst alle Torschussvarianten ohne und mit Gegenspieler vorgestellt werden. Der Torschuss ist von der Schusstechnik nicht zu trennen. Somit müssen die Spieler aus den verschiedenen Positionen und Situationen auf das Tor schießen. Daraus ergibt sich natürlich ein Katalog von Möglichkeiten, die individuell geübt und trainiert werden sollten. Sinnvoll ist es, den Torschuss organisatorisch als Endlosform auf zwei Tore einzurichten. Wichtig ist, dass die Schützen durch Anspiel, Rückpass oder Klatschen und erneutes Anspiel in den Lauf ausgelöst werden und zum Torschuss kommen. Der Passgeber rückt dann in die Position des Schützen.

Praxisformen

Einfache Torschussübungen

- » den Ball jonglieren und dann schießen
- » nach Zuspiel den Ball annehmen und schießen mit rechts und links
- » Anspiel mit dem Rücken zum Tor, Drehung, Torschuss rechts und links
- » Spiel in die Tiefe, Schuss aus der Drehung
- » Spiel in die Tiefe, abbrechende Bewegung oder Finte (Schussfinte oder Lokomotive)
- » diagonales Anbieten, Ball mit der Außenseite spielen und schießen
- » Freilaufen mit Täuschung oder Finte mit anschließendem Schuss
- » Übersteigen und Sohlentrick in Verbindung mit dem Torschuss
- » An- und Mitnehmen von halbhohen und hohen Bällen mit Oberschenkel, Brust und Kopf mit anschließendem Torschuss
- » nach Anspiel abgelegte Bälle zum Kopfball oder Torschuss
- » Innen- und Außenseite, Spann, Heber, harter Schuss und geschlenzte Bälle Hüftdrehstoß, Fallrückzieher und Torpedokopfball
- » Je nach Altersstufe und Leistungsbereich werden für diese Formen die Bälle zugespielt oder zugeworfen. Dabei sollte in der Kleingruppe mit 3–5 Spielern eine hohe Wiederholungszahl mit entsprechenden Pausen erreicht werden, um eine kognitive Müdigkeit in Form von Konzentrationsschwächen auszuschließen.
- » Eine zusätzliche Herausforderung bietet den Spielern auch ein Schießwettbewerb mit unterschiedlicher Wertigkeit der Schüsse oder einer Vorgabe, wohin geschossen werden soll.
- » Reizvoll ist auch eine Einteilung des Tores in Felder mit unterschiedlicher Wertigkeit.
- » Hinzu kommen kleine Wettkämpfe zwischen Mannschaften.
- » Im Tornetz hängt ein Hemd, das herunter zu schießen ist (Anzahl der Schüsse oder gegen die Zeit).
- » Beim Kegelschießen sollen die Mannschaften die Kegel durch flache Schüsse umschießen oder jeder Spieler sammelt Punkte für jeden abgeschossenen Kegel.

Durch den Trainer sollten bei allen Torschüssen Korrekturen und Hilfestellungen gegeben werden, damit die Spieler Erfolgserlebnisse verzeichnen, den Spaß nicht verlieren und eine hohe Effizienz erreicht wird, die die Zufallsquote von Torschüssen reduziert. Wenn die technischen Voraussetzungen durch individuelles Üben und Trainieren in Kleingruppen garantiert und gefestigt sind, sollten ein oder mehrere Gegenspieler (passiv oder aktiv) als Störfaktoren in die Aufgaben mit einbezogen werden. Aufgrund der tornahen Torschussübungen sollten die Trainer vor allem früh darauf achten, dass alle angebotenen Formen mit rechts und mit links durchgeführt werden und zur Beidfüßigkeit führen.

Komplexe Torschussübungen

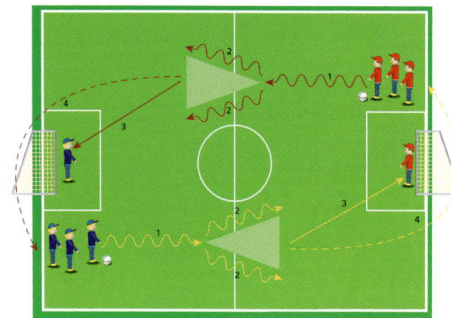

Freier Torschuss
Es werden für beide Seiten 2 kleine Dreiecke in den Raum gestellt, aus denen geschossen werden soll. Die Spieler laufen selbständig los und schießen mit rechts oder links je nach Dreiecksseite. Nach dem Schuss anstellen auf der anderen Seite.

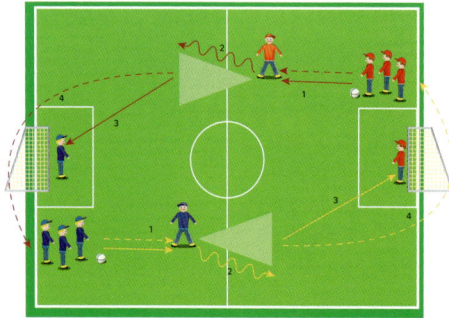

Torschuss mit Ansage
Ein Spieler von jeder Gruppe steht an der Spitze des Dreiecks und wird angespielt. Der Passgeber sagt dem Schützen, ob er den Ball nach rechts oder links mitnehmen und schießen soll. Der Passgeber rückt nach.

Torschuss nach Auftakt
Der Spieler wird am Dreieck angespielt und soll vorher eine Auftaktbewegung zu einem der hinteren Hütchen machen. Der Passgeber spielt dann die entgegen gesetzte Seite an. Täuschung nach rechts, dann der Pass nach links mit Linksschuss oder anders herum. Der Passgeber rückt nach.

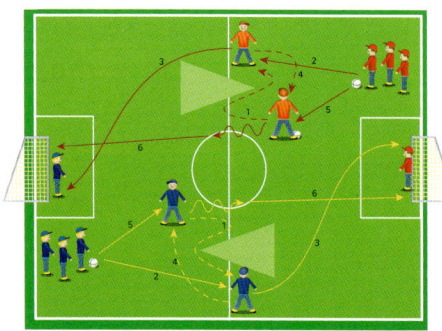

Zwei Torschüsse
Der Spieler wird angespielt wie bei der vorhergehenden Übung. Nach Torschuss rechts oder links erhält der Spieler auf der anderen Seite einen zweiten Ball in den Lauf, der mit Torschuss abgeschlossen wird. Der Passgeber rückt nach.

Torschuss nach langem Anspiel

Es wird ein langer Pass hoch gespielt, der mit der Brust angenommen wird, anschließend Torschuss. Es wird jeweils im Wechsel der lange Ball aus den Gruppen links und rechts gespielt.

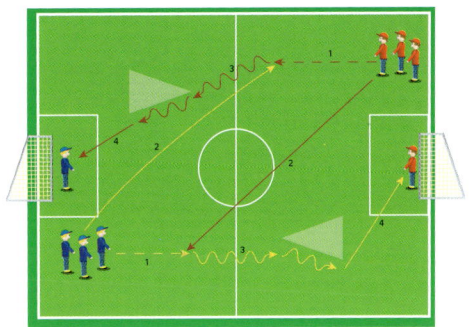

Torschuss mit Doppelpass

Ein Spieler A passt den Ball zu B im Zentrum. B lässt den Ball klatschen und startet in den freien Raum und erhält den Pass von A in den Lauf zum Torabschluss. Ein Hütchen wird als Gegner benutzt. A geht auf die Position von B.

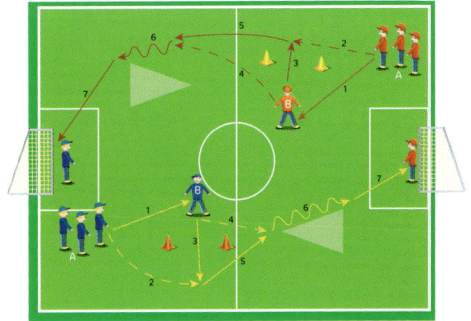

Torschuss nach Hinterlaufen

Ein Spieler A passt den Ball zu B im Zentrum. B lässt klatschen zu A und A zieht nun nach innen und wird von B hinterlaufen und erhält den Pass in den freien Raum zum Torschuss. Ein Hütchen dient als Orientierung. A geht auf die Position von B.

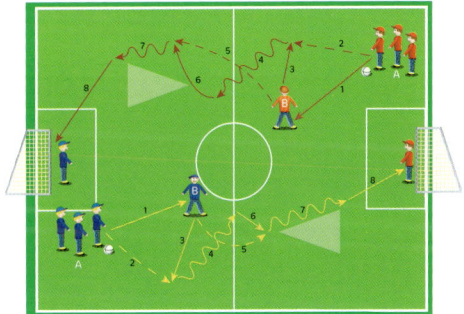

Torschuss mit seitlichem Einlaufen

Der Spieler A spielt den Spieler B an. Dieser macht vorher eine Auftaktbewegung zu einem Hütchen und erhält in Gegenrichtung den Pass flach in den Lauf zum Torschuss mit links. Die Seiten können gewechselt werden für den Schuss mit rechts. A rückt auf die Position von B.
Als Variante wird der Ball hoch zugespielt und dann mit dem Torschuss verbunden.

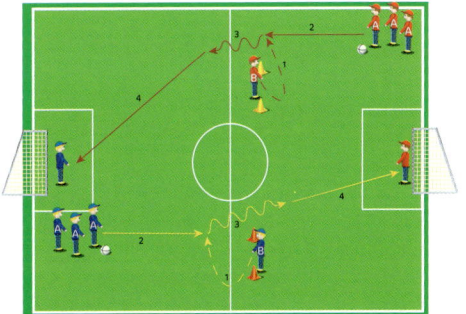

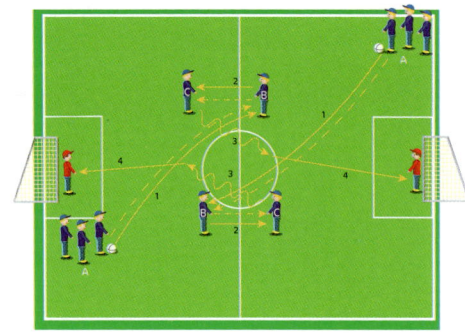

Torschuss mit vier Spielern im Zentrum

Der Spieler A spielt flach oder hoch Spieler B an, der lässt zu dem gegenüber stehenden C klatschen, der den Ball mitnimmt und mit einem Torschuss abschließt. Es wird von beiden Seiten gespielt und alle rücken eine Position weiter: A zu B und B zu C. Der Schütze C geht zur anderen Seite und spielt in der Gruppe weiter.

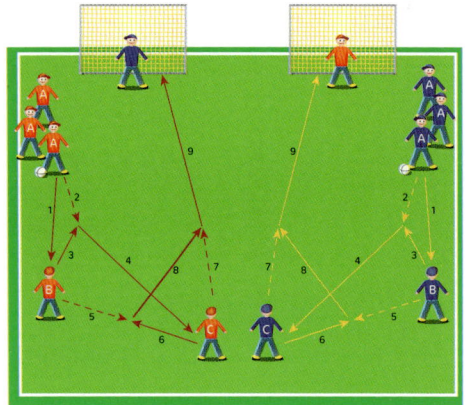

Torschuss auf zwei Tore nebeneinander

Die beiden Gruppen stehen neben den Toren außen. Von jeder Gruppe stehen zwei Spieler im Feld vor dem jeweiligen Tor im Abstand von 10 und 20 Metern. A spielt B an, der lässt klatschen zu A, A spielt C an, der zu B klatschen lässt und zu C zurückspielt. C schließt mit dem Torschuss rechts ab. Alle rücken eine Position weiter. Der gleiche Ablauf wird am anderen Tor gespielt, nun ist der Torabschluss mit links. Die Spieler wechseln von links nach rechts.

Torschuss nach Flanke oder Hereingabe

Spieler A spielt einen Spieler B im Zentrum an. Der lässt den Ball weit nach außen prallen, den A mitnimmt und bis zur Toraußenlinie dribbelt und dann den Ball flach oder hoch herein spielt auf B in Tornähe. Es wird wieder von zwei Seiten auf zwei Tore gespielt und die Seiten werden gewechselt. Es muss jeweils erst ein Spieler im Zentrum zum Anspiel bereit stehen. Es kann über rechts und links mit der Flanke gespielt werden.

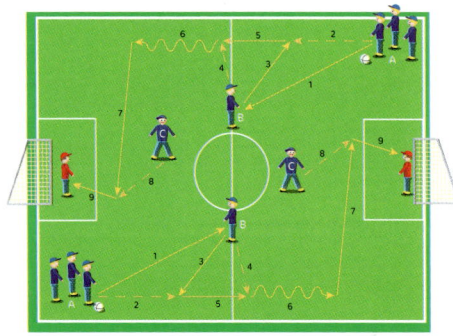

Flanken in einer Endlosform

Als Variante bietet sich eine Endlosform auf zwei Tore an. A spielt B an und B spielt auf A zurück, der den Pass in die Tiefe für B passt und B mit einer Flanke oder Hereingabe auf C abschließt. A geht auf Position B und B auf C im Zentrum. Je nach Startposition werden die Flanken mit rechts oder links geschlagen.

Torschussspiele

Nun gilt es, die bekannten und geübten Formen des Torschusses als technische Elemente in einer wettkampfnahen Situation anzuwenden und zu festigen. Dazu bieten die Torschussspiele in Kleingruppen von 1:1 bis 4:4 in begrenzten Spielfeldern mit und ohne Torleute eine gute Übungsmöglichkeit. Sie sollen außerdem helfen, die Chancenauswertung zu verbessern. Die räumliche Enge in Kleinfeldern ist vergleichbar mit Spielsituationen im Strafraum als Entscheidungsraum im Wettkampf. Die Torschussspiele in Kleingruppen bieten gute Korrekturmöglichkeiten für den Trainer und viele unterschiedliche Torerlebnisse für die Spieler. Natürlich spielt bei dem Torschuss in Verbindung mit der Schusstechnik auch die Zielgenauigkeit eine große Rolle. Deshalb haben im Kinder- und Jugendbereich auch Übungsformen des Straßenfußballs einen hohen Stellenwert und verbessern den Torschuss in Verknüpfung mit technischen Elementen des Fußballspiels. Dazu einige Beispiele:

» Elfmeterkönig
  gehaltene und verschossene Strafstöße werden gezählt)
» Hochhaltekönig (Tore nur mit dem Kopf, alle beteiligten Spieler sind tornah)
» Lattenkönig (Ziel ist es, ständig Pfosten oder Latte zu treffen)
» 1x1-Spiel (1:1 oder 2:2 auf zwei Tore, jeder Spieler darf den Ball nur einmal berühren, dann hat der Gegner Torschussrecht)

Entscheidungstraining mit Torabschluss

Zeitgemäße Voraussetzungen

Die Kleinfeldsituation ist im großen Spielfeld der Strafraum als Entscheidungsraum für den Torerfolg. Nun besteht für die Trainingspraxis die Aufgabe darin, aus den Vorbereitungsräumen in den Strafraum einzudringen, um die Torgefährlichkeit zu unterstreichen. Zwei Wege sind dabei vorstellbar:

» Der Trainer oder ein Spieler spielt von außen die Bälle in den Strafraum und eine Kleingruppe (1:1 bis 4:4) spielt bis zum Torabschluss gegeneinander.
» Außerhalb des Strafraums, im Vorbereitungsraum spielt eine Kleingruppe (1:1 bis 4:4) und innerhalb des Strafraums ebenfalls. Nun sollen Mitspieler im Entscheidungsraum angespielt werden, die möglichst schnell den Angriff durch Torerfolg abzuschließen haben.

Aus der unterschiedlichen Anzahl der Spieler von 1:1 bis 4:4 im und außerhalb des Strafraums lassen sich Überzahl- und Unterzahlsituationen erstellen. Die Wettkampfnähe wird so realisiert und typische Merkmale wie Durchsetzungsvermögen und Entschlussfreudigkeit werden geschult. Aber auch Spielübersicht und Handlungskompetenz unter veränderten Voraussetzungen werden in Verbindung mit Torschuss und Technik trainiert. Der Trainer hat beim Torschuss eine überschaubare Organisationsform vor sich und so beste Voraussetzungen für die Korrektur.

Er soll in den Übungs- und Spielformen seine Spieler beobachten und die Effektivität der Abschlusshandlungen im Angriffsverhalten registrieren und korrigieren. Ist die Effektivität im Spiel- und Übungsbetrieb gering, muss der Trainer das Spiel stoppen und Anregungen und Lösungen an die Spieler weitergeben:

» Was wollen wir verändern? Die geringe Torausbeute!
» Wie wollen wir es verändern? Durch besseres Anspiel!

Entscheidungstraining in der Praxis

Im Strafraum spielen wir mit zwei Verteidigern und zwei Angreifern 2:2. Vor dem Strafraum wird 4:2 gespielt und das Ziel der 4 Angreifer ist es, die beiden Stürmer im Strafraum anzuspielen. Diese müssen durch geschicktes Freilaufen die Torgefährlichkeit erarbeiten und zum Torabschluss kommen. Ist kein Durchkommen möglich, kann auf die 4 Mitspieler zurückgepasst werden.

Technik und Wettkampfruhe beim Torabschluss

Der Torabschluss ist ohne die Schulung der Schusstechnik nicht möglich. Dazu kommt das schnelle Einordnen der Spielsituation, die in direktem Zusammenhang mit dem Torschuss und der Verwertung einer Torchance steht. Häufig wird bei Niederlagen als Erklärung angeführt, dass die Chancen nicht genutzt wurden. Von einer Chance kann aber nur gesprochen werden, wenn sich die Spieler in Tornähe, also im Entscheidungsraum (Strafraum) befinden, in dem 90 % aller Tore erzielt werden. Damit muss der Schwerpunkt des Torschusstrainings zu einem Großteil aus dem Umfeld des Strafraums (Vorbereitungsfelder) in den Entscheidungsraum verlegt werden. Die Spieler haben dann die Aufgabe, mit technischen Mitteln aus kurzer Entfernung die Bälle in Richtung Tor zu schießen oder andere zweckmäßige Entscheidungen (Zusammenspiel) im Sinne der Chancenverwertung zu nutzen. Die Stürmer und alle anderen Spieler, die vor oder in dem gegnerischen Strafraum überraschend auftauchen, müssen in der Lage sein, die Situation (Wo und wie stehe ich zum Tor?) schnell zu erfassen und entsprechend zu handeln (Umschaltfähigkeit).

Dabei sollten die Spieler durch das Üben solcher Spielformen auch eine bessere Orientierung und Handlungsfähigkeit beim Torschuss im Strafraum bekommen. So müssen sie auch lernen, den Überblick zu behalten, um in oft nicht durchschaubaren und sich überraschend verändernden Spielsituationen gezielt und überlegt handeln zu können.

Neben allgemeinen Komponenten zum Torschusstraining können auch mental-kognitive Prozesse für die Spieler sehr wertvoll sein. Auch ein gezieltes Autogenes Training kann zur Wettkampfruhe beitragen und zu einer besseren Chancenauswertung in den Abschlusshandlungen führen.

Praxisformen

Zwei Gruppen kombinieren vor dem Tor

Zwei Gruppen (3–5 Spieler) kombinieren frei vor dem Tor im Strafraum ohne Gegenspieler und sollen zum Abschluss kommen mit Torschuss oder Kopfball nach einer Flanke. Jede Gruppe hat einen Ball.
Als Variante werden die Spieler durchnummeriert und nun soll die Gruppe den genannten Spieler möglichst schnell bedienen, der sich in einer torgefährlichen Position aufhalten soll.

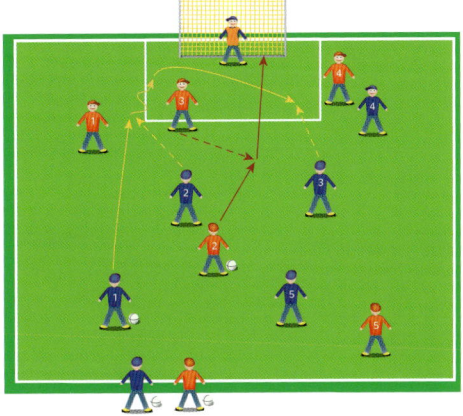

Anspiel über außen ohne Gegenspieler

Außerhalb des Strafraumes in der Außenposition stehen rechts und links Spieler bereit zum Anspiel mit Klatschen nach außen zum Flanken, zwei Angreifer stehen in der Mitte und kreuzen ohne Gegenspieler, um die Torgefährlichkeit zu erhöhen. A spielt B an der Strafraumgrenze an, der spielt in den Lauf für A, der die Flanke auf die beiden Spieler vor dem Tor hereinbringt.

Anspiel über Außen mit Gegenspieler

Wie in der Aufgabe ohne Gegenspieler wird nach dem Anspiel von A der Ball nach rechts oder links außen weitergeleitet und die 2 Spitzen mit je einem Gegenspieler sollen sich durch Kreuzen und abbrechende Bewegungen vom Gegenspieler lösen und dabei den ersten und zweiten Pfosten besetzen.

Zwei Gruppen spielen auf zwei Tore mit zwei neutralen Spielern

Gespielt wird zweimal 3:2+2 Neutrale +2:3 auf beide Tore gleichzeitig. Dabei besteht für die beiden Neutralen die Aufgabe, als Anspieler zu operieren. Später können sich die Anspieler wechselseitig in das Angriffspiel einschalten. Die drei Verteidiger können auf kleine Tore kontern.

Vom Vorbereitungsraum in den Entscheidungsraum

Es wird mit Hütchen ein Entscheidungsraum markiert.
In dem Vorbereitungsraum wird zum Beispiel 2:2+1 oder +2 als Neutrale gespielt.
Im Entscheidungsraum wird ebenfalls 2:2 gespielt.
Die ballbesitzende Mannschaft soll von außen Pässe in den Entscheidungsraum zu der eigenen Mannschaft spielen. Es wird im Außen- und Innenbereich zusammen gespielt, mit dem Ziel möglichst schnell und erfolgreich zum Torschuss zu kommen. Dabei kann das Spiel im Vorbereitungsraum über außen mit der Flanke oder mit dem Spiel in die Tiefe durch die Mitte entwickelt werden.
Erobert die Abwehr den Ball, kann sie auf die kleinen Tore kontern und mit dem Ballbesitz selber den Angriff vorbereiten. Die Anzahl der Spieler ist im Vorbereitungs- und Entscheidungsraum variabel zu verändern.

Wettspiel auf zwei Tore

Wenn die Spielformen geübt wurden, bietet sich ein Spiel auf zwei eng gestellte (30–40 m Abstand) Tore an. Es wird zum Beispiel 6:6 gespielt. Als Zielsetzung sollen dabei die vorher erarbeiteten Kriterien umgesetzt werden und der schnelle ideenreiche Torabschluss gesucht werden. Die Torhüter sollten offensiv mitspielen. Durch Einfrieren von Spielsituationen kann der Trainer Korrekturen geben und die Spieler in ihren Aktionen unterstützen. Mit neutralen Spielern kann in Überzahl gespielt werden. Zusätzlich kann bei einer Ecke vom eigenen Torwart der Ball erneut ins Spiel gebracht werden. So bleibt die Mannschaft im Ballbesitz.

Dribbling und Finte

Einem Spieler, der dribbeln kann, das Abspielen zu vermitteln, ist einfacher als einem Spieler das Dribbling beizubringen, der wenig Leichtigkeit und Kreativität besitzt.

Das Dribbling ist ein wesentlicher technischer und taktischer Bestandteil des Fußballspiels mit einem hohen Wirkungsgrad. Durch ein gewonnenes Dribbling ergibt sich häufig eine Überzahl in Ballnähe. Gepaart ist das Dribbling meistens mit einer Finte. Das Dribbling kann aus dem Stand oder mit hohem Tempo vorgetragen werden. Der Ablauf eines Dribblings mit Finte braucht den richtigen Zeitpunkt der Täuschung. Dass beidfüßige Dribbler Vorteile haben, muss nicht weiter ausgeführt werden.

Ein Dribbling sollte nicht zum Selbstzweck werden oder zur Unterhaltung beitragen, sondern immer zielstrebig sein im Sinne der mannschaftlichen Überlegungen.

Praxisformen

Alles, was mit enger Ballführung sowie Tempo- und Richtungswechsels zu tun hat, ist dem Dribbling zuzuordnen. Zum Üben brauchen wir enge Räume und schnelle Veränderungen, auf die der Dribbler reagieren muss. Herausforderungen für die Anwendung der Technik und Taktik im Dribbling sind Spielformen in Unterzahl und Gleichzahl. Der Dribbler sollte lernen, bei enger Ballführung und hohem Tempo den Blick vom Ball zu heben, um das Umfeld zum Abspiel wahrzunehmen.

Dribbelparcours
In einem abgesteckten Feld bewegen sich alle Spieler einer Gruppe mit Bällen und sollen ständig Tempo, Richtung und das Spielbein wechseln und dabei den Mitspielern ausweichen. Zusätzlich können in den Raum Stangen oder farbige Hütchen gestellt werden. Diesen ist ebenfalls geschickt auszuweichen.

Stangentraining
Es können symmetrisch in Linie oder asymmetrisch versetzt Stangen aufgestellt werden, die als Slalom zu durchlaufen sind. Dabei sollte jeweils der Ball außen geführt werden und die Stange als Gegner verstanden werden und entsprechend der Ball abgeschirmt werden. Diese Form kann man gegen die Zeit als Wettkampf gestalten.

Verfolgungsrennen
Ein Spieler erhält eine Vorgabe und wird von einem zweiten Spieler verfolgt. Dieser soll den ersten möglichst auf der Strecke einholen.

Parallelslalom
Es werden zwei identische Slalombahnen aufgebaut. Es laufen immer Paare gegeneinander; Sieger gegen Sieger und Verlierer gegen Verlierer.
Als Erweiterung kann auch hier in beiden Strecken zusätzlich ein Verfolgungsrennen stattfinden.

Staffelwettkämpfe
Auch Staffelrennen tragen dazu bei, dass die Ballführung noch enger wird. Dazu können nicht nur gerade Strecken gelaufen werden, sondern es können zusätzlich symmetrisch oder asymmetrisch Hütchen oder Stangen aufgestellt werden.

Fünferlauf
Das Feld ist mit mehreren Würfeln der Fünf aufgebaut. Auch hier kann als Parallelslalom gestartet werden. A startet von links und B von rechts zu dem Mittelpunkt der Fünf und von dort wieder nach außen. Mit dem Richtungswechsel wird auch das Spielbein gewechselt. Sobald die ersten die zweite oder dritte Position erreicht haben, können die nächsten Spieler starten.

Sechstagerennen
Wir haben mehrere Paare und alle Spieler haben einen Ball. Diese bewegen sich alle um einen großen Kreis (Mittelkreis auf dem Spielfeld). Von jedem Paar ist ein Spieler im Rennen und führt den Ball in höchstem Tempo. In der Zeit bewegt sich der zweite Spieler langsam vorwärts und soll mit jedem Schritt den Ball berühren.
Wenn der Renner den langsamen eingeholt hat, wird die Aufgabe gewechselt. Die Mannschaft, die beispielsweise nach 10 Runden oder nach 3 Minuten vorne ist, hat gewonnen.

Je sicherer die Spieler in den Übungen werden, desto mehr Risiko werden sie im Dribbling gehen und die Grenzen ausreizen. Das ist der Zeitpunkt, in die Übungen zusätzlich als Herausforderung Finten einzubauen.

Kreisdribbeln
In einem Kreis sind auf der Außenbahn 5 Tore, die von Spielern als Torhüter besetzt sind und in der Mitte ist eine Vielzahl von Spielern (mindestens 5), die durch die Tore dribbeln sollen. Die Tore können von vorne oder von beiden Seiten erzielt werden. Hält der Torwart, wird er zum Dribbler und der Verlierer geht ins Tor.

1:1 als Paar

Zwei Spieler stehen etwa 10 Meter auseinander. A spielt B an und umläuft B in hohem Tempo und erhält den Pass in den Lauf. Mit Erreichen des Balles dreht A sich schnell und dribbelt auf B zu und versucht ihn auszuspielen. Nun wechselt die Aufgabe und B spielt A an.

Als Erweiterung kann diese Form auch mit einem kleinen Tor gespielt werden. B steht dann vor dem Tor und erhält von A den Pass. A umläuft und bekommt von B den Ball in den Lauf. A dreht sich und spielt gegen B auf das Tor.

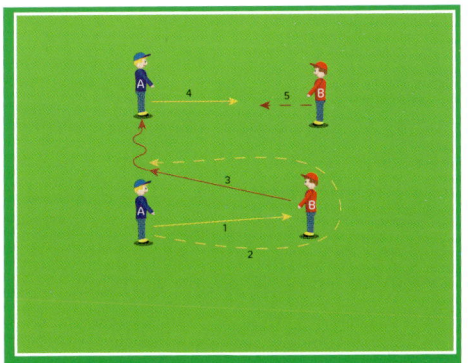 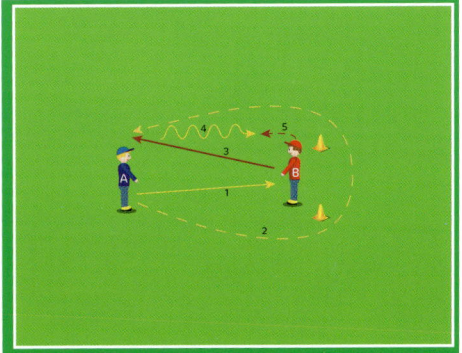

1:1 in der Vierergruppe

Es spielen zwei Paare gegeneinander. Von jedem Paar steht ein Spieler außen und in der Mitte wird 1:1 gespielt. Gelingt es dem Spieler der Mannschaft A, seinen Außenspieler anzuspielen, ist das ein Punkt. Dann wechselt die Aufgabe und B spielt gegen A mit neuen Spielern.

Als Variante kann nach dem Anspiel nach außen A am Ball bleiben und weiter spielen. Gewinnt er wieder das Dribbling und spielt er seinen Partner innen an, geht dieser in das 1:1 als ausgeruhter Spieler. B

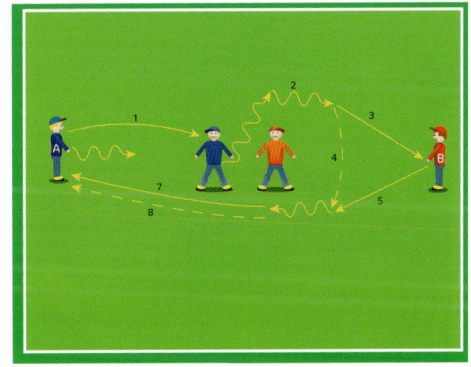

kann dann den Abwehrspieler austauschen. Wenn das 1:1 zu anstrengend wird, kann der Ballhalter zu jeder Zeit seinen Außenspieler einbinden und der geht frisch in das 1:1.

1:1 in der Vierergruppe mit Toren

In gleicher Weise wie in vorhergehenden Spielformen wird nun mit kleinen Toren gespielt. Dabei stehen die Mitspieler seitlich neben oder hinter den Toren. Alles andere bleibt erhalten.

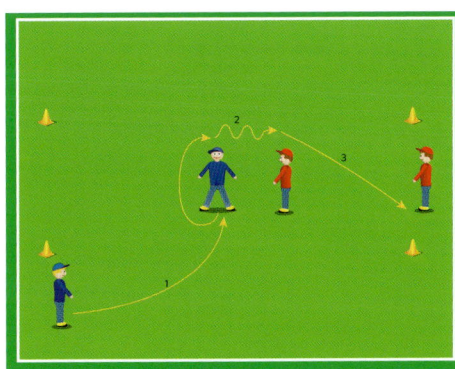

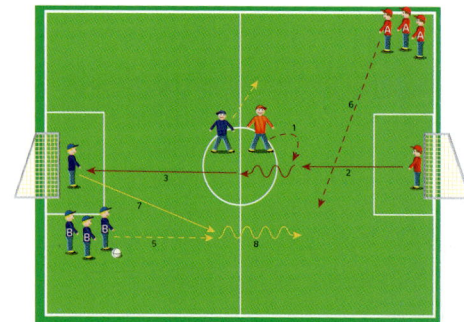

1:1 mit Torhütern

Natürlich liegt der Anreiz darin zu zeigen, dass man sich im Dribbling durchsetzen kann und noch ein Tor erzielt. Die Tore stehen in kurzem Abstand von 20–30 Metern voneinander. Die Torhüter können mit einbezogen werden. Allerdings sollte das Dribbling weiter im Vordergrund bleiben.

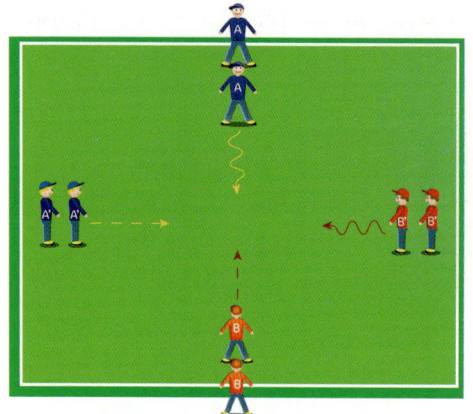

Dribbelviereck mit 8 Spielern

Es gibt 4 Spielerpaare in einem Quadrat. Diese bilden zwei Mannschaften und stehen sich gegenüber und spielen 1:1 von zwei Seiten. A spielt gegen B und A1 gegen B1. Auch hier wird gespielt wie beim 1:1 in der Viererguppe. Wenn ein Spieler am Ball merkt, dass er müde wird, spielt er den Ball seinem Mitspieler zu und der wechselt nach innen zum 1:1.
Das 1:1 ist die härteste Form des Trainings.

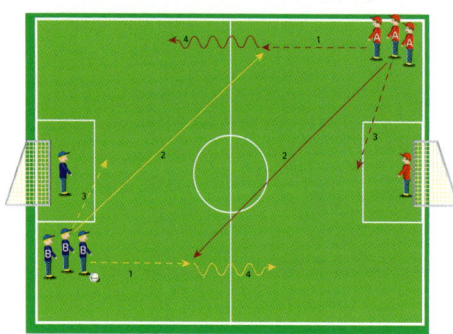

1:1 mit Torabschluss

Zwei Tore sind je nach Alter 20–40 Meter auseinander. Die Spieler werden neben die Tore gestellt und A spielt B an und B geht dann ins Dribbling gegen A und sucht den Torabschluss. Dann wird aus der Gruppe B ein Spieler aus der Gruppe A angespielt und A sucht das Dribbling und B wird zum Verteidiger. So wechselt jeweils die Aufgabe von A und B als Passgeber. Die Spieler schließen sich in der anderen Gruppe an.
Als Ergänzung haben die Verteidiger bei Balleroberung die Konterchance.

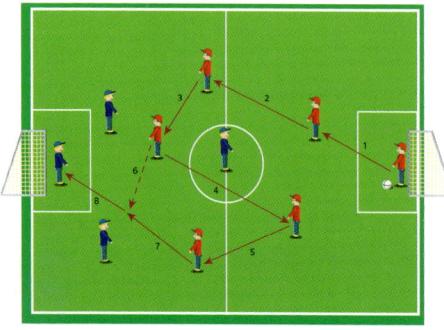

Unterzahlspiele 3:5 oder 4:6

Bei allen Spielformen wird die Gruppe in Unterzahl zum Dribbling aufgefordert. Spiele wie 3:5 oder 4:6 machen das deutlich. Die Unterzahl soll ideenreich mit Finten dribbeln und sich gegen die Überzahl durchsetzen. Es darf erst abgespielt werden, wenn ein Gegenspieler ausgespielt wurde. Es kann auf Linientore, auf kleine Tore oder Normaltore mit Torhütern gespielt werden. Neben dem Angriffsspiel hat die Unterzahl auch in der Abwehr sich so zu verhalten, dass möglichst keine Tore für die Überzahl fallen. Dabei wird das ballorientierte Verteidigen in der Raumdeckung gefordert. Diese Spielformen machen der Unterzahl klar, wie anstrengend das Dribbling ist und wie wichtig es in Spielformen mit Gleichzahl ist, den richtigen Zeitpunkt für ein Dribbling oder Abspiel aus der Spielsituation zu wählen. Nach der Belastung von 3 oder 4 Minuten sind Spielerwechsel und Pausen zu berücksichtigen. Bei allen Spielformen hat die Überzahl die Aufgabe des Kombinationsspiels mit verschiedenen Schwerpunkten und Herausforderungen.

Gleichzahlspiele 2+2:2+2 im Viereck

Es spielen zwei Mannschaften mit je 4 Spielern rot und blau gegeneinander. Dabei stehen außen von beiden Mannschaften je zwei Spieler als Anspieler. In der Mitte wird 2 gegen 2 gespielt. Die Spieler in der Mitte können mit den Anspielern der eigenen Mannschaft rot oder blau spielen und auch mit ihnen nach Anspiel die Position wechseln. Ziel ist es, bei dem Spiel das Dribbling zu suchen und das Abspiel als taktisches Mittel einzusetzen, um sich erneut anzubieten.

Finten

Jeder Spieler hat eine oder zwei Lieblingsfinten, die er besonders gut kann. Bevor es zu diesen Lieblingsfinten kommt, kann und muss jeder Spieler viele Finten probieren und üben. Dabei muss er sicher fühlen und wissen, dass die Finte Wirkung zeigt. Es gibt einige Finten, die nach großen Fußballern benannt wurden, weil diese die Finten zuerst kreiert haben. Die Matthews-Täuschung, die Beckenbauer-Drehung, die Bongards-Schere oder der Okocha-Hackentrick sorgten im Spiel für außergewöhnliche Begeisterung bei den Fans. Es gibt die Körperfinten ohne Ball und eine Vielzahl von Finten mit Ball z. B. den Übersteiger mit rechts von innen nach außen und dann mit links mitnehmen, das Scheren vor dem Ball nach rechts mit rechts und links weiter mitnehmen in hohem Tempo (Bongards), die Schussfinte, seitliches Mitziehen mit der Sohle, mit der Sohle zurückziehen und am Gegner vorbeilegen, Eindrehen gegen den Gegner, Rechts-Links-Kombination, schneller Wechsel mit Innen- und Außenseite, links antäuschen und rechts ziehen (Matthews), Beinschuss frontal oder seitlich im Laufduell, vorbeilegen rechts und links laufen, Kreisel mit der Innen- und Außenseite (Beckenbauer), mit Körperkontakt am Gegner ein- und vorbeidrehen, Gegner überlupfen und den Gegner mit dem Hackentrick überspielen (Okocha). Fast alle Finten sind beidseitig im Ablauf möglich und sollten sehr unterschiedlich mit Rhythmuswechsel und Tempo gespielt werden.

Ziel der Fintenausführung sind Automatismen durch Anwendung in Training und Spiel.

Praxisformen

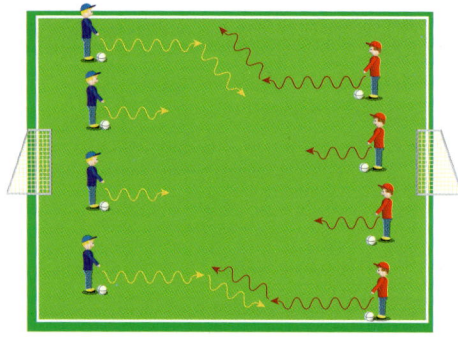

Paare üben Finten
Alle Spieler haben einen Ball. Sie stehen sich paarweise gegenüber. Im Abstand von etwa 20 Metern laufen die Spieler aufeinander zu und beide Spieler machen immer die gleichen Bewegungen z. B. alle Übersteiger mit rechts oder links. Dadurch kommt es zum Üben miteinander, auch in hohem Tempo ohne Zusammenstoß.

Finten im Raum
Alle Spieler haben einen Ball und bewegen sich frei in einem begrenzten Raum. Wenn sich Spieler begegnen, spielen sie den Übersteiger mit rechts. Die Spieler können als Erleichterung die Vornamen der Spieler rufen, mit denen sie den Übersteiger machen wollen oder den Mitspieler durch den Zuruf zu einer Aktion ermuntern. Später gibt ein Spieler vorher das Kommando rechts oder links, damit es keine Zusammenstöße gibt.

Die Abfolge als Übungsaufbau lässt sich mit verschiedenen Finten durchführen in Verbindung mit dem Dribbling.

Als Ergänzung zum Üben der Finten können wieder Parcours aufgestellt werden und an jeder Stange oder Hütchen wird eine Finte ausgeführt. Auch Staffelwettbewerbe sind so möglich. Außerdem kann der Trainer durch Zurufe Finten fordern. Zusätzlich kann er mit zwei verschiedenen Hemdfarben (grün ist rechts und rot ist links) die Fintenausführung vorgeben.

Standardsituationen

Die Standardsituationen stehen oft im engen Verhältnis zum Spielerfolg. Eine Mannschaft wird vom Trainer spielerisch entwickelt und verliert dennoch das Spiel, weil ein gegnerischer Freistoß, Eckstoß, Einwurf oder Strafstoß die Spielentscheidung brachte.

Wir wissen aus der jahrelangen Statistik, dass etwa 33 % aller Tore mit einer Standardsituation in Verbindung stehen. So gesehen muss man im Training diese Standards gezielt trainieren und Varianten einstudieren, die zum Torerfolg führen. Natürlich lassen sich aus Freistößen und Eckstößen leichter Tore erzielen als aus dem Einwurf. Auch der Strafstoß kommt nicht so häufig vor, deshalb ist es umso ärgerlicher für Schützen und Mannschaft, wenn ein Strafstoß verschossen wird. Grundsätzlich sollte bei der Ausführung einer Standardsituation aus dem Ballbesitz kein Ballverlust werden. Der ruhende Ball kann in allen Standardsituationen situativ schnell ausgeführt werden, um den Gegner zu überraschen.

Freistoß und Mauer

Direkte oder indirekte Freistöße bringen in Tornähe besonders viel Gefahr. Spezialisten gibt es in allen Mannschaften, die nach Position des Freistoßes bestimmt werden, um einen solchen auszuführen. Zu berücksichtigen sind dabei Rechts- oder Linksfuß, Entfernung zum Tor, die Ballposition mittig oder außen, Gewaltschuss oder der Schuss mit viel Schnitt um oder über die Mauer. Immer wieder üben Mannschaften besondere Varianten, um sie im Wettspiel anzuwenden. Unglücklich sind oft kurz ausgeführte Freistöße, die zu einem 1:1 oder 2:2 führen und die Gefahr des unnötigen Ballverlustes mit sich bringen. Dabei spielt das Abwehrverhalten zumeist die entscheidende Rolle. Ist die Mauer gestellt? Wie steht die Mauer? Wo steht der Torwart? Sind die Spieler in der Mauer klein oder groß? Wie viele Spieler stehen in der Mauer? Steht der größte Spieler außen und steht der äußere Spieler so zum kurzen Pfosten, dass er die Ecke zumacht? Vielleicht kennt der Gegner das Verhalten der Spieler in der Mauer und kann dieses bei der Ausführung berücksichtigen, wenn Spieler hochspringen, die Spieler aus der Mauer laufen oder sich weg drehen oder ducken. Die Mauer wird immer vom Torwart gestellt.

Manchmal gelingen im Fußball den Angreifern auch tolle Freistoßfinten, wenn die Abwehr die Absicht der Ausführung gar nicht oder zu spät erkennt. Bei den Freistoßspezialisten kann man allgemein feststellen: Übung macht den Meister und dazu gibt es Trainingsmauern.

Torwart stellt die Mauer
Der Torwart stellt die Mauer mit dem Spieler außen am 1. Pfosten. Beide Spieler haben zuerst Blickkontakt zueinander. Die Mauer muss parallel zur Außenlinie stehen, um das Abseits aufzuheben. Der Torwart steht in Verlängerung der Mauer und sollte sehen, ob der Schütze ein Links- oder Rechtsfuß ist. Der Torwart übernimmt 1/3 und die Mauer verdeckt 2/3 des Tores.

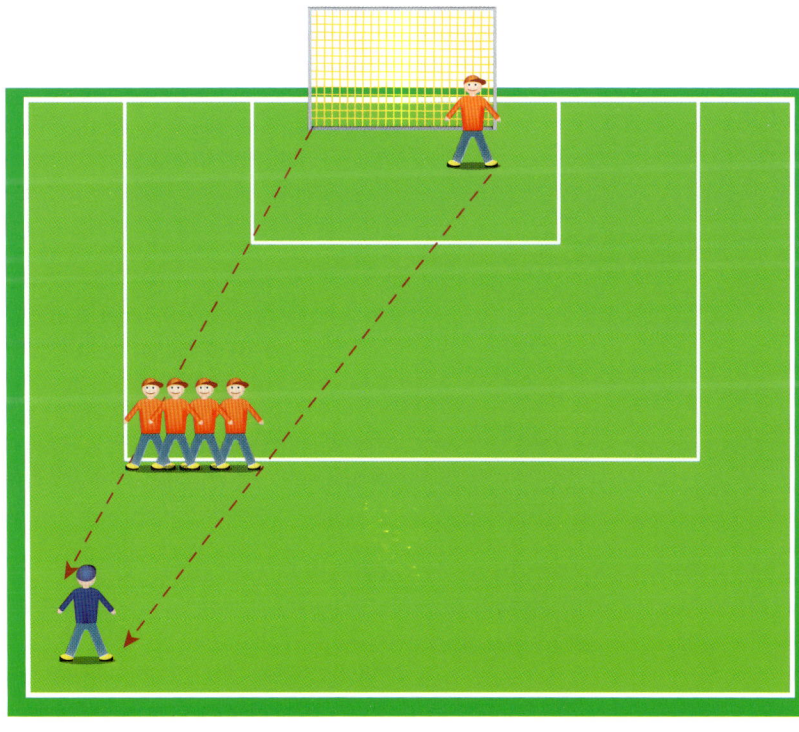

Praxisformen

Direkter Freistoß
Freistoß von außen

1. Die Position ist 25–30 Meter vom Tor entfernt halblinks. Der Schütze ist ein Rechtsfuß, der den Ball mit Schnitt, hoher Geschwindigkeit und halbhoch zum Tor spielt. Die Angreifer stehen im hinteren Teil des Strafraumes und starten bei der Ausführung zum Ball. Der Mitspieler kommt mit dem Kopf an den Ball oder der Ball geht ohne Berührung von Freund und Feind unhaltbar ins Tor. Als Variante laufen einige Spieler nach vorne und bilden einen Block für die hinteren Spieler, die an den Blockspielern vorbeilaufen und ihre Gegenspieler abstreifen. Von der rechten Seite in gleicher Weise. Eine Mauer mit zwei Spielern wird häufig dagegen gestellt. Für die Abwehr ist es wichtig, den Blick zum Ball zu haben und sich so aufzustellen, dass ein Spieler dem Ball entgegen startet, bevor es der Angreifer macht und den Ball erwischt.

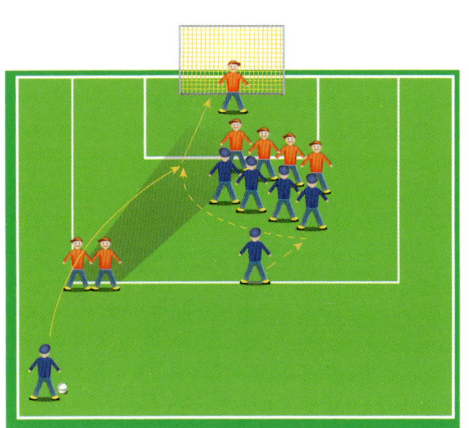

2. Die Position ist wieder 25–30 Meter vom Tor entfernt halblinks. Der Schütze ist ein Linksfuß, der den Ball flach oder hoch mit Schnitt reinspielt. Die Angreifer stehen im Strafraum gestaffelt und ein Spieler steht am Elfmeterpunkt. Durch eine Auftakt-Bewegung mit Tempo- und Richtungswechsel löst sich der Spieler am Elfmeterpunkt und erhält den Ball Richtung erster Pfosten und nimmt den Ball direkt per Fuß oder Kopf. Eine Mauer mit zwei Spielern ist dabei zu umspielen.

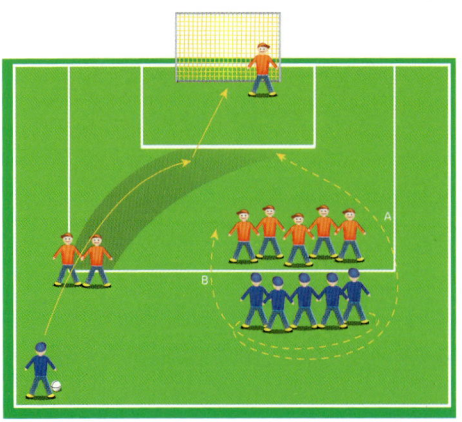

3. Aus der Position wie in 1 und 2 wird der Ball mit rechts oder links auf den ersten oder zweiten Pfosten gespielt. Der Schütze kann durch Handzeichen oder Heben des rechten Armes (kurz, erster Pfosten) oder des linken Armes (lang, zweiter Pfosten) seine Ausführung für die Mitspieler bekanntgeben. Nach Absprache bewegt sich ein Spieler auf die bekannte Position und versucht, auf das Tor zu köpfen, oder verlängert den Ball bzw. legt ihn zurück zu einem Mitspieler. Eine Mauerbildung ist zu berücksichtigen.

Freistoß in der Mitte

Die Angreifer werden sich die Position gut anschauen und dann den geeigneten Spieler für den Freistoß benennen. Die Abwehr wird eine Mauer stellen, die der Torwart in Position bringt. Als Variante kann ein Spieler täuschend über den Ball von rechts laufen und der richtige Schütze kommt von links und schießt mit rechts. Oder ein Spieler läuft über den Ball und spielt den Ball mit der Sohle zurück für den Schützen.

Indirekter Freistoß im Strafraum

Alle beschriebenen direkten Varianten sind auch indirekt möglich. Eine Besonderheit ist der indirekte Freistoß im Strafraum. Die Tornähe und das Abwehrverhalten aller Gegenspieler erschweren die Ausführung. Sinnvoll ist eine schnelle Ausführung mit einem sicheren Schützen. Als Variante kann der Ball quer gelegt werden an den heranstürmenden Verteidigern vorbei. Den indirekten Freistoß zeigt der Schiedsrichter durch Heben des linken Armes an.

Eckstoß

Wenn die alte Bolzplatzregel „drei Ecken, ein Elfer" auch im Weltfußball gelten würde, dann wäre das für die Spieler eine neue Herausforderung. Vermutlich würden dann mehr Tore fallen.

In den Spielen gibt es häufig viele Eckstöße, aber wenige Tore. Im Feldhockey sind bei den Strafecken immer wieder ideenreiche Ausführungen zu beobachten. Dabei geht es in erster Linie darum, die Abwehrspieler ins Leere laufen zu lassen.

Beim Fußball gibt es einige Varianten für den Schützen: kurze oder lange Ecke, zum Tor oder vom Tor weg, die Hereingabe flach oder hoch mit Gefühl oder hartem Spannstoß, auf den ersten, den zweiten Pfosten oder über die Abwehr hinweg, damit diese sich drehen muss. Der Eckstoß muss zum Bestandteil des Trainings gehören sowohl aus der Sicht der Angreifer, als auch aus der Sicht der Abwehr.

Taktische Angriffsvarianten:
» das Stehen außerhalb des Strafraumes und dann zum Ball laufen,
» das Laufen aus einer Traubenbildung in unterschiedliche Richtungen und die kopfballstarken Spieler bringen sich in gute Positionen,
» die Blockstellung, um einen Mitspieler frei zu blocken, der zum Kopfball kommen soll,
» die Verlängerung des Balles vom ersten auf den zweiten Pfosten,
» das Zurücklegen des Balles vom zweiten Pfosten für einen Mitspieler,

»Bogen laufen, um eine bestimmte Position zu besetzen oder die Unordnung im Strafraum nutzen.

Vieles hängt von dem Eckstoßschützen und dem Zeitpunkt ab, wie und wann er den Ball spielt. Dieses Zusammenspiel der Schützen und der Mitspieler in Tornähe muss gut aufeinander abgestimmt sein, um zum Erfolg zu führen. Der Schütze muss sich an seine angezeigten Vorgaben halten, um seine Mitspieler nicht zu irritieren.

Taktische Abwehrmöglichkeiten:
- »das Besetzen der torgefährlichen Räume,
- »die Unterstützung des Torwarts auf der Linie,
- »die Entscheidung Manndeckung oder Verteidigen im Raum,
- »die Zuordnung nach Größe und Kopfballgefährlichkeit.

Eine bedeutsame Position für Angriff und Abwehr ist der Bereich vor dem Strafraum als Sicherung des Rückraumes, der immer besetzt sein muss. Dort ergeben sich nach abgewehrten Bällen oft gute Schussmöglichkeiten aus der Distanz für die Angreifer oder aus dem abgewehrten Ball das Konterspiel der Verteidigung. Beim Eckstoß gibt es kein Abseits und aus einem Vorteil des Ballbesitzes sollte kein Nachteil werden.

Abwehrverhalten beim Eckstoß
Die Zuordnung und Besetzung der torgefährlichen Räume im Abwehrverhalten werden festgelegt. Dabei kann im Raum verteidigt werden und die besonders torgefährlichen Angreifer können in Manndeckung genommen werden. Es sollte deutlich nach Körperlänge zugeordnet werden. Eine zusätzliche Absicherung ist vor dem Strafraum notwendig und, wenn der Torwart es wünscht, auch auf der Torlinie.

Angriffsverhalten beim Eckstoß
Es werden im Angriffsverhalten zwei Bereiche A und B als Traubenbildung gestellt mit 2–4 Spielern. Mit der Auflösung der Traubenbildung sollten abgesprochene torgefährliche Räume besetzt werden, die vom Eckstoßschützen angespielt werden. Aus taktischen Gründen können sich auch nur Spieler einer Traube A oder B lösen. Zusätzlich sollte vor dem Strafraum der Rückraum abgesichert werden, um einen Konter zu verhindern.

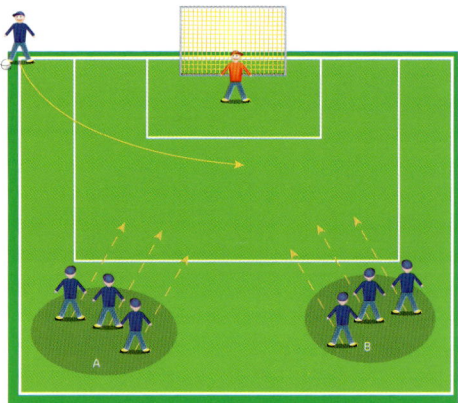

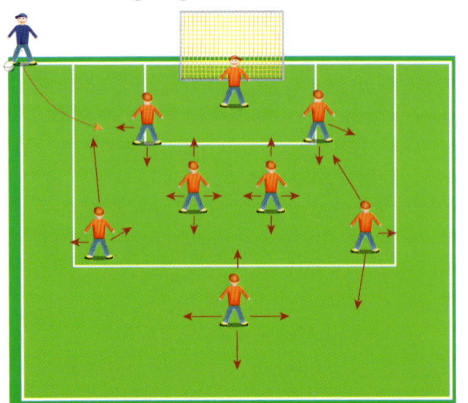

Praxisformen

Bei vielen Eckstößen kommt es im Vorfeld schon zum Gerangel mit dem Gegenspieler, obwohl der Schütze noch nicht bereit ist. Besser wäre es, sich ganz ruhig als Angreifer zu verhalten und erst mit der Ausführung die taktische Position zu besetzen. Wir unterscheiden:
- »das Wegziehen des Gegenspielers als Mann bindende und Raum öffnende Aktion, – das Abstreifen des Gegenspielers durch Blockstellungen am Ort oder durch Gegenbewegungen,

- » das Absetzen in den Rücken der Abwehr,
- » das Besetzen des ersten Pfostens mit der Verlängerung vor das Tor oder aufs Tor,
- » das Überspielen der Abwehr auf den zweiten Pfosten mit dem Kopfball vor das Tor oder aufs Tor,
- » das kurze Anspiel mit nachfolgender Hereingabe als Flanke,
- » die Spielertraube an der Strafraumgrenze mit der Auflösung in die torgefährlichen Räume,
- » die Linienaufstellung an der Strafraumgrenze mit der Fächerauflösung in die torgefährlichen Räume.

Grundsätzlich ist es ein Vorteil für die Angreifer, wenn sich mehrere Anspielmöglichkeiten gleichzeitig ergeben und sich durch die Eckballausführung die Abwehr drehen muss und so ihre Ordnung verliert.

Als Gegenmittel für die Abwehr ist die Antizipation, das frühe Erkennen der Torgefahr und das Reaktionsvermögen zu sehen. Dazu kommt das Festhalten an der Besetzung der torgefährlichen Räume, in die auch der Angreifer will.

Wegziehen des Gegenspielers

Ein oder zwei Mitspieler A ziehen mit ihren Gegenspielern aus Raum I nach vorne in Raum II und machen Platz für Spieler B, der sich aus Raum III mit Auftakt nach hinten absetzt. Der Eckball muss scharf herein gespielt werden, damit der Bewegungsvorsprung für den Angreifer erhalten bleibt.

Als Alternative ist derselbe Vorgang gegeben. Allerdings stehen im Raum II die Spielerpaare C, die Platz machen für die Spieler A und damit die Möglichkeiten der Angreifer zusätzlich erhöhen.

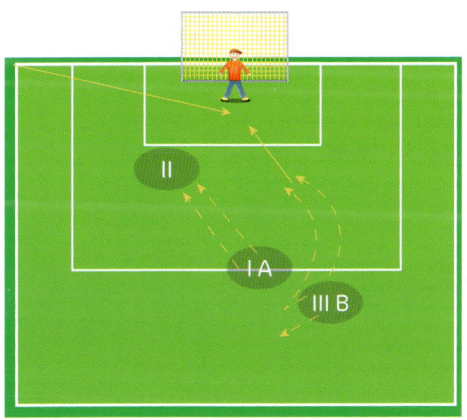
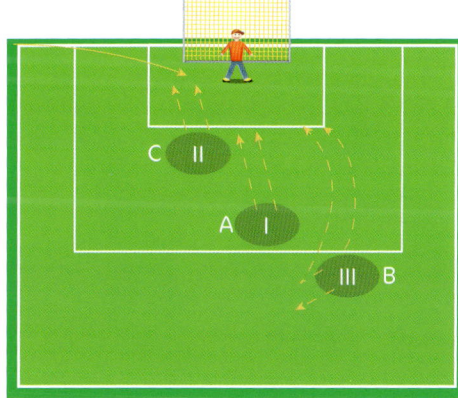

Abstreifen des Gegenspielers

Im Basketball ist die Blockstellung und das Abstreifen des Gegenspielers eine gängige taktische Lösung. Im Raum III stehen zwei Spielerpaare gestaffelt. Wenn A aus der hinteren Position nach vorne läuft, läuft ganz eng an seinem Mitspieler B vorbei, sodass der Gegenspieler auf den Mitspieler B aufläuft. Spieler A kann im Raum II frei zum Kopfball kommen.

Als Alternative startet Spieler A aus Raum I nach vorne. In dem Zwischenraum steht Spieler B mit Gegenspieler. Auch diesmal läuft A ganz eng an B vorbei, streift den Gegenspieler ab und kommt im Raum II frei zum Kopfball.

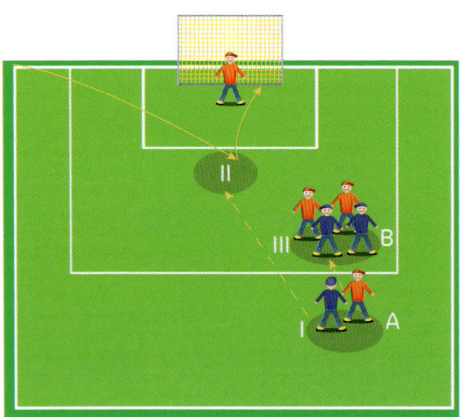
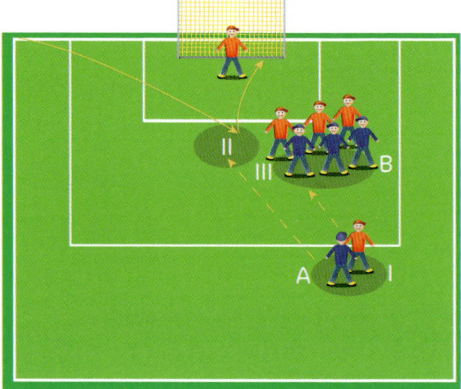

Blockstellung durch Richtungsänderung

Auch hier ist das Ziel den Gegenspieler abzustreifen. Allerdings kommt der eigene Mitspieler B mit Gegenspieler aus dem Zwischenraum auf A aus Raum I zugelaufen und stellt den Block gegen den Gegenspieler von A. So kommt A frei zum Kopfball.

Der Ablauf sollte außerhalb des Torwartraumes sein und die Hereingabe der Ecke muss sehr präzise sein.

Als Alternative könnte im Raum III derselbe Ablauf mit B stattfinden. C würde sich drehen und den Block gegen den Gegenspieler von B stellen. Damit käme zu A auch B im Raum II frei zum Kopfball. Der Schütze hätte zwei Anspielmöglichkeiten.

Umlaufen der Abwehr mit Blockbildung

A streift ab am Block C und B hinterläuft die Abwehr.

Beim Stellen der Blöcke sind Ruhe und Ordnung ganz wichtig. Die Spieler sollten sich in die abgesprochene Position bringen, ohne Gerangel. Erst mit der Ausführung der Ecke ist die taktische Lösung umzusetzen.

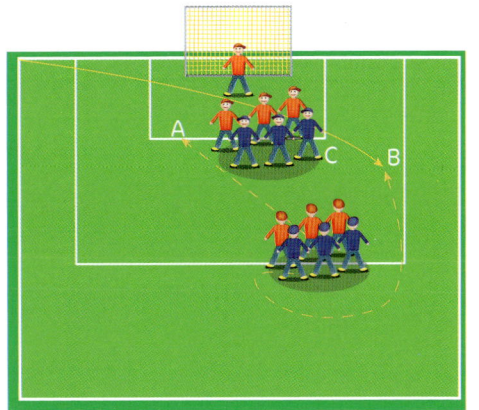

Kurze Ecke I

Bei der kurz ausgeführten Ecke geht es häufig um den Ballbesitz, dazu löst sich ein Spieler aus dem Torraum und wird angespielt und spielt dann zum Schützen zurück, der dann aus einer verkürzten Position die Flanke variabel schlagen kann. Eine Option bei der kurzen Ecke ist, dass der sich anbietende Spieler nicht zurückpasst, sondern abbricht und selbst Richtung Tor zieht.

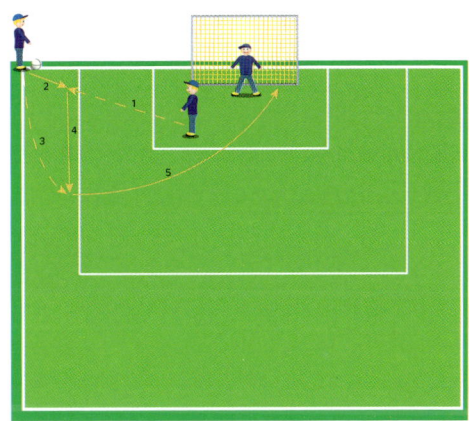

Kurze Ecke II

Die kurze Ecke kann auch im Zusammenspiel erfolgreich sein. Sie wird von links ausgeführt von A und am ersten Pfosten steht ein Angreifer B, der nach einer Auftaktbewegung dem Schützen A entgegenläuft. Der Spieler B wird flach angespielt und erhält den Ball zwischen Fünfmeterraum und Strafraumgrenze und zieht nach innen. Dann spielt er den Ball auf Spieler C, der von außerhalb in den Strafraum gestartet ist und den Torabschluss sucht.

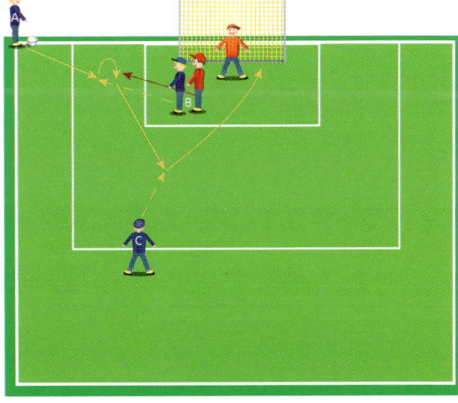

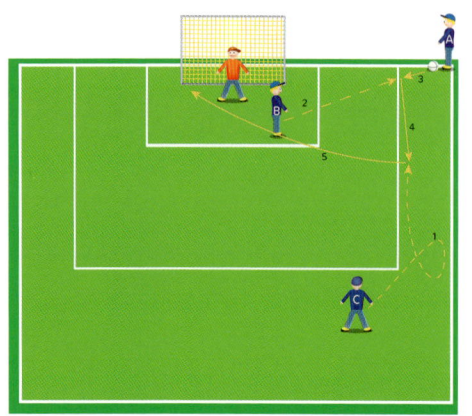

Kurze Ecke III
Die Ecke wird von rechts mit links von Spieler A ausgeführt. In der Mitte stehen B und C. Zuerst macht C einen schnellen Antritt in Richtung A und bricht nach etwa 5–10 Metern nach außen ab. Gleichzeitig spielt A flach auf B, der den Ball mit links zu C weiterleitet, sodass C mit links oder rechts auf das Tor schießen kann.

Spielertraube und Linienaufstellung
Mehrere Spieler stellen sich dicht zusammen an der Strafraumgrenze und lösen dann die Traubenbildung bei der Ausführung der Ecke auf und besetzen die torgefährlichen Räume. Sinnvoll ist es, wenn einer der Spieler am Ort überraschend stehen bleibt und vom Gegner vielleicht nicht beachtet wird.
Als Alternative ist die Linienaufstellung an der Strafraumgrenze zu sehen. Bei der Ausführung der Ecke wissen alle Spieler, in welchen Raum sie laufen sollen.
Bei beiden Ausführungen dürfen sich die Spieler nicht zu früh bewegen. Zusätzlich könnten für die Spieler noch Blöcke durch die Mitspieler gestellt werden.

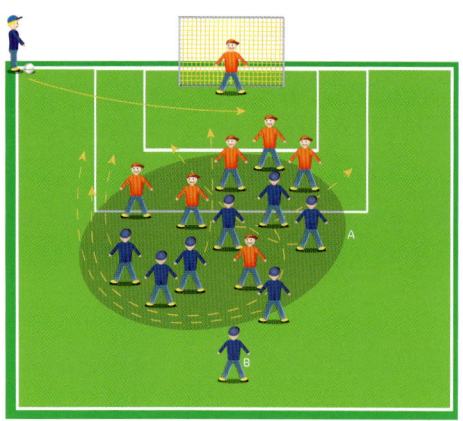

Eckentraining für Angriff und Abwehr

Je nach Anzahl der Spieler werden zwei Tore am Strafraum eng zueinander gestellt. Es werden Ecken von 4 Positionen geschlagen vor beide Tore, von rechts und links. Ziel ist für beide Teams, im Zentrum sich in die Situation der Angreifer und der Abwehrspieler zu versetzen und auch so zu handeln. Werden die Bälle von links und rechts vor A geschlagen, dann wird rot zur angreifenden Mannschaft und blau muss verteidigen. Dabei kann durch die enger gestellten Tore die Abwehr auch Tore erzielen.

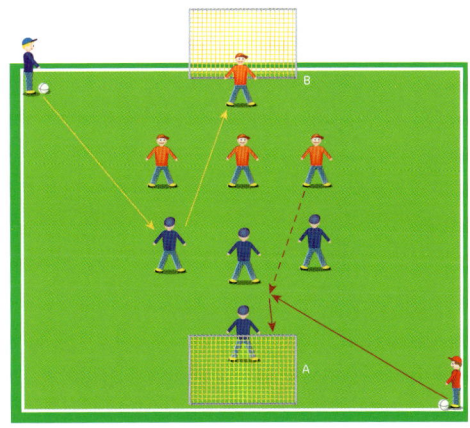

Werden die Ecken vor Tor B hereingebracht, spielt rot in der Abwehr und das blaue Team im Angriff. Bei dieser Spielform können alle Varianten in den Mannschaftsteilen mit den entsprechenden Zuordnungen trainiert werden.

Einwurf

Der Einwurf ist immer ein kleiner Neubeginn einer Spielszene. Ein Einwurf sollte korrekt ausgeführt und nie nach hinten geworfen werden, außer zum Torwart. Wichtig ist für alle Spieler zu wissen, dass beim Einwurf das Abseits aufgehoben ist.

Der Einwurf muss von allen Spielern beherrscht werden und in das Spiel taktisch eingebaut werden.

Wenn Spieler den Einwurf üben, geht es immer um das Einwerfen und Annehmen oder Weiterleiten des Balles. Der Ball kann flach in den Fuß geworfen werden oder auf Oberschenkel, Brust und Kopf. Mit großer Bogenspannung kann ein Einwurf auch als Flanke oder zur Spielverlagerung dienen. Jeder Ball kann zum Einwerfenden zurückgespielt werden, um daraus eine zahlenmäßigen Vorteil zu erlangen. Wichtig ist beim Einwurf der Zeitpunkt einer Auftaktbewegung zum Freilaufen mit Tempo- und Richtungswechsel, dem Positionswechsel und dem Kreuzen, um dem Gegner Probleme zu bereiten und den Ballbesitz zu wahren.

Praxisformen

Einwurf in Paaren ohne Gegenspieler

Die Paare stehen sich in einem Abstand von 5–15 Metern gegenüber und werfen sich nach einer Auftaktbewegung den Ball als Einwurf zu. Die Ballannahme soll mit allen Körperteilen Fuß, Oberschenkel, Brust oder Kopf geübt werden, genauso wie der Rückpass zum Einwerfer.

Die Paare bewegen sich frei im Raum und üben in der Bewegung das Absetzen von

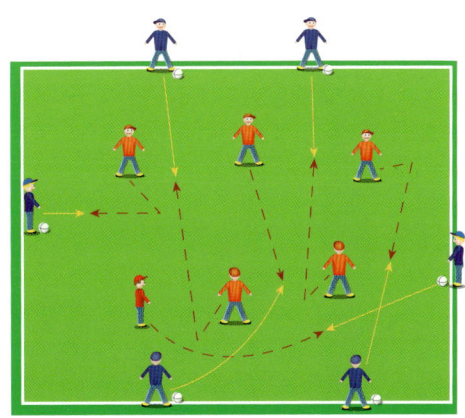

einem gedachten Gegner und fordern den Einwurf vom Partner mit Ballannahme oder Rückpass.

Als Erweiterung ruft der einwerfende Spieler dem annehmenden Spieler zu, „dreh" oder „klatsch". „Dreh", heißt mit Ball selbst zu gehen und „klatsch" zum Einwerfer zurück zu passen. Bei „dreh" sucht der Spieler mit Ball einen freien Außenspieler und passt diesen an, der dann wieder einwerfen kann. Bei „klatsch" zieht der Einwerfer mit dem Ball nach innen ins Spielfeld und sucht einen freien Spieler außen.

Einwurf mit Gegenspieler
Drei Spieler bilden eine Gruppe mit dem Einwerfer A, Mitspieler B und Gegenspieler C. Spieler B bietet sich mit einer Auftaktbewegung an und entscheidet sich selbst mit Ball am Gegenspieler vorbei zu gehen oder für den Rückpass zum Einwerfer. Alle Spieler spielen in jeder Position.
Als Erweiterung kann mit 4 Spielern geübt werden: Einwerfer A, Mitspieler B, Gegenspieler C und der zweite Einwerfer D. Wenn B alleine geht, spielt er D an und die Aufgabe wechselt. D wirft auf C und B wird zum Gegenspieler.

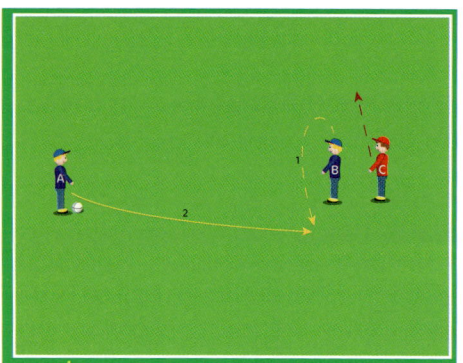
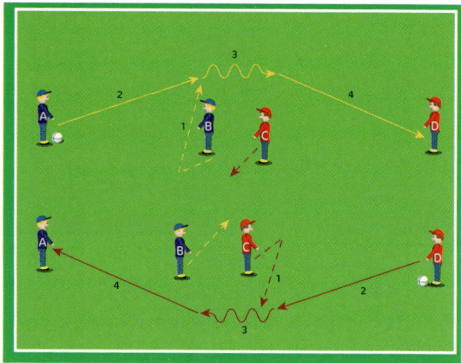

Linienaufstellung mit Fächerauflösung
Dabei stellen sich die 3–4 Mitspieler in Ballnähe bewusst in einer Linie hintereinander im Abstand von 3–5 Metern auf. Die Gegenspieler ordnen sich in gleicher Weise dazu ein. Dann wird mit dem Einwurf die Linie fächerartig aufgelöst, indem der vorderste Spieler nach rechts ausbricht, der zweite nach links und dann wieder nach rechts und der letzte Spieler in Linie angeworfen wird. Der Einwerfer kann sich auch für einen anderen Mitspieler entscheiden, wenn dieser in eine aussichtsreiche Position gestartet ist. Da die Gegenspieler die Fächerlösung erst spät erkennen, kann sich ein erheblicher Vorteil für die Mannschaft am Ball ergeben.

Taktisches Einwurfspiel mit Paaren

Einwerfer A bedient mehrere Paare mit dem Einwurf, die sich in einem begrenzten Raum mit Auftaktbewegungen, Positionswechsel oder Kreuzen anbieten. Die Gegenspieler bleiben bei ihren Spielern. Der Rückpass zum Einwerfer ist immer frei.

In der Folge kommt ein zweiter Einwerfer B hinzu, der gegenüber von A steht. Es werden zwei Mannschaften gebildet. Wenn A nun die blauen Mitspieler anwirft und diese sich so durchsetzen, dass sie den Ball zu B spielen, dann wechselt die Aufgabe und B wirft den Einwurf zu seinen roten Mitspielern. Die Spieler ohne Ball werden zu Gegenspielern. Es kommt zu einem zielgerichteten Einwurfspiel. Die Einwerfer müssen bei einem Rückpass erneut einwerfen oder sie haben die Möglichkeit, mit dem Ball in das Spielfeld zu ziehen und mit ihrer Mannschaft zu spielen. Der Spieler mit dem Rückpass wechselt auf die Position des Einwerfers.

Danach wird frei gespielt und die Mannschaft mit Ball bleibt so lange im Ballbesitz, bis der Ball durch die gegnerische Mannschaft erobert wird. Es kann für jede Mannschaft zusätzlich auf den Außenseiten ein Einwerfer postiert werden. Jedes Anspiel zu einem Einwerfer ist ein Punkt für die Mannschaft.

Das Einwurfspiel eignet sich gut als Aufwärmspiel für das Training und die Spielvorbereitung.

Strafstoß

Grundsätzlich müssen wir den Strafstoß aus dem laufenden Spiel und das Elfmeterschießen unterscheiden. Die Ausführung aus dem Spiel ist weniger belastend für den Schützen, als die Verantwortung und der Druck der Spieler beim entscheidenden Elfmeterschießen.

Der Torwart hat die Chance, sich auf der Linie zu bewegen, dem Schützen eine Ecke anzubieten und mit seinen Gesten und seiner Mimik den Schützen zu verunsichern.

Für den Schützen bleiben die Überlegungen: Wie soll ich schießen, hart oder platziert, hoch oder flach? Alles ist möglich und richtig, wenn er trifft. Falsch beraten ist der Schütze, wenn er bei der Ausführung schwankend ist oder die halbhohe Variante wählt, die die Torhüter am liebsten haben. Zudem sollte der Schütze keinen Blickkontakt mit dem Torwart aufnehmen, weil dieser die Entschlossenheit oder die Verunsicherung des Spielers am Elfmeterpunkt erkennen kann. Häufig ist die erste Entscheidung des Schützen die Richtige.

7 Weiterentwicklungen im Fußball

Der Fußball wurde in seiner Weiterentwicklung immer von den großen Turnieren wie Welt- und Europameisterschaften getragen. Bei diesen Veranstaltungen wurden nicht nur neue, starke Spieler entdeckt, sondern die aktuellen Weltstars gaben die Richtungen des Fußballs vor. Der Fußballsport und die Industrie lassen sich in ihrer Entwicklung sich gut vergleichen, zum Beispiel im Bezug auf die Sicherheit und die Schnelligkeit von Produkten. Der Fußball spielt oft mit einer verstärkten Abwehr und einem dichten Mittelfeld. Besonders deutlich wird dies an dem Spielsystem 4:2:3:1 (4:5:1), das von vielen Teams gespielt wird. Bei dieser Konstellation der Spieleranordnung ist der Weg zum gegnerischen Tor noch weiter geworden. Deshalb haben die 5 Mittelfeldspieler den schwierigen Auftrag, die Abwehrarbeit zu unterstützen und bei Ballgewinn sofort auf Angriff umzuschalten. Dabei müssen nun Kriterien des Fußballs mit Sicherheit und Schnelligkeit umgesetzt werden. Auffällig ist im Fußball die zunehmende Veränderung vom Annehmen des Balles mit dem Stillstand (Anhalten) des Spiels, Schauen und dann Spielen bis zu der aktuellen Spielweise der Ballmitnahme, der Spielbeschleunigung und dem Spiel mit einem Ballkontakt. Für den Fußball heißt das ganz eindeutig, dass sich die Trainingsmethoden und die Trainingsinhalte dem Spiel weiter anpassen müssen.

Spielauffassung

Wenn ein Trainer eine bestimmte Vorstellung, Auffassung, Ansicht oder Philosophie vom Fußball hat, muss er diese den Spielern erklären und braucht dazu auch Übungen und Spielformen für das Training, um seine Vorstellungen darzustellen und umzusetzen. Zur Unterstützung kann er auch Videoszenen einsetzen.

Es gibt einige Parameter, die unabhängig von der Spielauffassung feste Bestandteile im Fußball sind.
» die Ausrichtung der taktischen Marschroute oder Strategie einer Mannschaft,
» das Spielsystem
» hohes oder flaches Kombinationsspiel,
» kurzes oder langes Passspiel,
» langer oder kurzer Ballbesitz als Ballzirkulation,
» gekonnte Dribblings ohne langes Laufen mit Ball,
» taktisches Spiel mit Doppelpass und Hinterlaufen,
» Spielverlagerung,
» Flügelspiel bis in den Rücken der Abwehr mit Flanken oder Hereingaben,
» Einschalten der Abwehrspieler in die Offensive,
» das schnelle Spiel ohne Ballverluste im Mittelfeld mit klatschenden Bällen,
» Spielformen über einen dritten Spieler als verdecktes taktisches Spiel,
» das Herausarbeiten von Torchancen,
» der Torabschluss mit dem möglichen Torerfolg,
» Spiel in die Tiefe,
» Konterspiel.

Das schnelle Umschalten nach Ballverlust oder Ballgewinn, das dynamische Spiel, ballorientierte Vorwärtsverteidigung, das Abwehren ohne Foulspiel, das uneigennützige Konterspiel und zirkulierender Ballbesitz zeichnen dann Mannschaften aus und können Anregungen für die Arbeit mit dem eigenen Team geben.

Qualität im Training und Spiel

Für die Zukunft des Fußballs wird die Qualität im Training noch bedeutsamer sein als die Quantität. Dies wiederum hat direkte Auswirkungen auf das Spiel. Somit darf sich das inhaltliche Geschehen auf dem Trainingsplatz nicht soweit von den Ansprüchen im Wettspiel unterscheiden.

Die Entwicklung von Nachwuchsleistungszentren in den Bundesligavereinen und der Aufbau von Fußballschulen, Fußballakademien und Fußballcamps ist eine Seite der Talententwicklung. Eine zweite Form der Förderung besteht in den Eliteschulen, Fußballinternaten und dem Talentförderprogramm des Deutschen Fußball Bundes.

Die ganze Vielfalt von Einrichtungen zur Förderung des Fußballsports wird nicht mehr dem Zufall überlassen. Um eine ansteigende Qualität der Spieler zu erreichen, werden die Trainingsarbeit und die Wettspiele auf Video aufgezeichnet und zur Analyse der einzelnen Spieler und der Mannschaften herangezogen. Die laufenden Bilder aus Training und Spiel sollen zu einer Qualitätsverbesserung beitragen. Außerdem werden die Spieler regelmäßig sportmotorischen und sozialpsychologischen Tests unterzogen und dabei wissenschaftlich begleitet. Die Testergebnisse und die Spielentwicklung der Spieler müssen miteinander einhergehen. Mit Geduld werden es dann immer wieder Spieler schaffen, ihre Begabung durch Training und Spiel zu festigen und eine sportliche Karriere einzuleiten. Kriterien dazu sind: Konstitution, Kondition, Technik, Taktik und Persönlichkeit.

Spaniens Tiqui-Taca-Spielweise

Die Spielentwicklung im Fußball wird durch technisch und taktisch besser ausgebildete Spieler noch anspruchsvoller und die konditionellen und psychisch-mentalen Aspekte ergänzen diesen hohen Anspruch in der Weltsportart Fußball. Die Spanier bevorzugen die Tiqui-Taca-Spielweise. Diese zeichnet sich durch kurzes, flaches Passspiel, ständige Spielverlagerungen, wenig Laufen mit Ball aus und führt zu langem Ballbesitz. Der Ballbesitz hat höchste Priorität, die jeder Spieler akzeptieren muss. Alle Spieler bewegen sich so, dass sie sich nicht im Deckungsschatten befinden, dass zum Ballhalter Blickkontakt besteht und sich eine Kommunikationsebene ergibt, durch die der Pass, unerreichbar für den Gegner, gespielt wird. Die Spanier spielen mit viel Geduld und warten auf den Fehler des Gegners. Die Mitspieler verschieben sich gleitend und vernetzend mit hoher Laufbereitschaft, um immer wieder Anspielangebote in alle Richtungen für den Ballbesitzer zu erstellen. Dabei werden Dreiecke als Anspielmuster bevorzugt oder der Pass durch das geöffnete „Fenster" in die Tiefe als Raute. Alle Spieler sind in der Lage, das Spiel kreativ mit zu gestalten in Form von Passspiel oder Dribbling im erfolgreichen Zweikampf. Unnötige Ballverluste werden vermieden, vor allem beim Spielaufbau in der eigenen Hälfte. Dazu kommt ein permanenter Wechsel des Spieltempos und Spielrhythmus. Diese Art Fußball zu spielen, zeichnet sich durch lange Ballstafetten und Spielfreude aus, in die alle Spieler mit einbezogen werden. Dabei wird das Spiel in die Breite gerne als Vorbereitung für das überfallartige Spiel in die Tiefe Richtung gegnerisches Tor bevorzugt. Was dem spanischen Spiel manchmal fehlt, ist die Zielstrebigkeit zum Tor. Diese wird allerdings auch oft dadurch erschwert, dass durch das defensive Verhalten des Gegners der nötige Raum in der Tiefe fehlt.

Die Tiqui-Taca-Spielweise ist für die Gegner, in der Position der Balleroberer und Abwehrspieler, sehr anstrengend. Die Spanier spielen gerne mit den freien Räumen. Dadurch müssen die Gegner ständig dem Ball nachlaufen und kommen meistens zu spät, was zu einer aggressiven Spielweise und zu Fouls führt. Die spanische Spielauffassung entspricht im Grundgedanken der ebenfalls sehr ökonomischen und erfolgreichen Spielweise des „Schalker Kreisels" aus der Vergangenheit mit dem Ziel, den Gegner zu zermürben. Wir haben beim Spiel der Spanier zwei Situationen zu unterscheiden:

Der Gegner ist im Ballbesitz oder die Spanier sind am Ball.

Gegner im Ballbesitz heißt: alle Spanier ran an den Gegner

Es wird von allen Spielern in Ballnähe sofort der Spieler am Ball attackiert im Sinne von Doppeln, Stören und Verengen der Räume. Diese Deckungsarbeit in Breite und Tiefe wird von den Zwischenspielern im Mittelfeld stark unterstützt. Dabei wird kein Foul gespielt und dem Gegner am Ball die Chance genommen, die 1. Wahl zu spielen. Der Druck auf den Gegner und gegen den Ball führt beim Ballhalter zur Unsicherheit. Es bleibt ihm häufig nur die Entscheidung des Rückpasses oder das Abspiel der 2. Wahl mit einem hohen langen Ball. Diese schwierige Spielsituation führt oft durch unkontrolliertes oder überhastetes Abspiel zum einfachen Ballverlust. Auch das gezielte Anlaufen des Gegners am Ball wird so gewählt, dass der Spieler auf sein schwaches Bein kommt und in der Handlung und Entscheidung stark eingeschränkt wird. Bei genauer Beobachtung des spanischen Abwehrspiels erkennt man eine klare Ordnung und Strukturierung sowie die Spiellust und Entschlossenheit, wieder schnell an den Ball zu kommen. Die spanischen Teams in allen Altersstufen beherrschen die verschiedenen Abwehrmechanismen wie Zweikampf, gesunde Härte ohne Foulspiel und Abwehrsysteme je nach Spielstand.

Die Spanier im Ballbesitz heißt: alle weg vom Gegner

Das Spiel wird sofort breit gemacht und alle bewegen sich weg vom Gegner und in Ballnähe hin zum Ball. Dabei werden Räume geschaffen und die Anspielbarkeit und Anspielangebote in Ballnähe erhöht. Alle Spieler sind bereit und helfen bei der Ballzirkulation in alle Richtungen mit dem Ziel, nach dem Spiel in die Breite dann den gefahrvollen vertikalen Pass in die Tiefe zu spielen. Ein weiteres Mittel ist die Spielverlagerung in allen Mannschaftsteilen als Sektorenspiel oder Wechselspiel der Räumlichkeit mit erhöhter Konzentration aller Spieler in dem Bereich. Es wird bevorzugt flach gespielt mit kurzen Ballkontaktzeiten in offener Spielstellung, um sich dem Druck des Gegners zu entziehen.

Für das Angriffsspiel sind wieder die Zwischenspieler als Spielerpersönlichkeiten des Mittelfeldes gefragt. Sie sind verantwortlich für den Balltransport zwischen den Mannschaftsteilen und zeichnen sich durch schnelles Erkennen und Agieren aus. Die Zwischenspieler haben ein gutes Gespür für Raum und Zeit im Sinne der Orientierung mit variabler Spielqualität. Sie arbeiten mit Positionswechseln in Breite und Tiefe mit hohen Laufanteilen in verschiedenen Tempostufen zur Beschleunigung oder zur Beruhigung als Veränderung des Spielrhythmus. Das bevorzugte flache Spiel in die Schnittstellen wird je nach Spielsituation überraschend mit langen und hohen Transportbällen diagonal auf die Spitzen beschleunigt als Überbrückung des Raumes. Die spanischen Teams in allen Altersstufen beherrschen das Forechecking, das mannschaftliche Pressing, das Konterspiel, das schnelle Umschalten mit dem gezielten Spielaufbau in die Tiefe und die Angriffssysteme je nach Spielstand.

Praxisformen

Passen in Paaren

In einem abgesteckten Feld werden beliebig viele Tore durch Hütchen als Barrieren markiert in unterschiedlichster Größe und in alle Richtungen. Die Tore dürfen nicht durchspielt oder hoch überspielt werden. Die Spielpaare haben jeweils einen Ball und sollen sich so bewegen, dass sich Kommunikationsräume als Anspielbasis ergeben. Der Spieler ohne Ball muss also so laufen, dass er völlig aus dem Torschatten (Barriere) ist, Blickkontakt zum Ballhalter hat und den Ball durch Zuruf fordert. So werden unnötige Ballverluste vermieden.

Alle Spieler mit Ball sollen mit allen Spielern ohne Ball in gleicher Weise spielen. Es ergeben sich ständig neue Spielbilder durch das Verhalten der Spieler ohne Ball, die Anspielmöglichkeiten herstellen.

Passen in Gruppen

Es werden 3 Gruppen mit verschiedenen Farben und mit mehreren Spielern gebildet. Die einzelnen Gruppen spielen nach demselben Prinzip wie die Paare untereinander. Allerdings sollen sich nun schnellere Ballstafetten ergeben. Wenn A zu B in einer Farbe spielt, muss bereits ein weiterer Spieler der Gruppe durch sinnvolle Laufwege ein neues Abspiel ermöglichen.

Nummernspiel

Die Spieler der Gruppen werden durchnummeriert und nun spielt blau von 1 zu 2 usw. bis 5 wieder 1 anspielt. Dabei muss nun ein Laufverhalten aller Spieler entwickelt werden, dass die nächste Zahl in deutlicher Blickverbindung zum Ballhalter steht und ein freier Passweg gegeben ist.
Durch geschicktes Spiel ohne Ball soll das Anspiel zur Ballzirkulation werden.

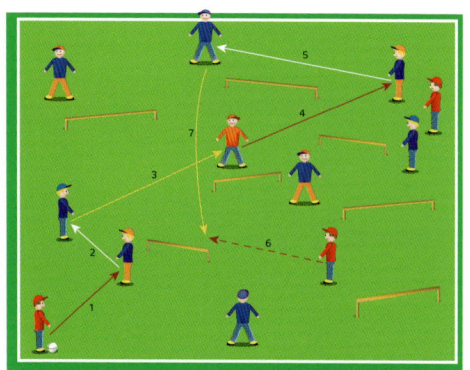

Drei Farben-Spiel

Die drei Gruppen mit unterschiedlichen Farben spielen sich im Wechsel an. Rot spielt zu orange, dann orange zu blau und blau zu rot. Dieser Kreislauf bleibt bestehen und somit weiß jeder Spieler, von welcher Farbe der Ball kommt und wie man sich ohne Ball verhält, um anspielbar zu sein. Alle anderen Kriterien der vorhergehenden Spielformen bleiben erhalten.

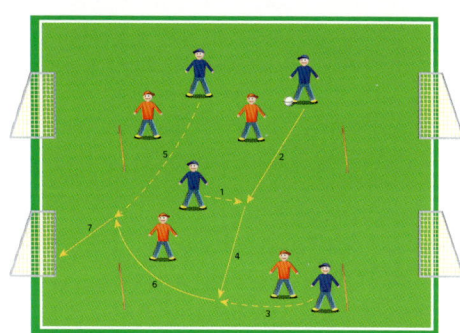

Spiel auf Tore mit Barrieren

Es spielen zwei Mannschaften gegeneinander auf zwei Tore mit Torwart. Auf dem Spielfeld befinden sich wieder Barrieren, die umspielt werden müssen. Die Spieler mit Ballbesitz müssen sich in bekannter Art und Weise bewegen: Spiel ohne Ball, Freilaufen oder Positionswechsel. Es wird frei gespielt, aber es soll nicht lange mit Ball gelaufen werden.

Spiel auf 4 kleine Tore

Es spielen zwei Mannschaften gegeneinander auf 4 kleine Tore. Auf dem Spielfeld befinden sich wieder Barrieren, die umspielt werden müssen. Die Spieler der Mannschaft mit Ball müssen sich in bekannter Art und Weise bewegen und durch Spiel ohne Ball, Freilaufen oder Positionswechsel Räume und Anspielmöglichkeiten schaffen. Es wird frei gespielt, aber es soll nicht lange mit Ball gelaufen werden.

Spiel auf 4 Tore mit Barrieren

Wie vorher wird nun mit offenen Toren gespielt. Ein Tor oder ein Punkt kann nur erzielt werden, wenn der durchgespielte Ball von einem Mitspieler angenommen wird. Nach dem Torerfolg kann die Mannschaft im Ballbesitz bleiben (oder Ballwechsel) und auf ein anderes Tor spielen.
Ziele sind das Spiel ohne Ball, die Spielverlagerung und das Ausnutzen der Barrieren. Es sollte möglichst flach und mit begrenzten Ballkontakten gespielt werden. Die Verteidiger stellen die Passwege zu und bilden

einen Deckungsschatten. Die Angreifer versuchen Passwege zu erarbeiten und den Deckungsschatten zu verlassen.

Das diagonale Spiel

Bei allen Parteispielen, z. B. 5:3, 6:4 oder 7:5 mit oder ohne Tore, ist es wichtig, den diagonalen Pass zu ermöglichen. Für die Spieler ohne Ball heißt dies, Automatismen zu entwickeln und sich so zu verhalten, dass sie immer anspielbar sind durch einen diagonalen Pass vor oder im Rücken des Verteidigers. Der diagonale Pass ist in der Mehrheit mit Tiefe verbunden, um die Außenspieler einzusetzen.

Das vertikale Spiel

Auch beim vertikalen Passspiel werden die Parteispiele 5:3, 6:4 und 7:5 als Basis genommen und mit oder ohne Tore gespielt. Die Spieler mit Ball sollen die freien Räume und Fenster erkennen und spielen, die sich durch die Mitspieler ergeben. Der nächste Schritt wäre dann in Gleichzahl 5:5 bis 8:8 zu spielen. Die Spielräume sollten länglich angelegt sein und damit das vertikale Spiel unterstützen.

Ziel ist das Spiel in die Tiefe. Die Spieler sollen sich so absetzen vom Gegner, dass der gespielte Pass offensiv angenommen werden kann. Danach sollte je nach Spielsituation möglichst wieder vertikal oder diagonal gepasst werden. Kein langes Laufen mit Ball, sondern kurze Ballkontaktzeiten ohne unnötigen Ballverlust. Die Mitspieler müssen dem Ballhalter Anspielmöglichkeiten bieten.

Spiel in der Raute

Es wird mit 8 Spielern gespielt. Die äußeren Anspieler auf den Positionen A und D spielen die inneren Spieler B und C an. A spielt auf B, der sich anbietet und dann C anspielt, der in die Tiefe gestartet ist und dann zu D passt. Nun folgt das Spiel in die andere Richtung. D spielt B an und der passt auf den tiefer stehenden C, der wieder die Position A anspielt. Die Außenspieler und Innenspieler sollen die Positionen nach dem Passspiel durch Nachrücken wechseln. Passweg und Laufweg sind dabei identisch.

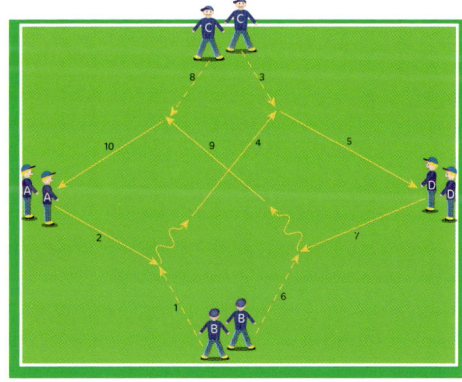

In das Spielfeld können Barrieren eingebaut werden, um das vertikale Spiel noch mehr zu fordern. Je weiter die Positionen A und D voneinander weg sind, desto vertikaler wird das Spiel. Es können auch noch die Positionen E und F innen wie B und C in doppelter Form besetzt werden, um einen weiteren Pass in die Tiefe zu spielen. Um das Laufverhalten zu schulen, können Barrieren eingebaut werden. Eine weitere Steigerung besteht darin, das Passspiel mit einem Torschuss abzuschließen.

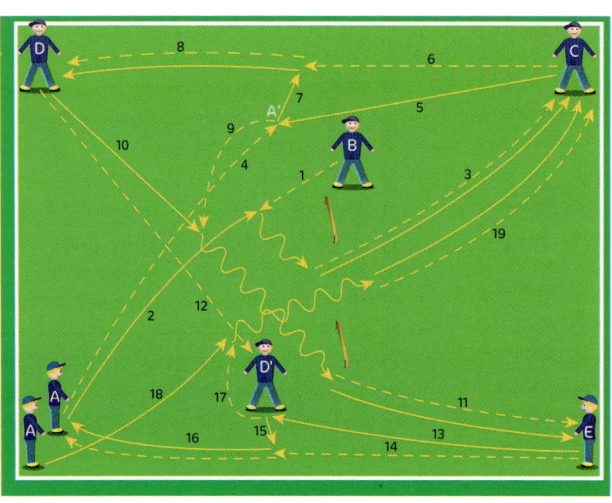

Der Sechserkreisel mit Barrieren

Im Sechserkreisel werden die taktischen Basiselemente Freilaufen, Spiel ohne Ball und Positionswechsel gefordert, die Ballan- und Mitnahme in der Bewegung und das vertikale und diagonale Passspiel angewendet. Jeder Spieler läuft seinem Pass nach. Der Ablauf wird durch Barrieren erschwert in Form von ein oder zwei Meter langen Hütchenreihen oder Stangen, die mehr Laufarbeit, taktisches Spielverständnis und ein deutliches Freilaufen verlangen. Das Spiel mit rechts und links ist in den wechselnden Spielsituationen gefordert.

Es werden mit den 6 Spielern die Positionen A als Start mit zwei Spielern, B zentral und C, D und E wieder außen besetzt. B hat zu Beginn nur eine Aktion. Die folgenden Spieler haben zentral immer zwei Aufgaben als Ballforderung zu erfüllen.

A spielt den fordernden B an, der den Ball in die Bewegung mitnimmt und durch die Barrierenlücke C diagonal anspielt. C spielt den eingerückten A an, der klatschen läßt und C spielt auf D. Dann bietet sich A noch einmal für D an, erhält den Ball und spielt durch die Barrierenlücke vertikal E an. D rückt in die Mitte nach und bietet sich nun E an, erhält den Pass, lässt klatschen und E spielt den zweiten Spieler auf der Position A an. Dieser spielt D noch einmal an, der den Ball mitnimmt und wieder diagonal spielt, wie zu Beginn B.

Spiel mit beweglichen Toren

Zwei Spieler jeder Mannschaft tragen ein Band oder eine Stange als Tor. Sie dürfen sich als Tor bewegen und so dem Gegner mit Ball das Erzielen eines Tores erschweren. Für die Mannschaft mit Ball bedeutet dies, sich ständig diesen Veränderungen der Tores anpassen und sich neu orientieren und positionieren zu müssen, um anspielbar zu sein. Die Tore können von vorne und hinten erzielt werden.

One-Touch-Football

Diese Art Fußball zu spielen hat sich in England entwickelt mithilfe von ausländischen Spitzenfußballern und Spitzentrainern. Basis war der englische Fußball mit seinem hohen physischen Anspruch gepaart mit den technisch und taktisch gut ausgebildeten Spielern aus Europa oder Übersee. Diese schnelle Spielweise, mit nur einem

Kontakt zu spielen, ist Tempofußball pur bei Ballbesitz. Die Balleroberung wird durch Überzahl in Ballnähe in der Hälfte des Gegners erreicht (Pressing). Es wird dann sehr schnell in die Tiefe gespielt. Das Passspiel ist flach, sehr hart und präzise, damit die Spieler die Bälle in höchstem Tempo mitnehmen oder zu einem Mitspieler weiterleiten können. Ziel ist es, von einer „Ein-Pass-Spielweise" oder vom „Stop and Go" zur Ballzirkulation über mehrere Stationen mit Pässen zum Torabschluss zu gelangen. Diese Spielweise ist wie ein Uhrwerk, in dem sich die Spieler wie Rädchen im richtigen Augenblick bewegen, um den Spielfluss nicht zu unterbrechen und dem Gegner dadurch nicht die Chance zu geben, sich doch noch in der Abwehr zu ordnen. Ein Fehlpass in der Vorwärtsbewegung wird im One-Touch-Football allerdings vom Gegner mit schnellen Kontern ausgenutzt.

Spielbeschleunigung durch Ballmitnahme

Diese Variante des Fußballspieles bezieht sich auf den Spielaufbau nach der Balleroberung oder den Ballbesitz durch einen Fehlpass des Gegners.

Dann gilt es, das Spiel zu beschleunigen, bevor der Gegner wieder hinter den Ball kommt und in der Abwehr die offenen Räume schließen kann. Dabei ist die Ballmitnahme im Sinne der Handlungsschnelligkeit von großer Bedeutung, um sich den räumlich-zeitlichen Spielvorsprung zu erhalten. Das Kriterium der Umschaltfähigkeit ist antizipativ gekoppelt mit der Wahrnehmung und Orientierung, um den besser postierten Mitspieler durch das Auge zu erfassen und in das Spiel einzubeziehen. Dabei steht die optimale Spielfortführung im Vordergrund. Die Mitspieler versuchen, durch Positionswechsel dem Gegner die Abwehrarbeit zu erschweren und freie Räume zu schaffen, in die die diagonalen oder vertikalen Pässe beidfüßig gespielt werden. Im Trainingsbetrieb werden dazu die Spielfeldgrößen verändert, die Anzahl der Ballkontakte vorgegeben und Provokationsregeln eingebracht. Eingeschränkt wird das Querpassspiel, Rückpässe einschließlich zum Torwart und das Passspiel muss flach sein, damit das Spiel ohne Ball intensiver und taktisch wirkungsvoller betrieben wird.

Technik und Taktik unter Druck

Wenn man dem Gegner am Ball viel Raum und Zeit lässt, kann er in Ruhe spielen und die Mitspieler entsprechend einsetzen und dabei auch noch die Position der Gegenspieler berücksichtigen. Diese Spielsituation verändert sich schlagartig, wenn die Gegenspieler den Ballhalter zeitlich und räumlich unter Druck setzen, sowohl als einzelner Spieler im Forechecking als auch als Verbund der aggressiven Arbeit als Pressing gegen Ball und Gegner. Der Druck wird größer für den Ballhalter durch das veränderte Zeit-Raumverhältnis. Nun zeigt sich, ob ein Spieler oder eine Mannschaft mit diesem Druck spielen kann, oder ob durch das Doppeln des Gegners und das permanente Stören Nervosität auftritt und es zu Fehlpässen oder einfachen Ballverlusten kommt. Aus Sicht der Verteidiger genügt es erst einmal, den Gegner vor eine Drucksituation zu stellen, die die erste Wahl des freien Passspiels nicht mehr ermöglicht. Aus Sicht der Angreifer muss mehr antizyklisch gegen den Lauf der Abwehr gespielt werden und müssen durch die Spielverlagerung Ballungen frühzeitig umspielt werden. Die zunehmende Entwicklung der Spielschnelligkeit mit und ohne Ball wird die Zukunft des Fußballs sehr beeinflussen, wenn es aus der Sicht der Angreifer gegen die Übermacht der Abwehrreihen immer schwieriger wird, die Lücken zu erkennen und in diese zu spielen. Die Angriffsmittel gegen diese Defensive sind eine noch bessere Technik am Ball, die Wahl der taktischen Mittel, die konditionelle Bereitschaft in allen Mannschaftsteilen, die mentale Stärke und Geduld.

Zeit und Raum bestimmen die Zukunft

Die individuelle und mannschaftliche Entwicklung von Spielern und Fußballmannschaften hat zu neuen Spielsystemen mit einem höheren Sicherheitsdenken geführt. Dieser Veränderung ist Rechnung zu tragen durch bessere Wahrnehmung und Orientierung im Sinne der Antizipation auf dem Spielfeld, um Ballverluste zu vermeiden. Als wichtige Helfer dienen die Mitspieler, die um diese Veränderungen von Zeit und Raum genauso wissen und dazu auch noch die Gegenspieler einbeziehen und berücksichtigen müssen. Der Fußball hat eine Entwicklung genommen zum One-Touch-Football mit Höchstgeschwindigkeit oder zum Tiqui-Taca-Fußball mit langen Ballstafetten. Diese Spielauffassungen verlangen von den Spielern, durch Training den augenblicklichen Anforderungen gerecht zu werden und sich durch mehr Ballsicherheit, Handlungsschnelligkeit und eine schnellere Auffassungsgabe anzupassen und die Zukunft des Fußballs mitzubestimmen.

W-Formel und Spielsysteme

Die „W-Formel" kann behilflich sein, dass Fußballspiel in seinen Grundzügen und in der Entwicklung besser zu verstehen. Die Fragestellungen heißen: wer, wie, wo, wann, was, warum, woher, wohin, weshalb, wodurch. Wenn man diese Frageworte mit Antworten aus dem Fußball füllt, dann ergibt sich ein buntes Bild des Fußballspiels als Erlebnis- und Ergebnissport. Wer spielt

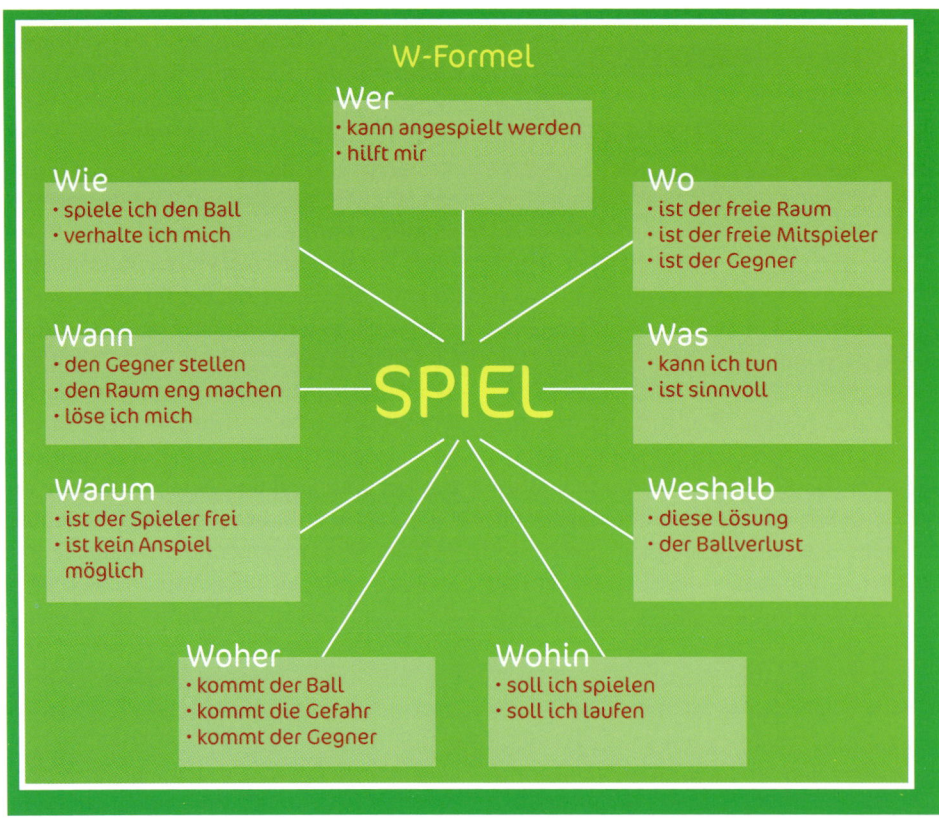

„W-Formel"

den Ball, wie wird der Ball gespielt, wo kommt der Ball her, wann wird der Ball gespielt, was war passiert, warum wurde der Ball so gespielt und weshalb hat er den Ball so gespielt? Nach diesem Muster kann sich der Spieler viele Fragen stellen und selbst beantworten, um sein Spiel weiterzuentwickeln und zu verstehen. Hilfreich kann bei den Lösungen auch der Trainer sein.

Auch die Spielsysteme des modernen Fußballs bringen Fragestellungen mit sich. Warum wird zum Beispiel aktuell das System 4:5:1 oder 4:2:3:1 bevorzugt? Gespielt werden auch andere Grundordnungen wie 4:4:2 oder 3:5:2. Dabei ist festzustellen, dass sich natürlich die Wahl des Systems oder der Grundordnung nach der Zielsetzung und den vorhandenen Spielern richtet. Wenn ein Spieler das Fußballspiel in seinen Grundzügen verstanden hat, dann ist er vielfältig in den Systemen zu verwenden. Eine positionsspezifische Festlegung erfolgt später.

Auffällig ist an der Entwicklung der Systeme die Macht der Abwehr. Bedingt durch die große Anzahl von Spielern in allen Systemen im Mittelfeld mit unterschiedlichen Aufgaben wird die Abwehr gestärkt. Würde man numerisch vorgehen, dann hätten wir im System 4:5:1 in der Balleroberung im Abwehrverbund mit dem Mittelfeld insgesamt 9 Spieler in der Abwehr und 6 Spieler im Angriff. Der Stürmer verstärkt noch das Abwehren und die Verteidiger ergänzen bei Ballbesitz die Gruppe der Angreifer.

System 4:2:3:1

Vor der Vierer-Abwehrkette spielen zwei Spieler mit defensiven Aufgaben als „Doppel-Sechs". Die äußeren Mittelfeldspieler bewegen sich auf einer Linie mit dem zentralen Spieler hinter der Spitze. Die Spitze hat die Aufgabe, die Tiefe zu besetzen und anspielbar zu sein.

Bei der Balleroberung wird die Defensive durch die Vierer-Abwehrkette und die Doppel-Sechs gesteuert. Die weiteren 3 Mittelfeldspieler und die Spitze werden bei der Arbeit gegen den Ball und den Gegner mit einbezogen. Der vorrangige Auftrag aller Spieler richtet sich auf die Balleroberung, das Verdichten der Räume und das Unterbinden von Pässen in die Schnittstellen der Abwehr. Eine Variante sind 3 defensive und 2 offensive Mittelfeldspieler als Tannenbaumformation.

Bei Ballbesitz muss das Spiel in die Tiefe und Breite forciert werden und die Räume müssen geöffnet sowie freie Räume besetzt werden, um der gegnerischen Abwehr Probleme zu bereiten. Die Spieleröffnung und der Spielaufbau in der eigenen Hälfte müssen ohne Fehlpass verlaufen. Dazu sollten sich situativ die Außenverteidiger in das Spiel nach vorne am Flügel einschalten ebenso wie die Innenverteidiger, um in Ballnähe Überzahl zu haben. Daraus kann sich ein Zusammenspiel mit dem Mittelfeld oder Spitze ergeben, wie z. B. Klatschen des Balles, Hinterlaufen oder Doppelpass. Geht der Außenverteidiger bis zur Toraußenlinie vor, dann muss der Mittelfeldspieler nach hinten die Seite absichern. Die Mittelfeldspieler müssen das Spiel gestalten, torgefährlich sein und den Torabschluss suchen.

Am Beispiel des 4:2:3:1 werden die Aufgaben der Positionen dargestellt:

Torwart
- »Anspielmöglichkeit für Mitspieler unter Druck
- »Einleiten der Spieleröffnung und des Spielaufbaus
- »Coaching und Organisation der Abwehrarbeit
- »positives und selbstbewusstes Auftreten

Abwehrspiel innen und außen
  » Gefahren frühzeitig erkennen,
  » Räume schließen und das 1 gegen 1 suchen
  » gegen Gegner und Ball Druck erzeugen
  » bei Ballgewinn sicherer Spielaufbau
  » Einschalten in das Angriffsspiel

Mittelfeld defensiv
  » Verschieben zur Ballseite
  » Staffelung in Tiefe und Breite
  » Überzahl in Ballnähe und doppeln
  » mit Ballgewinn schneller und sicherer Spielaufbau

Mittelfeld offensiv
  » Anbindung an defensives Mittelfeld
  » zentrale Spielgestaltung und Torabschluss
  » Druck auf den Gegner ausüben

Mittelfeld außen
  » Einordnen in den Abwehrverbund
  » Spiel am Flügel mit taktischen Varianten
  » Zusammenspiel mit dem Außenverteidiger
  » Dribbling mit Eindringen in den Strafraum
  » Flanke oder Torschuss

Angriff
  » Anspielpartner für Mittelfeld und Abwehr
  » Unruheherd in der Hälfte des Gegners
  » Durchsetzungsvermögen und Zielstrebigkeit zum Tor
  » Gegner im Spielaufbau stören

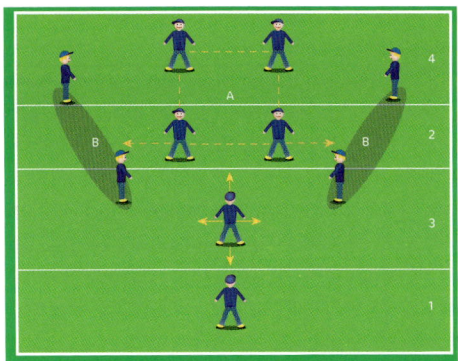

Am System 4:2:3:1 wird deutlich, dass sich vor allem die Zahl der Angreifer von 3 auf 1 reduziert hat. Natürlich gibt es eine verdeckte Offensive aus dem Mittelfeld und aus der Abwehr. Überträgt man die rückgängige Offensivbewegung einmal auf die Anzahl der Abwehrspieler, dann sind mögliche Folgen, dass sich die Aufgaben und die Typologie der Abwehrspieler verändern werden. Bei 4 Verteidigern gegen 1 Stürmer stellt sich die Frage, ob wir noch 4 Abwehrspieler nach alter Tradition und Vorgabe brauchen. Die Macht der Abwehr könnte eine neue Bedeutung erhalten. Die Abwehrspieler werden weiter in Priorität verteidigen, aber sie sollten durch eine bessere Technik und Taktik bei Ballbesitz mehr Beweglichkeit zeigen.

Diese Beweglichkeit und die schnelle Spielerfassung sollten es ihnen möglich machen, sich überraschender und häufiger in das Mittelfeld und den Angriff einzuschalten. Zurzeit wird das System geprägt durch Dribbler in hohem Tempo und Spielerpaare, die in schnellen Kombinationen am Flügel die gegnerische Abwehr vor Probleme stellen.

Wie kann man gegen diese überfallartigen Angriffsattacken als Abwehr vorgehen?
Zu den taktischen Überlegungen könnte das Doppeln des Ballhalters gehören oder eine Änderung des Systems. Dabei müsste der Freiraum der Gegner mit Ball früher eingegrenzt werden, um dem Tempodribbling entgegen zu wirken. Das würde bedeuten, dass die beiden Außenverteidiger in das Mittelfeld verschieben und damit näher am Gegner wären. Die Gefahr des Überlaufens würde durch 2 Abwehrspieler in einer doppelten „Liberofunktion" dicht hinter der

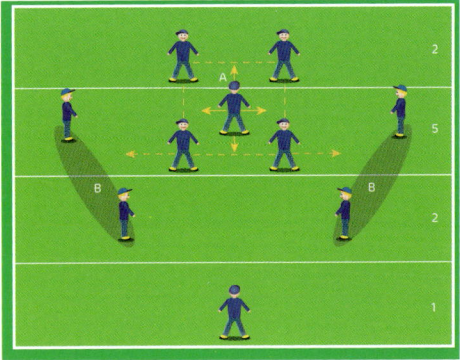

Mittelfeldkette mit 5 Spielern abgesichert. Lange Bälle in den freien Raum gehören dem Torwart. Vor der Mittelfeldkette würden 2 Spieler agieren und in der Spitze 1 Angreifer. Daraus könnte sich ein angepasstes Spielsystem 2:5:2:1 ergeben, dass numerisch in Abwehr und Angriff ausgeglichener ist. Der Spielerblock aus den 2 Liberos und den 2 zentralen Mittelfeldspielern könnte sowohl ein Bollwerk in der Abwehrmitte sein als auch voller Überraschungen für die Angriffswicklung. Wichtigster Aspekt aller Systeme bleibt der der Erhalt der Ordnung und der Ballbesitz in der Vorwärtsbewegung.

System 4:4:2

Dieses klassische System spielt mit zwei klar strukturierten Viererketten. Die gesamte Viererkette der Abwehr sollte mit den Innenverteidigern und den Außenverteidigern technisch und taktisch in der Lage sein, die Kriterien von Abwehr und Angriff zu erfüllen. Für die Viererkette im Mittelfeld ist meistens die Unterteilung in zwei defensive und zwei offensive Spieler vorgegeben. Häufig wird auch mit einer flachen oder hohen Raute gespielt.

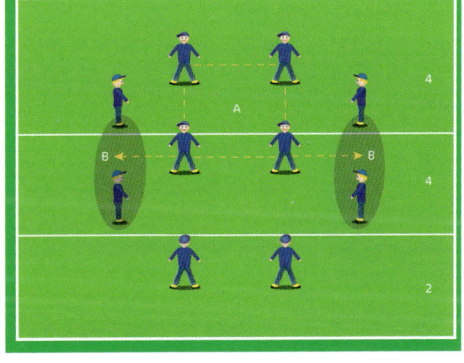

Die beiden Stürmer sind zumeist unterschiedliche Spielertypen: Einmal der hochgewachsene Stoßstürmer und zum anderen der kleine wuselige Strafraumspieler oder „Knipser". Bei der Balleroberung durch den Gegner zieht sich die ganze Mannschaft zurück und erwartet den Gegner an der Mittellinie. Hierbei verschieben alle Mannschaftsteile gegen die Ballseite und setzen den Gegner so unter Druck, dass er ungeduldig wird, Fehler macht oder den Ball lang schlägt.
Als Variante stört die Mannschaft gezielt den Aufbau des Gegners durch ein Forechecking, bei dem einzelne Spieler gezielt stören oder durch Pressing. Beim Pressing ist die wichtigste Komponente, dass alle Spieler beteiligt sind und im hohen Tempo Druck auf den Ballhalter ausüben, bis der Ball durch aggressives Nachsetzen erobert wurde.
Abhängig sind die taktischen Überlegungen und Vorgaben häufig vom Spielstand.
Bei Ballbesitz sind die Außenspieler der Abwehr und des Mittelfeldes in der Offensivbewegung von großer Bedeutung und bilden als Paar eine gefährliche Flügelzange. Ihr Ziel ist es, in den Rücken der Abwehr zu gelangen und mit Flanke oder Torschuss den Vorstoß abzuschließen. Die beiden Stürmer haben dabei den Auftrag Räume zu schaffen, sich an der Außenlinie zu zeigen oder den diagonalen Pass in die Spitze zu fordern, der dann auch wieder nach außen gespielt werden kann als Doppelpass oder als klatschender Ball.

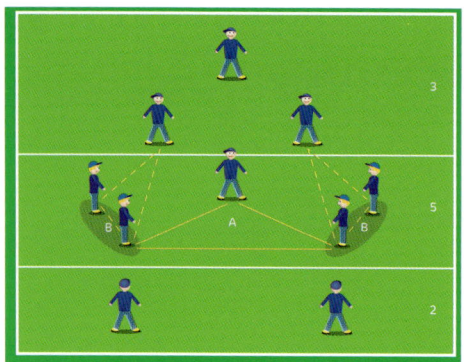

System 3:5:2

Das System hat seine Vorteile im Mittelfeld mit 5 Spielern. Diese sind je nach taktischer Ausrichtung mit 3 defensiven und 2 offensiven oder umgekehrt aufgestellt.

Dabei sind die beiden Spieler auf den Halbpositionen rechts und links von großer Bedeutung für die kreative Spielgestaltung. Die Außenspieler im Mittelfeld müssen sich nach hinten einschalten und Abwehraufgaben mit übernehmen. Der zentrale Mittelfeldspieler kann vor der Abwehr spielen als „Staubsauger" oder offensiv hinter den Spitzen. Diese Aufgaben sind besonders reizvoll, weil der Spieler ein Potential für beide Bereiche haben muss.

System 3:4:3

Dies ist ein beliebtes System im Nachwuchsbereich, wenn beide Teams identisch organisiert sind. Durch die 3 Verteidiger, die 4 Mittelfeldspieler und die 3 Stürmer ist es möglich, in Manndeckung zu spielen. Diese Maßnahme hat im Jugendfußball den Hintergrund, die Spielordnung im Wechsel von Angriff auf Abwehr oder umgekehrt zu erfassen und umzusetzen. Für das taktische Verhalten und die Entwicklung der Spieler in Abwehr und Angriff ist dieses System bedeutungsvoll. Im Mittelfeld kann auf Linie oder mit Raute gespielt werden. In diesem System ergeben sich ständig Zweikämpfe, die trickreiches dribbeln beim Angreifen und geschicktes Abwehren ohne Foulspiel fordern, die das Fußballspiel prägen. Außerdem müssen sich bei Ballgewinn alle Mitspieler von den Gegenspielern lösen. Dazu gehören die taktischen Basiselemente Freilaufen, Spiel ohne Ball und Positionswechsel, die zu einem offensiven Spiel beitragen.

System 4:3:3

In dem System wird mit einer Viererabwehrkette, 3 Mittelfeldspielern mit unterschiedlichen Aufgaben und 3 echten Stürmern innen und außen gespielt. Das System ist sehr offensiv ausgerichtet und für die Jugend besonders geeignet, um auf Angriff zu spielen. Alle Spieler sind in das Angriffs- und Abwehrverhalten eingebunden, weil sich sonst zu große Abstände in den Mannschaftsteilen ergeben.

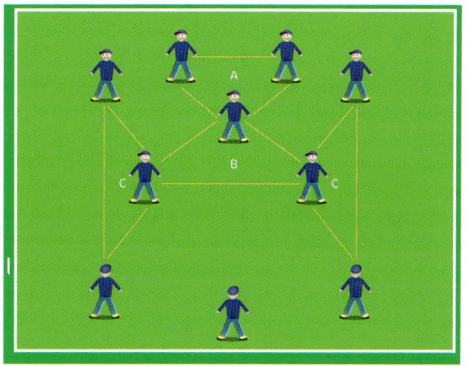

Alle Zahlenspiele in den Grundordnungen müssen mit fußballerischen Mitteln gefüllt werden. So ergeben sich im Mittelfeld mit 5 Spielern Varianten für den Angriff wie für die Abwehr. Ein Spieler hat in allen Positionen und Bereichen sowohl die Abwehrarbeit als auch das Angriffsverhalten zu unterstützen, ohne sich in beiden Aufgaben taktische Blößen zu geben. Die Spieler müssen sich mit dem System und den Inhalten identifizieren und nie unorganisiert, sondern zielgerichtet mit einem Auftrag auf dem Spielfeld bewegen. In jedem System bleibt genügend Platz für die erwünschte Individualität der Spieler. Systeme müssen mit der Mannschaft besprochen und trainiert werden.

Veränderungen beginnen im Kopf

Im Sport ist nach Siegen oder nach Niederlagen oft die Rede von der technischen und taktischen Über- bzw. Unterlegenheit. Dazu kommen dann gerne noch die Kondition und die Psyche als Begründungen für Sieg oder Niederlage. Wenn Spieler völlig außer Form sind, hat es häufig unterschiedliche Gründe – von Verletzungen bis zu persönlichen Erlebnissen, die sich auf die sportliche Leistung auswirken. Immer häufiger werden Sportpsychologen hinzugezogen, um die Spieler zu beraten und mit ihnen zu arbeiten, um eine mentale Stärke zu entwickeln, die der Sportart Fußball mit allen Facetten gerecht wird. Ein Kurs mit autogenem Training kann für den Spieler sehr hilfreich sein. So könnte er darüber auch ein anderes Bewusstsein zum „Ich, Du, Wir" entwickeln, von dem der Mannschaftssport Fußball stark profitiert. Für die Trainer liegt ein Großteil der Arbeit darin, die Spieler zu erreichen und leistungsbereit zu machen.

Die Entscheidung fällt im Kopf oder Veränderungen beginnen im Kopf. Beides trägt dazu bei, den Sportler zu stabilisieren. Nur wer frei ist von Alltagsstress, Schule oder anderen Belastungen, findet zu der Leichtigkeit des Spiels, um große Erwartungen und Leistungen für sich zu erbringen. Das ist kein alleiniges Phänomen des Fußballs, sondern aller Sportarten. So ist die Sportwissenschaft mittlerweile ein anerkannter Partner in den Bereichen der Medizin, des Trainings, der Psychologie, der Pädagogik und in wichtigen Teilbereichen wie der Ernährung und Lebensweise oder der Spielanalyse, um das einfache Spiel Fußball für hohe Ansprüche aufzubereiten.

Der Fußball selbst hat sich nur wenig verändert, wenn man einmal das Spielfeld, das Spielgerät, die Mannschaftsgröße und die Spielzeit zu Grunde legt. Was sich aber verändert hat, ist das Umfeld mit seiner Vielfalt vom Verein als Unternehmen, den Spielervermittlern, den Gehaltsansprüchen und der Position des Spielers in der Öffentlichkeit. Der Leistungs- und Berufssport wird von eigenen Mechanismen gelenkt. Die Sozialisation und Persönlichkeitsentwicklung der Spieler ist eine große Herausforderung für Trainer und Vereine geworden. Das Wort „TIPS" gibt mit Basisbegriffen Aufschluss darüber, was einen Spieler charakterisiert und auszeichnet.

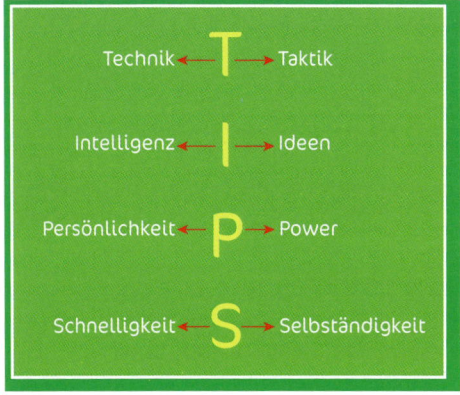

„TIPS"

Wichtigster Bestandteil der Spieler aber ist und bleibt der Kopf. Es muss uns gelingen, im Verlaufe der Entwicklung mit und durch Training neben den Füßen den Kopf der Spieler zu erreichen. Wenn der Spieler den Wert der mentalen Stärke als wichtigen Aspekt zum Erreichen seiner Zielsetzung und zur Leistungssteigerung und Leistungsstabilität erkannt hat, dann werden die Leichtigkeit und Freude sein Spiel mit Erfolg prägen.

Literatur:

Busch, C. (2010). Technisch orientiertes Torwarttraining am Beispiel der Ballabwehr und der Spieleröffnung. In Internationaler Trainerkongreß des BDFL (S. 16–20) Düsseldorf: BDFL

Höner, O. (Hrsg.), (2005). Entscheidungshandeln im Sportspiel Fußball. Schorndorf: Hofmann

Lange, P. (1995). Taktische Lösungsmöglichkeiten für das Angriffsspiel. In D. Augustin (Hrsg.) Taktiktraining im Fußball (S. 151–160). Hamburg: Czwalina

Lange, P. (1996). Konzentriert euch endlich. Fußballtraining, 10 (10), (S. 14–18)

Lange, P. (1999). Spielverlagerung als taktisches Angriffsmittel. Der Fußballtrainer, 50 (8), (S. 12–14).

Lange, P. (2001). Umschaltfähigkeit und Spielverlagerung am Beispiel komplexer Spielformen. In Teipel, D., Kemper, R. & Heinemann, D. (Hrsg.), Nachwuchsförderung im Fußball. Beiträge und Analysen zum Fußballsport XII. (S. 201–205) Hamburg: Czwalina

Lange, P. (Hrsg.) (2001). Leistungsdiagnostik und Coaching, Bd. 123, dvs-Kommission Fußball, Hamburg: Czwalina

Lange, P. (2005). „Von hinten nach vorne" – Spieleröffnung und Spielaufbau. Fußballtraining, 23 (4), (S. 16–21)

Lange, P. (2008) Für die Spieleröffnung Räume schaffen. Fußballtraining, 26 (12), (S. 18–23)

Lange, P. (2009) „Von Tor zu Tor" – Spieleröffnung und Spielaufbau als Mittel der Spielgestaltung im Fußball. In Voigt, H.-F. & Jendrusch, G. (Hrsg.), Sportspielforschung und -ausbildung in Bochum. Was war, was ist und was sein könnte. (S. 59–71) Hamburg: Czwalina

Lange, P. (2009). Wahrnehmung und Orientierung zur Verbesserung des Zusammenspiels im Fußball, (S. 114–123). In Höner, O., Schreiner, R. & Schultz, F. (Hrsg.), Aus-und Fortbildungskonzepte im Fußball Bd. 206, dvs-Kommission Fußball, Hamburg: Feldhaus/Czwalina

Lange, P. (2010). Bessere Wahrnehmung und Orientierung, mehr Spaß am Spiel, (S. 17–22), Sportpraxis, (51) 7/8, Wiebelsheim: Limpert

Leitert, H. (Hrsg.) (2009). Die Kunst des Torwartspiels oder die sieben Prinzipien der Meister Grundlagen, Tipps und Übungen, Leer: ONLI

Reimöller, D. (Hrsg.), (2006). Erfolgreiches Angreifen. Moderne Spielsysteme – vom Spielaufbau bis zum Torerfolg, Frankfurt a. M.: DFV

Weiterführende Literatur:

Biermann, C. & Fuchs, U., (Hrsg.) (2002). Der Ball ist rund, damit das Spiel die Richtung ändern kann. Köln: Kiepenheuer & Witsch

Biermann, C. (Hrsg.) (2010), Die Fußball-Matrix, Köln: Kiepenheuer & Witsch

Ferrauti, A., Remmert, H., Brock, K., Schirp, R. & Kraft, M. (2006). Arbeitskreis: Analysen und Empfehlungen zur Vorbereitung in den Sportspielen. In Weber, K., Augustin, D., Maier, P. & Roth, K. (Hrsg.), Wissenschaftlicher Transfer für die Praxis der Sportspiele (S. 247–258). Köln: Strauß

Jendrusch, G. (2006). Sportbezogene Leistungen des visuellen Systems. In Bartmus, U., Jendrusch, G., Henke, T., Platen, P. Hrsg.. Beiträge der Sportmedizin und Trainings- und Bewegungswissenschaft (S. 54–78). Köln: Strauß

Jendrusch, G., Kaczmarek, L., Lange, P., Lingelbach, B., Platen, P. (2006). Zur visuellen Leistungsfähigkeit von Profi-Fußballspielern. In Henke, T., Schulz, D. & Platen, P. (Hrsg.), Sicherheit im Sport. „Ein Leben mit

Sport – aber sicher". (S. 451–459). Köln: Strauß

Kellman, M. (2010). Psychologisches Monitoring von Beanspruchung und Erholung. In DFB-Kongress, Aktuelle Wissenschaft für den Spitzenfußball (S. 38–41). Frankfurt a. M.: DFB

Voigt, H.-F. & Jendrusch, G. (1993). Zur Bedeutung von Wiedererkennungsleistungen im Volleyball. In Voigt, H-F. (Red.), Bewegungen lesen und antworten (S. 88–129). Ahrensburg: Czwalina

Wilke, G. & Uhrmeister, J., (Hrsg.), (2009). Koordinations-Training – Teil 2: Abwehr und Torwart. Köln: Strauß

www.sehenimsport.de

Über den Autor

Peter Lange hat als Diplom-Sportlehrer und DFB-Fußballlehrer über Jahrzehnte als Dozent und Fachleiter den Fußball an der Ruhr-Universität Bochum geprägt. Viele seiner Studenten blieben dem Fußball treu und wurden erfolgreiche Lehrer und Trainer beim Deutschen Fußball Bund (DFB), in den Landesverbänden als Verbandstrainer und bei Bundesligisten in den Nachwuchsleistungszentren in Bochum, Dortmund, Schalke, Duisburg, Oberhausen, Leverkusen, Köln, Frankfurt, Stuttgart und Karlsruhe.
Er kennt den Fußball als Spieler, Trainer, Lehrer, Ausbilder und Referent sowie als sportlicher Leiter im Leistungssport.
Als Trainer war er im Kinder- und Jugendfußball tätig, aber auch als Nationaltrainer in Honduras.
Er ist Referent für den Bund Deutscher Fußballlehrer (BDFL), die Deutsche Vereinigung für Sportwissenschaft (DVS), mehrere Fußballlandesverbände und Autor vieler Fußball-Aufsätze in Sammelwerken und Zeitschriften.
Momentan ist er in der DFB-Talentförderung und in der Trainerausbildung aktiv.

Frischer Wind
für alle Sportstunden...
...mit den erfolgreichen Praxisbüchern!

Peter Lange
Fußball: Spielend vom Anfänger zum Leistungskicker
2012. 192 S., über 300 farb. Abb., Kt.
ISBN 978-3-7853-1774-7,
Best.-Nr. 343-01774 € 16,95

Klaus Moosmann/Manfred Stephan
Erfolgreiches Fußballtraining
Bewährte Spiel- und Übungsformen
für Schule und Verein
2011. 184 S., 9 farb. Abb., 181 Strichabb., Kt.
ISBN 978-3-7853-1813-3,
Best.-Nr. 343-01813 € 14,95

Gerhard Zeeb 9. Auflage
Fußballtraining
Planung – Durchführung –
144 Trainingsprogramme
9. Aufl. 2012. 288 S., über 300 Abb., Kt.
ISBN 978-3-7853-1840-9,
Best.-Nr. 343-01840 € 24,95

Anja Lange / Silke Sinning
Neue und bewährte Ballspiele
für Schule und Verein
3. aufl. 2011. 160 S., 110 farb. Abb.,
33 farb. Fotos, 5 s/w-Zeichn., Kt.
ISBN 978-3-7853-1845-4,
Best.-Nr. 343-01845 € 14,95

Manfred Stephan
Kleine Ballspielschule
für Grundschulkinder
120 S., 45 farb. Abb., Kt.
ISBN 978-3-7853-1861-4,
Best.-Nr. 343-01861 € 14,95

Brigitte Glas
Spiel und Spaß für kleine Sportler
30 abenteuerliche Bewegungsgeschichten
für drinnen und draußen
2012. 104 S., 180 farb. Abb., Kt.
ISBN 978-3-7853-1848-5,
Best.-Nr. 343-01848 € 16,95

**Gleich mit anfordern!
Gesamtprogramm**
Für erfolgreiche Sport- und
Trainingsstunden

PRAXISBÜCHER
Limpert Verlag GmbH · Industriepark 3 · 56291 Wiebelsheim · Tel. 06766/903-160 · Fax 06766/903-320
E-Mail: vertrieb@limpert.de · www.verlagsgemeinschaft.com